北京市西城区优秀人才培养资助骨干个人项目

"互联网+"时代
财务管理创新研究

HULIANWANG+ SHIDAI
CAIWU GUANLI
CHUANGXIN YANJIU

李克红 ◎ 著

首都经济贸易大学出版社

Capital University of Economics and Business Press

·北京·

图书在版编目（CIP）数据

"互联网＋"时代财务管理创新研究/李克红著．－－北京：首都经济贸易
大学出版社，2018．11

ISBN 978－7－5638－2884－5

Ⅰ．①互… Ⅱ．①李… Ⅲ．①财务管理—研究 Ⅳ．①F275

中国版本图书馆 CIP 数据核字（2018）第 246266 号

"互联网＋"时代财务管理创新研究

李克红 著

责任编辑	王玉荣
封面设计	砚祥志远·激光照排 TEL: 010-65976003
出版发行	首都经济贸易大学出版社
地　　址	北京市朝阳区红庙（邮编100026）
电　　话	(010)65976483　65065761　65071505（传真）
网　　址	http://www.sjmcb.com
E - mail	publish@cueb.edu.cn
经　　销	全国新华书店
照　　排	北京砚祥志远激光照排技术有限公司
印　　刷	北京九州迅驰传媒文化有限公司
开　　本	710 毫米×1000 毫米　1/16
字　　数	316 千字
印　　张	18
版　　次	2018 年 11 月第 1 版　2023 年 8 月第 2 次印刷
书　　号	ISBN 978－7－5638－2884－5
定　　价	59.00 元

前　言

"互联网＋"时代,移动终端、物联网、大数据、云计算的发展,成为中国经济创新驱动的发动机和产业转型的助推器,带动了技术研发体系创新、管理方式变革、商业模式创新和产业价值链体系重构,推动了跨领域、跨行业的融合和协同创新。

财务战略作为企业总体战略的核心,基于长期性和系统性的视角,在企业整体目标的引领下,融合了预算、筹资、投资以及管理决策等事项。"互联网＋"时代,在为财务管理带来有力支撑的同时,也对传统的财务理念、财务系统、财务管理模式等提出了更高的要求。为了应对"互联网＋"时代的挑战,抓住"互联网＋"时代的机遇,企业决策管理者以及相关的财务管理人员,需要重新审视财务管理工作,全面提升财务管理战略的综合技能,掌握企业价值评估工具和资本预算的流程特点,构建财务风险评估体系,系统评价企业财务状况,整合并提高应对环境变化的决策水平。

《"互联网＋"时代财务管理创新研究》一书的出版,正是为适应"互联网＋"时代的企业财务管理及创新,重新审视企业所处的财务决策环境,建立基于"互联网＋"的服务导向理念,聚焦"互联网＋"的虚拟思维,树立风险防控意识以减少决策风险。在"互联网＋"时代,财务管理的目标更加突出战略导向,这就要求企业做出相应的商业模式创新。建立在"互联网＋"基础上的商业模式创新更为系统,并不受单一因素的影响,这种创新通常是大量数据分析的结果,需要企业做出全面的调整,是一种集成创新。本书的出版对提高企业决策管理者以及财务管理专业人员业务素质、提升服务质量、促进财务管理规范化具有十分重要的意义。

本书以"互联网＋"思维为基础,将传统财务管理与"互联网＋"时代的财务管理相结合,全面分析研究"互联网＋"时代的财务管理创新。实用性强,紧跟时代步伐,强调技术与管理相结合,力求结构新颖,并采用新颖统一的格式化体例设计。全书共分8章,以企业决策管理者和财务管理人员能力培养为主线,坚持科学发展观,从"互联网＋"时代财务管理创新的环境与动因、财务管理观念与理念的创新、基于流程再造与重构的财务管理创新、财务管理战略与模式的创新、财务管理技术与方法的创新等内容研究和分析"互联网＋"时代财务管理创新。最后两章是立足于北京市西城区的实践研究,其中第七章是对企业发展的战略性宝贵资源(财务管理人才)培养的创新实验研究,第八章针对近年来迅猛发展并已成为国民经济中最活跃因素的小微企业,精选有代表性的经典案例就其融资问题这一世界性财务管理难题进行深入的财务解析。

本书的设计强化了内容的综合性、知识的创新性、方法的灵活性,大大提高了学习者的学习效率和积极性,改变了传统财务管理的弊端,具有以下鲜明特征:

一是创新思维、轻松呈现。

二是模块清晰、专业务实。

三是内容新颖、贴合时代。

四是方法灵活、适用广泛。

"互联网＋"时代,企业财务管理的决策数据和知识获取方式、决策参与者、决策组织和决策技术都发生了巨大改变。财务管理不再拘泥于财务数据,而应"跳出财务看财务",把财务、业务与企业所在的市场环境等综合分析,并提出有洞察力的建议,以实现财务管理价值的提升。

本书是笔者主持的北京市西城区优秀人才培养资助骨干个人项目的阶段性研究成果。

在本书编著过程中,笔者借鉴了一些专业的资料,并得到有关专家教授的具体指导,在此一并致谢。因笔者经验有限,书中难免有疏漏不足之处,恳请专家和广大读者批评指正。

李克红

2017 年 6 月

目录

第一章
绪　论

　　2015 年 3 月 5 日，国务院总理李克强在十二届全国人大三次会议的政府工作报告中首次提出"互联网＋"行动计划，"互联网＋"成为各行各业最为热门的新名词。2015 年 6 月 24 日，国务院常务会议通过了《"互联网＋"行动指导意见》，"互联网＋"这一新兴产业模式正式成为中国的国家行动计划。到 2025 年，"互联网＋"将成为经济社会创新发展的重要驱动力量。目前，"互联网＋"作为新的国家战略，正在被广泛使用，互联网技术以空前的速度蓬勃发展，促使企业经营环境发生了翻天覆地的变化，为传统的财务管理模式带来了诸多挑战，但同时信息技术与传统管理模式相结合开辟的"互相网＋"模式又为企业财务管理的改革创新提供了良好的契机。

第一节　引言

一、选题的背景

　　财务管理是企业业务活动的重要活动之一。企业进行财务管理的目标

1

是实现企业利润最大化。财务管理是以货币价值形态对企业资金运动进行决策、计划和控制的综合性管理活动，贯穿在产、供、销各个环节，科学的财务管理能够为各层管理者提供准确的决策信息，是建立现代企业制度的重要保证。因此，只有在适合的战略指导下，选择正确的财务政策，使用规范的财务管理流程，才能为决策者提供相关信息，使其从财务信息的反馈中确定生产与流通领域中的薄弱环节，堵塞漏洞，采用最优的财务政策，保证企业从设立、生产到销售整个循环高效运转。

经济越发展，人们越认识到财务管理在企业管理中的重要性，现已形成财务管理是企业管理核心的共识。财务管理是经济发展到一定阶段的产物，具有环境适应性，相应地，随着环境的变迁，财务管理模式也应随之改进。

目前，信息技术的飞速发展将人类带入了"互联网＋"时代，互联网以及大数据所产生的影响已辐射到整个社会。特别是互联网技术的成熟与运用，促进了产品中心向服务中心的转变，是一种开放、直接的经济模式，导致了市场和行业的重构，促使电子商务以惊人的速度增长，成为企业新的商业运作模式。这种新兴商业模式构成财务管理的外部环境，作为企业经营管理核心的财务管理，势必要面对"互联网＋"时代的要求而进行适应性变革。

针对"互联网＋"时代的挑战，需要突破传统财务理论框架的束缚，形成新的财务理念，开发新的财务管理模式和方法，充分利用网络技术的优势，再造财务管理流程，研究和开发能满足企业可持续发展需要的财务管理体系，而对这些问题的研究刚刚起步，很多细节性的问题尚未涉及，从而需要更深入细致和精准的研究。因此，本书选择"'互联网＋'时代财务管理创新"这一主题进行研究。

二、研究的意义

随着我国经济日新月异的发展和国际经济地位的提高，财务管理研究面临着新的契机和挑战。法律环境方面，相关政策法规的颁布，为财务管理作用机制制定了新的规范；资本市场方面，金融市场的强势竞争，给财务管理带来了更加复杂的风险和机遇；市场需求方面，日益增长的消费需求和欲望，对财务管理寻求有价值的项目提出更高的要求；资源环境方面，有形资产和无形资源的获取及有效配置，也是财务管理关注的重点；竞争环境方面，"互联网＋"时代的快速发展，改变了企业传统的经营运作模式，对财务活动产生重大影响。

在如此多变的理财环境下，我国的财务管理研究不断进行着创新并取得了多方面进展，但是问题也随之而来。首先，财务管理领域的创新性实践常常超越了已有理论的解释能力；其次，资本市场蓬勃发展但存在很多不尽如人意之处；最后，虽然在"互联网＋"时代越来越多的企业认识到信息化管理的重要性，但对互联网环境下的财务管理的探索研究大多停留在理论层面，对其实际应用则主要集中在电子商务财务管理软件平台的开发上，对信息化的应用还处在表层，将原来由手工操作的工作改变为由计算机来完成，如会计电算化等。财务管理活动的目的是为管理者提供准确的信息，确保企业各项重大决策的科学与合理性，但目前企业没有充分应用互联网所具有的独特优势，尚未对财务管理信息化给予足够的重视，国内企业的传统财务管理模式暴露出许多问题：一是财务业务活动的时滞问题。传统财务管理模式中业务活动在先，业务部门的信息传递到财务部门存在时间差，信息时效性差导致财务信息资源与业务活动不能够及时地协调统一，难以实现资源的合理配置。二是信息共享困境问题。传统财务软件多采用内部网络，虽然可以在内部进行在线管理，但难以突破时间和空间的界限，与上下游企业等潜在合作伙伴及时地进行信息共享，使企业成为"信息孤岛"。三是财务管理的静态问题。由于财务业务的时滞问题以及会计报表的期间或者时点固定，使得管理部门对经济活动的控制多为事后控制和静态管理，难以对事项进行实时监督、及时调控等，这些带有特殊经济背景的现象很难直接借鉴西方成熟理论。

　　财务管理在企业管理中处于核心地位，负责对企业的资金进行合理的计划、安排、运用及分配，帮助企业在控制风险的同时提高经济效益。"互联网＋"时代，企业财务环境发生重大变化，而当前虚拟经济领域许多监管制度还处于"真空状态"，财务管理的创新为建立健全互联网经济法律制度提供了参考与可操作性；"互联网＋"时代，企业与外部业务往来发生的财务信息，包括资金的收支、实物的配送、税费的核缴等都通过网络实现共享，而传统的制度已经不适应甚至束缚了新的经济发展方式，财务管理的变革为经济制度在虚拟经济与互联网领域的建设与完善提出了新的方向；"互联网＋"时代，企业的管理对象不再是单纯的资金运动，需要将信息流、物流和资金流协同统一，云技术的应用促使虚拟化资源整合与海量信息存储带来人力、物力、财力等多方资源的节约，也引领了从强调经济资源到以信息资源为中心的互联网时代新理念。

　　"互联网＋"时代，由于经营活动更多地依赖于外部变化，如客户、供应商以及行业经济、区域经济甚至全球经济的变化，因此企业关注的重点由整合内部财务资源转为整合外部财务资源。财务管理云平台，将多种资源整合成一个虚拟资源的集合，在提高服务效率与资源利用率上的优势成为其未来应用的巨大吸引力。此外，动态在线管理模式的实时管理控制又为零运营资本提供了可能，提高资本利用率的同时实现信息资源优化利用与经济利益双赢。由此可见，有必要对"互联网＋"时代的财务管理问题进行深入的分析，并提出合理的创新建议。

　　本书力求从实际出发，着眼于"互联网＋"时代财务管理的环境与动因，提出财务管理的观念创新、财务管理技术创新、财务管理战略创新等，探寻适应网络经济新特点的财务管理模式，促进企业管理的信息化、规范化、现代化，提高企业经济效益，实现可持续发展，为推动"互联网＋"时代的财务管理理论发展提出一些指导性意见和可行性建议。本书运用经济学、管理学、财务分析、财务管理、会计学、审计学等相关学科的知识，采用理论分析与对策研究、案例分析相结合的研究方法得出相应的研究结论。作者希望结合自身多年专业教学经验以及丰富的企业财务管理工作积累编写的本书能令创业者以及正在从事企业管理和研究的人员有所启发和能够借鉴。

第二节　国外研究综述

我国的财务管理研究在借鉴西方成熟理论的基础上，不断进行着创新，只有充分注重财务管理理论研究的优化创新，才能真正促进我国财务管理整体水平的提高，下面就国外财务管理理论研究历程和成果加以阐述和分析。

一、发展历史

一般认为，美国著名财务学者格林（Greene）于 1897 年出版的《公司财务》是公司财务管理学科诞生的标志，这是世界上第一本财务管理著作。财务管理作为一门应用性学科，其形成和发展与企业财务管理实践、金融市场实践和理论的发展有着密切的关系。迄今为止，财务管理大致经历了四个发展阶段。

1. 第一阶段：20 世纪 30 年代

19 世纪末 20 世纪初，工业革命的完成促进了企业规模的不断扩大、生产技术的重大改进和工商业活动的进一步发展，股份公司迅速发展起来，并逐渐成为占主导地位的企业组织形式。公司为扩大生产经营规模需要筹措大量资金，缺乏资金成为制约企业发展的关键因素，企业财务管理活动的重心为筹集资金。1929 年爆发的经济危机和 20 世纪 30 年代全球经济大萧条造成众多企业破产，投资者损失严重。为保护投资人利益，西方各国政府加快发展金融市场。金融机构和工具的大量涌现使得企业必须学习如何运用这些工具为企业筹集资金,因此促进了企业筹资职能的发展。这期间财务管理的代表著作有 1910 年美国学者米德(Meade)的《公司财务》、1934 年格雷厄姆(Graham)和多德(Dodd)的《证券分析》等。这些著作主要研究企业如何卓有成效地筹集资本。但是,由于当时历史条件的限制,相关文献很少,且研究比较分散而独立,因此很难形成理论主流。

2. 第二阶段:20 世纪 50 年代

全球经济危机后市场竞争激烈,出现买方市场,公司财务管理人员认识到单纯靠扩大融资规模、增加产量已经无法适应发展需要,如何有效地利用资金成为关键问题,财务管理的重心转向注重资金在公司内部的合理配置。为此,很多企业建立了财务管理制度,加强了企业内部财务管理和控制机制,实行预算管理、强化成本意识等。进入 20 世纪 50 年代以后,西方财务学界开始将经济学的一些分析方法和技术用于财务问题研究之中,逐渐形成和完善了现代公司财务理论。1952 年美国经济学家马科维茨(Markowitz)在《投资组合选择》中提出现代资产组合理论的基本原则。之后夏普(Sharpe)、林特尔(Lintner)、特里诺(Treynor)和莫辛(Mossin)等人共同提出了资本资产定价模型(CAPM)。1958 年,美国学者莫迪利亚尼(Modigliani)和米勒(Miller)在《美国经济评论》上发表了经典论文《资本成本、公司财务与投资理论》,提出在完善的市场中企业资本结构与企业的市场价值无关,为企业资本结构研究奠定了理论基础。

3. 第三阶段:20 世纪 60 年代至 70 年代

第二次世界大战之后,科学技术迅速发展,国际市场迅速扩大,跨国公司增多。同时金融市场繁荣使得市场环境越发复杂,投资风险日益增加,企业财务管理人员更加注重投资效益和避免投资风险,20 世纪 60 年代中期以后公司理财的重点转向投资管理。1967 年法拉(Farrar)和塞尔温（Selwyn）发表了《税收、公司融资政策和投资回报》；1972 年斯特普尔顿（Stapleton）发表了《税收、资本成本和投资理论》；1973 年，布莱克（Black）和斯科尔斯（Scholes）借助于套利的推理方法，提出了著名的 Black – Scholes 期权定价模型，这是西方财务理论发展史上的一个里程碑。1972 年法马（Fama）和米勒（Miller）出版的《财务管理》一书标志着西方公司财务理论已经发展成熟，目前比较成熟的财务管理内容筹资、投资、资本运营和分配等在此时已基本成型。

4. 第四阶段：20 世纪 80 年代

20 世纪 80 年代以后，由于代理理论和信息不对称理论等新理论的纳入以及高科技的发展，出现了学科边界逐渐模糊、各种理论相互交叉的局面。信息经济学、博弈论、代理理论、产权理论的引入打破了传统财务管理研究的基本假设，加快了公司财务理论的深化和发展。同时，持续性的通货膨胀、影响日益突出的税收和财务风险因素、大量涌现的跨国集团以及新兴的网络技术等新现象的出现，拓展了公司财务理论研究的范围。1980 年格罗斯曼（Grossman）和施蒂格利茨（Stiglitz）在《论信息有效市场的不可能性》一文中把信息不对称理论应用到有效市场理论建立了用于分析不同信息交易者交易策略的理性预期模型的基本构架。1976 年詹森（Jensen）和梅克林（Meckling）发表了《厂商理论、管理行为、代理成本与所有权结构》一文，首次将代理理论、产权理论应用到公司财务理论研究中，深化了资本结构理论和股利理论的研究。

二、最新发展

为了更好地了解国际学术界在财务管理研究领域中的最新进展，本书选取了 2014 年 1 月至 2017 年 1 月会计以及金融领域四种顶级国际期刊 *Accounting Review*（《会计评论》）、*Journal of Accounting Research*（《会计研究杂志》）、*Journal of Finance*（《金融学期刊》）、*Journal of Financial*

Economics（《金融经济学期刊》）上涉及财务管理领域的文献471篇作为研究样本，将研究内容分为财务管理理论与实践研究、财务管理学科研究及财务管理其他问题研究。其中，又将财务管理理论与实践研究分为筹资行为、投资行为、股利政策和其他学科交叉研究。如表1-1所示。

表1-1　国外文献分布

财务管理理论与实践研究				财务管理学科研究	财务管理其他问题研究
筹资行为研究	投资行为研究	股利政策研究	其他学科交叉研究		
140	86	20	155	33	37

由表1-1我们不难发现，除了传统的企业筹资、投资和股利政策研究之外，财务管理与其他学科的交叉研究已成为国外学术界研究的重点内容，而且研究的比重逐年上升。与财务管理理论和实践研究相比，财务管理学科研究论文数量较少。

1. 筹资行为研究

在对企业融资行为研究的140篇论文中，有51篇是关于IPO（首次公开募股）问题的研究，43篇是对资本结构问题的研究，都占据了很大的比重。

IPO前后公司业绩的波动、IPO长期高估现象、IPO首日发行收益和发行量的周期性以及IPO折价现象都是公司财务学者研究的热点问题，也取得了多项研究成果。国外学者在对IPO前后公司业绩的波动研究时发现，公司收益往往以IPO当年或随后两年为分界线呈现倒V形走势，新股上市前各年业绩均有较明显增长，其中IPO前一年增长最高。与IPO联系的另一个反常现象是股价的长期不良表现，IPO公司上市后较长时期内平均日收益率低于其他方面均类似的非IPO公司的收益率。即长期看来，IPO似乎有被高估的现象。很多关于IPO的实证研究表明在股票发行的诸多年份中，在不同的时段上的发行量及平均收益存在着周期性的现象。实证分析表明新股发行市场的"冷""热"交替现象。"热"市中平均每日收益较高，市场发行量也呈递增趋势。"热"市之后为"冷"市，即首日收益率较低，但发行量较大，称之为"重"市。"重"市之后为"轻"市，即发行量较小，同时首日收益率也较低。

所有关于 IPO 问题的研究中以 IPO 折价研究为重点。IPO 折价主要是指新股发行的一级市场价格低于二级市场，上市首日的交易价格巨幅上扬。此现象普遍存在于世界各国的股票市场，不同国家市场发行抑价率差别较大，成熟的股票市场上抑价率相对较低，而新兴市场上，抑价率相对较高。国外学者从信息经济学角度，分析了发行者、承销商、投资者和监管者之间的信息不对称问题，产生了投资银行信息垄断假说理论、信号假说理论、投资者信息不对称假说、账簿记录理论以及避免法律诉讼假说理论等对 IPO 折价现象进行解释的理论。在最近的研究中，许多学者从行为经济学角度，对 IPO 市场的各种主体的行为和心理进行假设，产生了投资者行为假说、乐队经理假说和股权分散假说等对 IPO 抑价进行解释的理论，之后也出现了大量的实证性文章。

虽然资本结构理论已经形成了一个比较成熟的理论体系，但是它的发展还远没有结束。近期关于这个问题的研究可以粗略地分为传统型研究和创新型研究。传统型研究又可细分为两类：第一类是延续资本结构决定因素学派的研究，通过收集大量数据，运用一定的数学方法分析对企业资本结构的决定因素进行实证检验。除了影响企业资本结构的内在因素，包括资产的担保价值、非债务性税收屏蔽、收入的易变性、盈利能力等，学者们更多地关注影响企业资本结构的外部因素，包括宏观经济环境、法律环境、金融市场发展程度等。在样本数据的选择中，研究者们开始只关注美国数据，后来扩展到其他发达国家，最近，越来越多的学者选择新兴国家数据进行研究，检验西方资本结构理论在新兴国家是否适用，比较不同国家资本结构影响因素的差异。传统型研究的第二类是采用不同的统计方法，比较不同资本结构理论的解释力强弱。但是近期研究表明各种理论都只能解释公司财务决策的部分行为，没有一个可以被证伪。最近的很多实证研究，主要通过使用横截面检验和能够被任何或全部模型证明的一系列变量，来解释资本结构的选择问题。

创新型资本结构研究主要从竞争战略和行为经济学角度对资本结构问题进行分析。财务学者们从竞争战略的角度，研究产业组织理论与资本结构的关系，得到了一系列有价值的成果。首先，同行业企业一般具有相类似的资本结构，而不同行业的资本结构确实存在差别；常以产业集中度为代理变量的产业竞争状况对资本结构也具有显著的影响；企业所选择的竞争战略、所处的生命周期阶段也会影响企业资本结构的选择。传统理论对于有些财务问题不能进行很好的解释，因此人们放松了理性人的假设，从经济行为的发生、变化的内在心理机制和心理活动规律入手，探索一种经济现象与其他经济现象之间的关系，建立基于行为偏好的模型，从而对财务问题进行解释。具体到资本结构问题上，研究者从投资者非理性和管理者非理性角度分别进行研究。

2. 投资行为研究

在关于投资行为研究的 140 篇文章中，有 85 篇对企业并购行为进行分析，包括并购的支付方式、并购后的公司绩效等，其中研究并购后公司绩效的文章最多，共 25 篇。对于并购后公司绩效的度量方法主要采用事件研究法和会计研究法。事件研究法通过计算并购重组公告发布前后某段时间公司的累积超常收益来反映并购重组的绩效，多用于短期绩效的度量；会计研究法通过建立一定的绩效评价指标体系，以考察事件发生前后指标的变化来评价事件的影响，多用于长期绩效的度量。

从所收集文章看出，国外学者对跨国并购后公司绩效的研究逐渐增多，这与经济全球化的发展、跨国企业的迅速扩张密切相关。这一问题的相关文献表明，与那些没有进行并购的企业相比，无论是以股票价格还是以利润率来衡量，许多参与并购的企业并未产生较好的结果。从这种意义上讲，这些并购是"失败的"。不过，如果仅从目标企业的绩效来看，并购的效果是比较积极的。这说明如果被收购企业的绩效得到改善，那么这种改善也经常被合并后新成立公司的消极影响所抵消。而且，有证据表明，尽管最近一些调查发现跨国并购交易的失败率很高，但跨国并购的绩效还是要优于国内并购。

3. 股利政策研究

总体看来，对于股利政策的研究较少，仅有20篇，占全部471篇财务管理类文章的4%。其中，从投合理论角度研究股利政策的文章较多。马尔科姆（Malcolm Baker）和杰弗里（Jeffrey Wurgler）在《股利迎合理论》一文中提出投合理论，试图从投资者需求的角度来研究企业管理者发放股利的动机。公司管理者通常迎合投资者偏好制定股息红利政策，迎合的最终目的在于获得股票溢价。即当投资者倾向于风险回避，对支付现金股利的股票给予溢价时，管理者就支付现金股利；当投资者偏好股票股利，对股票股利给予溢价时，管理者就改为股票股利。他们通过实证检验认为，股利迎合理论比其他模型可以更好地解释为什么公司股利政策随时间变化。

4. 其他学科交叉研究

财务管理与其他学科交叉研究的文章共有175篇，占全部财务管理471篇文章的37%，其中涉及公司治理研究、行为财务学、财务与法律交叉研究、财务与战略交叉研究、财务与会计交叉研究等。

20世纪80年代以后，古典金融学的"有效市场假说"和"理性人假设"在解释金融现象时遭遇了尴尬，同时大量的心理学和行为学的证据显示，投资者在不确定条件下的决策并非都是理性的。于是，一门介于人类行为学、心理学和财务管理学之间的边缘学科——"行为财务学"就应运而生了。自 Malcolm Baker 和 Jeffrey Wurgler 在 *Journal of Finance* 上发表

《市场择时和资本结构》一文之后，国外学者围绕市场择时持续影响资本结构的假说发表了大量的文献，这些研究从股票市场择时模式的存在性、择时指标的合适性和择时指标与杠杆显著负相关的原因解释、历史累积市场择时作用于资本结构的持久性三个角度围绕市场择时理论展开激烈的争论。最新文献表明国外学者对股票市场择时模式的存在性基本肯定，而对于市场择时指标的选择以及市场择时持久作用资本结构的论断似乎存在较大的分歧。

"法和金融学"（Law and Finance）是由金融学和法学交叉而形成的一门新兴学科，是自 20 世纪 70 年代兴起的"法和经济学"（ Law and Economics）的延伸。法和金融学应用金融理论和计量经济学方法分析和探究法律制度对国家金融体系的形成、金融体系配置资源的效率、各国公司治理架构的形成及经济发展的影响。研究的主要结论是，法律体系对股东（主要是中小股东）权益保护得力，资本市场就能健康、迅速发展，相反，则资本市场的发展就要萎缩、滞后；当债权人权利保护得力时，债券市场就会良好运行。

La Porta，Lxgpez - de - Silanes，Shleifer 和 Vishny（1998，简称 LLSV）开创了系统研究法与金融的先河，他们 4 人成了法与金融研究的创始人。目前，国外这方面的研究主要集中在研究金融结构与经济增长的关系、研究法律起源影响金融发展的具体机制、研究法与金融管制的关系和强调执法比立法更重要等方面。

5. 财务管理学科研究

在全部收集的 471 篇财务管理文章中仅有 33 篇（占比 7%）是关于财务学科的研究。当然，这与选取的期刊有很大的关系。在这 33 篇文章中，有一大部分是关于财务管理研究方法的文章，主要围绕实证研究方法，特别是计量经济学最新方法在财务研究中的应用进行分析，几乎没有对财务管理学科的体系和学科建设进行研究的文章。

三、研究方法

从研究方法上来看，实证研究仍然占据主流地位，大约有80%的文章采用实证研究方法。特别值得注意的是，案例研究和国别研究方法的应用。案例研究方法在管理领域应用十分普遍，近年来也被一些学者应用到财务研究领域，案例研究可以帮助我们更好地了解财务理论和方法在企业中的应用。此外，采用世界范围数据对国别之间财务问题差异进行比较研究的文章也较多，形成一种"country level"的研究热潮。当然，也有一些理论功底深厚的学者进行着理论研究，他们的工作成果虽然不如实证研究者们多，但是却为推动财务理论的发展做出了巨大的贡献，也为实证工作者的研究提供了思考的方向。

第三节　国内研究综述

我国财务管理理论研究开启于20世纪50年代，初期基本处于停滞状态，近三四十年发展迅猛，成果丰硕，但从实际的发展过程来看，我国在财务管理的理论研究和实践的发展层面有一定的脱离，这就不利于我国的财务管理研究与实践的进一步发展。因此，下面就国内财务管理理论研究历程和成效加以阐述和分析。

一、发展历史

我国财务管理理论研究开启于20世纪50年代，但财务管理活动基本局限于企业内部的财务活动分析，未能作为一门独立的学科存在。90年代以后，随着金融市场的发展，企业的财务管理活动逐渐复杂，包括筹资、投资活动、股利分配、风险管理、并购等在内的财务管理实践的发展推动了财务管理理论研究和学科的发展，财务管理也逐渐从会计学科中独立出来。1997 年，国家教育部调整本科专业目录，将财务管理正式列为工商学科下的一个本科专业，可以被认为是财务管理学科独立的一个重要标志。其相关研究热点主要集中在对企业财务管理的概念、目标、职能等财务管理基本范畴的探讨，分别于 1997 年与 2000 年出现两次研究高峰。21 世纪的第一个十年，我国财务管理理论研究跨入加速发展期，研究的内容和视角逐步走向多元化。

由于历史原因和企业经营的金融环境因素，我国财务管理学科脱胎于会计学科，因此在研究内容和课程设置上与会计学有较多的交叉，这与国外公司财务作为金融学科一个分支的情形有较大的差异。但随着我国金融市场的不断发展、企业金融环境的日益复杂，企业财务管理学科的"金融属性"将会逐渐增强。

二、最新发展

本书选取了 2014 年 1 月至 2017 年 1 月间刊载于《会计研究》《管理世界》《经济研究》《金融研究》上涉及财务管理领域的文献 536 篇作为研究样本，如表 1 - 2 所示。

表 1 - 2　国内文献分布

	财务管理理论与实践研究				财务管理学科研究	财务管理其他问题研究
筹资行为研究	投资行为研究	股利政策研究	公司治理研究	其他学科交叉研究		
135	39	20	137	142	33	30

表 1 - 2 需要说明的是，由于国内对公司治理问题的研究非常多，因此将它同其他交叉研究分别列出，以更清晰地说明它的文章数量和重要性。从表 1 - 2 中可以看出，目前国内研究的热点主要集中在公司治理研究、筹资行为研究和与其他学科的交叉研究上。

1. 筹资行为研究

关于筹资行为研究的 135 篇文章中，IPO 与再筹资 31 篇，资本成本分析 9 篇，筹资偏好研究 33 篇，资本结构研究 58 篇。资本结构研究的 58 篇中，关于资本结构影响因素的研究 29 篇，资本结构对公司绩效影响 7 篇，财务危机研究 15 篇，还有 7 篇属于资本结构的其他问题。

国内对 IPO 的研究内容与国外类似，IPO 定价问题成为研究的重点。但是与国外不同，我国企业的 IPO 定价更多地受到监管因素的制约。此外，大部分文章虽然已具备实证研究的基本框架，但是细节注意不够，例如缺少对重要控制变量的考虑，这也是我国实证研究中的普遍问题。

关于资本结构的研究中，对资本结构影响因素的分析仍然较多。国内学者在研究该问题时选取的资本结构影响因素主要包括获利能力、企业规模、固定资产、成长性、流动性、经营风险、非债务税盾、法人股比例、国有股比例、管理股权比例、股利支付率和行业差异。总体而言，对资本结构影响因素的实证研究取得了一定的成果，但也存在一些问题。首先，有些自变量的替代指标存在一些问题，能否真正反映理论变量值得商榷；其次，有些因素本身也受到资本结构的影响，自变量的内生性问题不能得到很好的解决；最后，企业资本结构不仅受到企业特征和行业特征的影响，同时受到宏观经济环境和法律制度的影响。

由于我国经济环境发展迅速，金融市场逐渐繁荣，监管体制日趋完善，为研究经济环境和法律制度对资本结构的影响提供了很好的素材。虽然已经有些学者在这方面进行了尝试，但是还未得到普遍的重视。

2. 投资行为研究

在关于投资行为研究的 39 篇文章中，投资行为的市场反应 6 篇，投资策略对公司绩效的影响 20 篇，另有 13 篇关于投资行为其他问题进行了研究。对企业投资策略的研究主要集中在企业具体的兼并、收购、重组行为等方面。我国学者对这一问题进行了大量的案例研究，但绝大部分案例研究均基于对公开信息的分析，缺乏基于第一手资料的研究，因此存在研究不够深入的问题。

3. 股利政策研究

关于股利政策研究的 20 篇文章中，国内学者在对股利政策的影响因素进行研究时主要选取公司内部因素、股权集中度、股票流通程度、公司业绩、公司治理、行业类型等作为解释变量，每股现金股利作为被解释变量，采用回归方法进行分析。此外也有一部分研究关注现金股利和股票股利的选择性问题。在研究方法上除了实证方法外，案例和问卷调查方法也被一些学者所使用。

4. 公司治理研究

研究公司治理问题的文章共有 137 篇，占全部 536 篇文章的 26%。如此大的比例，既反映了公司治理理论近年来的发展，也反映了企业实践对公司治理研究的迫切需求。

在公司治理的研究中，有关激励问题的文献居多。激励作为解决公司治理问题的重要手段，包含了股权激励、非物质激励、货币薪酬激励等多种形式。虽然目前我国大部分企业仍偏好采用货币薪酬激励的方式，但股权激励的理论研究热度较高。同时，由于我国的股权激励自2005 年 12 月 31 日证监会颁布《上市公司股权激励管理办法》起才正式启动，因此实践中有许多现实问题亟待解决。例如，我国经理层操纵盈余的问题时有发生，破坏了股权激励的正面效应；又如，目前对于股权激励能否有效解决我国企业中股东与管理层信息不对称问题的讨论尚未得出结论。故此类相关问题是专家学者研究的热点和继续深入研究的方向。

此外，对于公司治理的研究还涉及内部、外部治理机制的建设以及股权结构的问题。如内部治理机制中围绕董事会、独立董事的研究，外部治理机制中媒体、政府机构、中介机构对公司治理的作用也渐入研究视线。

而对于股权结构的研究主要集中在大股东与中小股东之间的利益冲突，这与目前西方国家在股权结构的研究上是同步的。20 世纪 90 年代后期，国外学者逐渐认识到当大股东掌握公司控制权时，公司主要的代理问题已不再是经理人员和股东间的利益冲突，而是如何防止大股东对其他小股东的利益侵占，之后又有学者提出"隧道挖掘"来描述大股东的侵占行为。在我国目前国有股和公司股占绝对多数且对小股东利益保护制度不健全的情况下，这一问题自然受到学者们的关注。国内研究成果表明，资金侵占作为大股东的隧道挖掘行为之一，在我国已成为一种非常严重的公司治理问题。还有学者研究发现资金占用与第一大股东持股比例之间存在显著的非线性关系，独立董事规模、机构投资者持股比例、独立审计意见类型抑制了大股东的资金侵占行为等。

5. 其他学科交叉研究

国内学者在财务学与其他学科的交叉研究中（除公司治理研究），主要是财务与金融相关的研究，其次是财务与战略的相关研究，而对于国外学术界十分热衷的财务行为学研究则不多。在金融与法的研究领域中，国内学者涉及的也不多，或许是一片可以深入挖掘的领域。

6. 财务管理学科研究

国内学者对财务管理学科建设的关注程度高于国外学者，这反映了财务管理学科体系尚不够成熟，其中有对学科基础理论的研究，还有对学科体系的研究等。

7. 财务管理其他问题研究

其他问题研究内容较为零散，涉及该类别的样本文章数量也相对较少，但这并不排除此类包含一些目前我国财务管理领域的研究前沿，例如"互联网＋"财务管理、新常态下的财务管理，此外，还研究了企业社会责任、企业财务管理创新、财务舞弊等内容，通常这些问题的研究是以一种复合型、交叉型的方式出现。

三、研究方法

样本中所涉及的实证研究方法主要有数理实证研究法、案例分析法、问卷调查法、描述性统计等，如表1-3所示，其中，数理实证研究法凭借其使用成本低、操作性强的特点，是最常采用的实证研究方法。此外，案例分析法特别是多案例分析法，以分析全面、分析结果更具说服力的优势受到一些学者的青睐。近年来常出现将多种实证研究法结合起来使用的情况，如案例分析法与数理实证研究法相结合进行研究。

表1-3　实证研究的不同方法所涉及文献数量的统计

研究方法	数理实证研究	案例分析	问卷调查	描述性统计	多种分析	其他	合计
文献数量	322	42	13	12	18	5	412

目前，实证研究方法既为我国学者所认同并采纳，也契合了国外的主流研究方法，因此实证研究范式的应用是大势所趋。但是，我们确立财务管理领域内实证研究的优势地位并不等于抛弃规范性研究，而应该从具体问题出发，选择适合的方法进行研究。从样本中可以看出，目前我国财务管理领域在构建相关理论的概念框架以及进行理论创新时，依然以规范性研究为主。

同时，我国实证研究中存在的一些问题也需要改进，简单地照搬国外的模型，不一定适合中国的国情；问卷调查法、案例分析法等方法在我国的运用比较欠缺，原因可能在于实施这类方法需要耗费更多的人力、物力、财力，研究的对象也必须具有一定的代表性，操作的难度较大。但这些方法在改善研究结果科学性、全面性等方面都各有所长，因此在今后的研究过程中应合理创造条件，提高这些方法的使用频率。

第四节 国内外研究比较及发展趋势

西方财务管理产生于西方成熟的市场经济环境、政治环境、法律环境和社会文化环境，因而其处处体现出市场经济所特有的理念和精神。我国的财务管理虽然随着我国经济发展进程逐步调整，但难免受到起初社会文化环境的影响。因此国内外财务管理研究在理论基础、实践基础、研究内容和方法等方面都存在一定差异，这也决定了我国财务管理今后的发展方向和趋势。

一、国内外财务管理研究比较

1. 理论基础的比较

国外财务管理理论建立在金融学、经济学、会计学和管理学的基础上，融合多学科知识，属于边缘性和交叉性的理论体系，并且借鉴主流经济学的研究方法，借助数理统计模型进行研究，因而注重理论的技术性和实用性。我国的财务管理理论主要建立在马克思主义政治经济学的基础上，理论基础较为单一，主要以描述性和定义性的归纳法构建理论体系，起初其主要定位于国家与企业的财务关系，而几乎不考虑企业自身的内部资金资源配置，因而主要执行财务核算与监督的职能，这一点也影响了我国财务管理理论的发展。

2. 实践基础的比较

国外财务管理理论的产生源于西方产权清晰的公司制企业对资金运动过程自主管理实践的需要，是为这些企业高效率配置资金资源服务的，因而其依次贯穿于企业筹资管理、投资管理、运营管理和分配管理的各环节，以实现企业价值最大化（股东财富最大化）为己任。我国的财务管理理论最初源于为计划经济体制下的全民所有制企业和集体所有制企业进行企业内部资金管理的实践服务，由于这些企业自身的产权特点，因而其最初的使命仅是成本管理，这一事实相当长时间影响了人们对财务管理理论的认识。

3. 研究内容比较

国外对投资行为的研究多于国内，国内对公司治理和财务管理学科的研究多于国外。近几年国内研究与国外研究在内容上的差异正在逐渐减小，以前国外研究需要很长一段时间的引入、介绍、学习、研究的周期才能被国内学者所熟悉，目前这种周期早已缩短，这主要归功于互联网技术的发展、国际学术交流机会的增加以及国内学者研究外文文献能力的提高等。

但是与国外相比，国内研究仍然存在一定差距。首先，缺乏理论创新，国内大部分研究为采用中国数据对西方理论和模型进行检验；其次，忽略我国制度背景等特殊因素，不同国家的经济、法律、文化环境各不相同，以发达的市场背景和古典经济学的假设为前提的西方财务理论不能很好地解释我国的财务现象，需要有原创性的研究；最后，我们在某些西方已经非常重视的研究领域中还涉及较少，包括法与金融、行为财务等。

4. 研究方法比较

目前，国内越来越多的学者认识到规范的研究方法是取得研究成果、与国外同行交流的基础，更多的学术期刊也偏重采纳运用更加规范研究方法的论文。国内实证研究方法应用最多，但存在的问题也不少。首先，在数据的搜集上，由于我国公司报表中的数据往往存在较大的测量误差，因此在处理上要更加注意分析数据的质量、规律、异常值等问题，但是目前国内研究在这方面的工作较少；其次，在对理论变量选取替代变量时，针对我国的具体情况应在借鉴西方研究的基础上进行适当的调整，此外，在计量方法的选择上，也存在错用方法、不考虑假设前提、不注意模型拟合优度等问题；最后，也是最重要的是我国目前的研究较重视两者或者三者之间关系的分析，从统计上判断两者之间的关系是否显著，但很少有人分析两者之间互相影响的背后机制和深层次原因，因此也就无法对财务管理实践提供切实可行的建议。

此外，国内外研究的数据来源完善程度上存在差异。作为财务管理研究数据的主要来源，资本市场的发达度和交易的活跃度很大程度上影响着财务管理研究的发展。我国多数实证研究样本数据均选自沪深证券交易所，由于历史较短，与发达证券市场在强制信息披露要求、信息服务等方面均有较大差距，客观上也影响了实证研究的质量。

二、我国财务管理研究未来可能的发展趋势

根据国内外财务管理研究的比较，提出以下财务管理的发展趋势，希望对国内财务管理的研究有一定的启示和帮助。

1. 财务管理理论研究将与我国国情结合得更紧密

目前，我国经济发展日新月异，实践中会出现许多新问题、新现象，这很可能是发达的资本市场和国外企业并未遇到的。因此不能照搬国外成熟理论，只有把理论研究与我国具体国情紧密结合，产生更多的具有中国特色的理论创新，才能为我国财务管理领域的实际问题的解决提供更为有效的理论指导。因此，理论研究不能脱离实践，否则就失去了研究的意义和价值。

2. 实证研究方法将与多种研究方法并存

我国财务管理理论研究中，实证研究方法已占有绝对优势，这种优势还将继续保持。今后，不同的研究环境选择不同的研究方法，并为使用不同实证研究方法创造有利条件。不能一味地套用国外已构建好的模型，数理实证研究法中数量模型的建造也应结合我国具体情况进行创新。

3. 学科交叉的现象将日益普遍

随着我国经济水平不断提高、经济情况日益复杂，仅仅用某一学科的

知识来解决财务管理领域的问题已显得很单薄。学科之间的交叉往往会产生新的研究视角，因此这种现象在未来将更为普遍。将财务管理与组织行为学、心理学的交叉融合，将筹资与投资与互联网技术交叉，将内部控制与哲学交叉以及领域内各类研究内容间的交叉也将更加普遍。

4. "互联网+"时代的前沿问题将成为我国今后的研究热点

目前，"互联网+"时代推动财务管理的转型升级，互联网对于财务行业的影响和融合趋势明显，网络财务、在线财务服务、云会计、云审计等初现端倪，互联网为财务管理行业升级、财务管理人才转型、财务管理职能转变等方面都带来新的机遇，因此不可否认"互联网+"时代的前沿问题将成为我国今后的研究热点。"互联网+"时代的财务管理创新可以参考和借鉴国外的先进经验，但由于我国所处的经济环境不同，被引入的相关理论应以我国实际情况为导向，不应一味借鉴国外的研究成果。

第二章
"互联网+"时代财务管理创新的环境与动因

　　"互联网＋"正以改变一切的力量推动社会的发展，深刻影响社会分工协作的组织模式，促进生产组织方式的集约和创新。随着"互联网＋"在全球范围掀起影响人类的深刻变革，大数据、网络化已成为"互联网＋"时代企业理财的重要环境，给企业传统的财务管理带来了新的挑战。

第一节　相关概念界定

一、"互联网+"的含义及特征

　　1. "互联网＋"的含义

　　"互联网＋"，顾名思义就是"互联网＋各个传统行业"，但这绝非两者的简单相加，而是将移动互联网、大数据、云计算等科技手段与市场、用户、产品、技术、企业价值链乃至整个经济、社会各领域深度融合，从而充分发挥出其配置资源的优势作用，并将互联网中的各项重组和创新融于社会传统行业的发展之中，从而促进各行各业的资源配置效率，全面提升社会经济中各行业的生产效率，达到促进传统行业创新、激发传统行业创造性的目的。在这一过程中，互联网及其信息技术，则被作为一种有效的工具发挥出基础性的促进作用。互联网对中国经济新常态下的转型升级具有重要的意义和作用。

"互联网+"利用信息通信技术以及互联网平台，使互联网与传统行业深度融合，创造出新的发展生态。互联网+旅游行业，催生出在线旅游，如途牛网、携程网等；互联网+金融行业，催生出互联网金融，如理财通、余额宝等；互联网+传统交通行业，催生出在线打车，如滴滴、快滴等；互联网+财务催生出财务共享中心，如云采购、云核算等。"互联网+"的最重要目的是实现传统产业的数据化、在线化发展，无论是当前的网络零售还是在线批发，或是跨境电商，甚至是打车软件等，其本质都是传统交易的在线化发展，即由于互联网的连接，使人、商品、服务等交易实现互联网方向的迁移，达到在线化发展。这些交易的在线化又为其数据化发展提供了大量的原始资料，对后期的数据分析及调用都起到了基础化的作用，这不仅推动了大数据时代的进程，而且充分利用了大数据具有的强大流动性。数据的流动性强，其价值才可能被最大限度地挖掘出来，在线数据不仅可以联通整个产业的上下游，还能协调主体与个体之间的交易行为，从而促进降低生产成本，提高产业效益，因此这与传统行业有着很大的不同。

2. "互联网+"的特征

"互联网+"用互联网思维使传统产业旧的模式焕发新的生机，创造出互联网生态圈，呈现出与众不同的新特征。

（1）"互联网+"的跨界融合与创新驱动。"互联网+"传统产业不是简单相加而是融合。"互联网+"对传统产业不是颠覆和替代，也不是单纯地构建互联网平台，而是突出强调互联网和传统产业的深度融合，是传统产业借助互联网，解决原有业务中的信息不对称问题，实现效率重建。随着互联网技术的发展和普及，互联网产业延伸到各个经济领域，如制造、金融、物流等，从而实现产业融合。基于技术融合的互联网与实体经济融合，将不同产业的交叉资源进行信息化、数据化处理，开辟产业合作的新途径，可以有效整合资源，提高资源利用率，降低企业业务门槛，弱化传统产业的边界，推动企业平台化、跨界化发展。

"互联网＋"不仅是一种技术手段，更是一种经济形态，推动了知识社会以"协同创新、开放创新、大众创新、用户创新"为特点的新一轮创新，也引领了创新驱动发展的"新常态"。"互联网＋"在一定程度上打破了地域、组织、技术的界限，促进创新成果和前沿技术及时转化，加强了创新资源的合作与共享，构建起更具活力的创新体系。传统产业长期积累形成的人力、技术、资本、管理等各种资源是互联网＋传统产业发展模式的潜在优势，要把这种潜在优势转化为现实竞争力，就必须按照互联网经济的要求进行生产和产品的设计创新，变革企业的生产方式、组织结构以及经营理念，运用好互联网、大数据提供的供求信息，建立一整套反馈机制，用互联网思维自我革命，推动产业转型升级。

（2）"互联网＋"的开放生态与重塑结构。传统财务管理时代，各行各业的资源与能力基本封锁和固化在企业内部，而现在的电子商务、大数据、开放透明的互联网社区都促进企业向消费者以及向社会开放。随着众筹、资本风投、股权激励的发展，企业的组织结构、治理方式以及人才的社会化，整个社会的众多企业如同虚拟的互联网一样结合在一起。"互联网＋"时代，越来越多的企业通过互联网平台向社会开放自己的能力与服务，向社会公众或者相关产业链开放自己的数据和信息。"互联网＋"时代的各个行业结合自己的优势和特色，通过"1＋1＞2"的跨界创新，创造新的产品、提供新的服务、实现新的盈利模式，使全社会共享"互联网＋"的优势，实现"互联网＋"开放的思维重构商业模式和生产经营模式。如互联网＋传统税收诞生的网上办税业务，大大提升了企业与国家税务机关的对接效率，既有效促进了税务机关执法的合规性，也大大提高了税收及财务工作者的工作效率；"互联网+"传统医疗业，实行网上挂号和医疗信息共享，既为人们求医问药节省了大量宝贵时间，又让更多患者享受快捷便利的就医体验。

"互联网+"打破了传统行业的界限，实现跨界的重塑融合。经济全球化、信息技术革命打破了原有的地域结构、社会结构、经济结构、文化结构，形成新的商业生态、生活生态、学习生态，使越来越多的利益相关者在互联网上组成不同的利益共同体。"互联网+"渗透进各行各业，改变传统产业的同时也在重新塑造我们的衣食住行以及生活习惯。如"互联网+"家居，通过平板电脑、智能手表、智能手机甚至智能机器人控制家中的智能家居系统，使人们的生活品位以及生活质量得以提升；"互联网+"金融的产品如支付宝、腾讯理财通、百度钱包等第三方支付工具，使得金融交易变得轻而易举，不但可以随时随地交易，还能实现轻松理财；"互联网+"教育，如电子书包、慕课、翻转课堂、云教育平台等的出现，进一步扩大了线上知识共享的功能，使教育进入自主性、互动性、个性化的模式中。

（3）"互联网+"的简约直通与廉洁透明。"互联网+"时代，信息技术的快速发展以及企业的开放透明，使客户与厂家可以直接沟通，互联网扁平化了流通的环节和渠道，除非各类代理机构、中介机构以及各种中间环节能够演变为平台型企业，否则它们会面临巨大的挑战和冲击。由于不是所有企业都将全部产品通过电子商务平台出售，企业在销售环节可能还会使用中介机构，但已经对中间环节构成了很大的压力，企业控制市场的能力也已大幅度提高。

"互联网+"改变了企业经营方式以及组织形式，同样也改变了市场上的信息不对称状况。互联网的传播速度快，只要客户在互联网上发出消息，消息就会迅速传播到全国甚至世界各地，有时会形成没有任何代价的口碑信誉，但有时也会形成巨大的社会压力。潜在的客户以及消费者开始有了越来越多的话语权和选择权，企业不得不改变服务质量和态度，对客户不得不有敬畏之心，使得商业环境日趋公平公正。"互联网＋"时代，人们与各类机构的交流可以在网上办理，可以网上预约、网上申请、网上审核、网上交费等，这样就大大减少了权力寻租的机会，使整个社会连接透明，也迫使很多权力部门改变工作方式。同时，利用互联网可以方便地举报不法行为，是互联网作为监督约束的一个有效工具。因此"互联网＋"的简约直通与廉洁透明能够助力市场秩序透明规范，必将加速中国经济社会转型。

二、"互联网＋"的时代意义

"互联网＋"是中国经济新常态下抢占竞争制高点，引领企业创新、驱动产业转型，推动大众创业万众创新时代到来的重要引擎。

1. "互联网＋"拓展国家竞争新内涵

"互联网＋"时代的产业变革和科技革命，促使互联网特别是移动互联网成为各行各业发展的新干线。信息技术与新能源、新材料等领域借助互联网平台实现交叉融合，一方面，"互联网＋"与传统产业融合渗透，助推传统产业转型升级，另一方面也催生新兴产业快速发展。因此，国家间的竞争不再局限于传统产业，而是拓展了新的内涵。从美国的《先进制造业伙伴计划》和《网络空间国际战略》、英国的《信息经济战略 2013》等行动计划和战略的实施可以看出，各个国家都在强化新的优势，抢占竞争制高点。以"互联网＋"工业为例，我国实施"智能制造"，制订了"中国制造 2025"计划，其实质是通过互联网＋工业，在世界各国竞争中抢占技术革命和产业变革的先机，实现我国的历史性跨越——由工业大国跨越为工业强国；美国利用互联网优势激活传统制造业的创造力，制定"工业互联网联盟"；德国部署传统制造业向互联网的渗透融合，提出"工业 4.0"，抢占和拓展竞争市场。

世界各强国纷纷提出新概念，部署新战略，落实新举措。

2. "互联网＋"打造创新驱动新引擎

"互联网＋"促进企业思维模式、生产方式和生产技术的创新。众所周知，互联网思维的突出特点是自由、平等、开放、免费、创新、共赢。消费者在互联网思维的快速扩散和不断影响下，逐渐形成便捷化、个性化、免费化的消费需求，使得企业的经营管理必然转变传统思维模式，对产品的流通、生产以及销售流程重塑和再造，以适应消费者的新需求，更能从容应对互联网时代瞬息万变的经济环境。此外，"互联网＋"时代的大数据、云计算的广泛应用，使生产者与消费者的直接联系、上下游企业间的纵向联系、区域内企业间的横向联系成为常态，也使供给端与需求端数据识别、整理、搜集、提炼、统计、分析等便捷化和实时化。企业可以通过客户体验以及反馈信息改进产品和服务设计，实现生产和服务的柔性化、个性化与智能化，根据用户意见进行订单式生产，可以摆脱产能过剩的积压浪费困境，高效利用人力、物力和财力。如，淘宝品牌商就是利用消费者的点击、收藏、购物车和评论数据，精准分析客户消费偏好和销售数据，给消费者推荐新产品，同时将数据传递给工厂，工厂再根据销售和生产情况进行工作流程再造，调整物料和产能，也从相关销售数据中找出潜力畅销款，以实现最优化高效生产。伴随着互联网、大数据、新能源、智能机器人等技术的加速推进，促使各个生产环节分工的具体化和专业化，生产者不断改进生产技术以淘汰落后产能。可以肯定的是我国工业生产正在向"智能制造"为核心的工业4.0革命转变，"中国制造2025"就在推动我国从"中国制造"向"中国智造"升级。

"互联网＋"促进驱动模式创新。随着互联网平台的加速发展，大数据、移动互联、物联网、云计算等新技术不断融入传统产业，使"互联网＋"金融、"互联网＋"电子商务、"互联网＋"物流、"互联网＋"医疗和"互联网＋"教育等"互联网＋"时代的传统行业陆续进入人们的生活，并强迫传统制造业和服务业甚至农业投入到创新升级的浪潮中。如，目前在国家引导、政府协助、农民学习的基础上，许多农民加入农产品电子商务产业链，或者成为网络供应商，或者直接在网上开店，形成传统农产品的新型流通模式，成为传统行业互联网化的典型案例。正是"互联网＋"时代的网络化、平台化、信息化、智能化和扁平化的优势，促使传统产业从要素驱动、投资驱动向创新驱动转变，促进经济结构调整，强化经济持续健康发展。

3. "互联网＋"推动众创时代到来

2015 年 3 月，国务院办公厅印发《关于发展众创空间推进大众创新创业的指导意见》，部署推进"大众创业、万众创新"工作。国务院总理李克强指出："互联网是大众创业、万众创新的新工具。只要'一机在手''人在线上'，实现'电脑＋人脑'的融合，就可以通过'创客''众筹''众包'等方式获取大量知识信息，对接众多创业投资，引爆无限创意创造。"实践证明，"互联网＋"可以有效改善就业环境，让更多人成为创业者，从而带动就业。

"互联网＋"促进以云计算、物联网、大数据为代表的新一代信息技术与现代制造业、生产性服务业等的融合创新，发展壮大新兴业态，打造新的产业增长点，为大众创业、万众创新提供环境。创业者以互联网思维推进专业化和个性化创新，孵化出高含金量的互联网企业，促进了创新工场、创业基地等平台的兴起，集聚了数据、网络、技术、人力、物力、财力等知识技术要素和创新资本要素，营造出良好的创业生态并推动相关制度创新，促进创业和就业。"互联网＋"为产业智能化提供支撑，同时把创业的广度扩展到了所有行业，增强新的经济发展动力，促进国民经济提质增效。

三、财务管理的内涵

1. 财务的本质

财务伴随着商品经济而产生，具体表现为资金运动，即企业财务活动。如进行商品生产，必须要筹集到一定数量的货币资金，用以购买劳动力、劳动资料和劳动对象等生产要素。劳动力（即工人）在生产过程中使用劳动资料对劳动对象进行生产，除将已耗费的劳动对象和劳动资料的价值转移到产品中去以外，还创造新的价值。其中，一部分由企业通过工资形式支付给工人，另一部分形成企业的纯收入。产品生产完成后，通过销售收回产品的全部价值。企业取得产品销售收入的大部分，需要用以弥补生产耗费，其余部分要在投资者、企业和国家之间进行分配。用以弥补生产耗费的资金，再以货币形态继续参加生产周转，重新购买劳动对象，更新劳动资料，支付职工工资，实现产品再生产。这样，企业的再生产过程，一方面表现为经济活动，即物资的供应、生产和销售；另一方面表现为资金运动，即资金的筹集、使用、耗费、收回和分配等财务活动。

财务虽表现为资金运动，但它本身并不是资金，而是体现资金背后的经济关系，即财务关系。资金运动只是财务的表象，而由资金运动所体现的经济关系才是财务的本质。

2. 财务管理的定义

财务管理的定义，学术界众说纷纭，有代表性的观点，主要有以下几种：王庆成认为"财务管理是对企业的资金进行规划和控制的一项管理活动"；余绪缨认为"企业理财是一种开放性、动态性和综合性的管理，是围绕资金运动而展开的"。阿瑟（Arthur J. Keown，美国）认为"财务管理与经济价值或财富的保值增值有关，是有关创造财富的决策"；谷祺、刘淑莲认为"从本质上说，财务管理研究的核心问题是资产定价与资源配置效率"[⑧]；詹姆斯（James C. Van. Home，美国）认为"财务管理是在一定的整体目标下，关于资产的购置、融资和管理"；王斌则认为"财务管理是对企业财务活动实施决策与控制，并对其所体现的财务关系进行的一种管理"。

本书比较认同官方给出的财务管理定义，即企业财务管理是按照国家法律法规和政策以及企业经营的要求，遵循资本营运规律，对企业各项财务活动进行组织和指导、预测和决策、计划和控制、核算和分析、考核和评价、检查和监督等一系列管理工作的总称。需要强调的是，财务管理是基于企业财务活动和财务关系而产生、利用价值形式对企业生产经营过程进行的管理，是企业组织财务活动、处理与各方面财务关系的一项综合性管理工作。

3. 财务活动

财务活动是指资金的筹集、投放、使用、收回及分配等一系列行为，是财务管理的主要内容。财务活动包括以下四个方面内容：①筹资活动。筹资是指企业为了满足投资和用资的需要，筹措和集中所需资金的过程。②投资活动。企业投资可以分为两类：广义的投资包括企业内部使用资金的过程和对外投放资金的过程；狭义的投资仅指对外投资。③资金营运活动。资金营运是指企业在日常生产经营过程中所发生的资金收付活动。④收益分配活动。广义的收益分配是指企业对各种收入进行分割和分派的过程；狭义的收益分配仅指对净利润的分配。

4. 财务关系

企业财务关系就是企业组织财务活动过程中与有关各方所发生的经济利益关系，包括：①企业与投资者之间的财务关系，如投资者向企业投入资金，企业向投资者支付报酬所形成的经济关系；②企业与债权人之间的财务关系，如企业向债权人借入资金，并按借款合同的规定按时支付利息和归还本金所形成的经济关系；③企业与受资者之间的财务关系，如企业以购买股票或直接投资的形式向其他企业投资所形成的经济关系；④企业与债务人之间的财务关系，如企业将其资金以购买债券、提供借款或商业信用等形式出借给其他单位所形成的经济关系；⑤企业与政府之间的财务关系，即政府作为社会管理者，强制和无偿参与企业利润分配所形成的经济关系；⑥企业内部各单位之间的财务关系，如企业内部各单位之间在生产经营各环节中相互提供产品或劳务所形成的经济关系；⑦企业与职工之间的财务关系，如企业向职工支付劳动报酬过程中所形成的经济关系。

第二节 "互联网＋"时代财务管理环境现状分析

一、"互联网＋"时代财务管理观念尚待改进

1. 缺乏必要的财务风险观念

不少的企业由于单纯追求短期经济效益，管理者缺乏应有的财务风险观念，一味注重扩大规模，追求规模效应。比如在 2004 年前后，我国一些民营企业为求发展争相上演"蹦极跳"，但不少企业并未能成功，当时作为中国最大的民营企业之一的"德隆"公司从辉煌走向覆灭就是一个极好的案例，其从"短期内的迅速扩张几千倍"到"在更短的时间内彻底溃败"只用了短短几个月。学者对德隆事件进行理性分析得出的结论是：筹措资金成本过高、信息披露与沟通不足、投融资期限安排不佳等财务管理上的失误是造成其危机的根源。还有一些资金密集型企业，在资金链断裂的情形下难以为继，虽然有多方面的原因，但主要还是缺乏必要的财务风险观念。

财务管理意识观念的淡漠，财务策略上的严重失误，如新产品开发失败、盲目多元化经营、企业扩张速度失控等，直接导致了一些企业的危机。巨人集团的失败在于史玉柱推行家长制管理而导致财务危机，爱多集团的失败是由于胡志标在广告管理中的盲目性，斥资 2 亿多在中央台黄金时间做广告，结果使整个公司陷入瘫痪，充分显示其在财务决策上有巨大漏洞。三株集团的失败也被总裁吴炳新归结为财务管理严重失控。因企业财务决策上的失误造成企业困境的案例不胜枚举，这些案例与相关企业财务人员尚未建立起风险价值、边际成本、时间价值、机会成本等科学的财

务管理概念不无关系。因此，缺乏现代财务管理观念，使得财务管理难以发挥其应有的地位和作用。传统财务管理理念已不能适应"互联网+"时代投资决策的需要。

2. 重有形资产的使用价值而轻无形资产的价值贡献

传统经济时代，经济增长主要依靠厂房、机器、资金等有形资产的驱动，看重的是有形资产的使用价值。随着"互联网+"时代的到来，以知识产权为基础的专利权、商标权、计算机软件、人力资源、产品研发等无形资产在企业资产中所占比重越来越大，无形资产将成为企业的核心竞争力，推动企业快速增长，成为企业价值贡献的基础资源。但是，长期以来，我国对无形资产的会计核算尚不全面，财务管理的理论与内容涉及的无形资产就更少，因此在现实财务管理中，许多企业往往低估无形资产价值，不能有效利用无形资产进行资本运营。

二、财务管理定位模糊、目标不够清晰

财务管理是一个系统，而我国由于财务管理理论与实践起步都较晚，长期以来对财务管理定位模糊，主要表现在以下两方面。

1. 财务管理目标不明确

有代表性的财务管理目标观点主要有企业利润最大化、股东财富最大化、企业价值最大化、企业经济效益最大化。根据现代企业财务管理理论和实践，股东财富最大化是广为接受的财务管理目标。企业在财务管理中应意识到如何运用财务杠杆，当企业投资利润率与负债利率一致的情况下，就没有财务杠杆效应；当投资利润率高于负债利率时，借入资金的收益率高于普通股的每股利润，形成正的财务杠杆效应；而当投资利润率低于负债利率时，普通股的利润率将低于税后投资利润率，带来股东收益的下降，形成负的财务杠杆效应。能够利用正的财务杠杆效应，抑制或消除负的财务杠杆效应是实现财务管理目标的途径。琼南洋公司在发行上市

后，由于投资战略出现问题，加之管理层错误地估计了形势，在公司债务成本剧增、业务收入及税后利润下降的形势下，没有及时采取正确的应对策略，而是一味地以贱卖或拍卖资产来还贷，导致了严重的财务危机。使其由一个百强上市公司在短短三年时间内垮台，还欠下亿元的巨额债务，令人痛惜。

2. 财务管理权限模糊

随着我国资本市场快速发展，投资者越来越分散，通过经营活动的替代品——会计信息了解企业经营情况的需求增加，财务会计报告作为外部投资人的重要信息来源，日益重要。仅仅就外部投资人而言，他们必须了解自身投入资本的保值和增值情况。但目前，企业财务工作中权限划分不清，主要表现在会计部门与财务部门混设，大多数企业没有独立的财务管理部门，会计人员代行财务管理职责，重要财务决策由不懂财务的管理人员"一言堂"做出也是普遍现象。这就使得在实务中，财务管理人员陷入日常会计核算，难以胜任财务管理的战略性要求。如何界定财务部门的权限，分清财务与会计的角色定位成为实现财务管理目标亟待解决的问题。

三、投融资缺乏科学性

企业的资金来源有内部筹资和外部筹资两种。内部筹资主要来自于企业的自有资金、盈余公积和未分配利润等，外部筹资主要靠负债筹资和吸收股东权益筹资。筹资的啄食顺序理论是根据企业融资成本比较的结果而提出的，这一理论指出企业筹资的顺序是先内部筹资后外部筹资，先债权筹资后股权筹资，即先内后外，先债后股。但由于我国资本市场的先天缺陷，使很多企业在资本市场圈钱，虽然这种状况目前已大为改观，但也应该引起足够的重视。从筹资目的来看，因为企业传统财务管理主要是为了满足企业生产经营活动的需要，因此并不能称为真正意义上的财务管理；从投资情况来看，财务在企业管理中往往只有服务和辅助管理的职能，一般处于较被动的地位，不具有决策管理权。企业的投资行为基本由领导拍脑袋做决定，而不是按照"商议活动—设计活动—抉择活动—审查活动"的科学过程进行投资决策，往往会造成重复投资，导致资源大量浪费。

四、财务管理方法不系统

传统企业所有权与经营管理权的分离不明显，产权不清晰，很多企业两权高度统一，集权现象严重，领导者越权行事，具有明显的人为因素和人治现象，形成"内部人控制"，致使财务管理混乱。此外，不少企业缺乏"互联网＋"时代的财务管理观念和理念，财务核算不规范，沿用传统方式上报财务报表及口头汇报反映企业财务状况和经营成果，随意性大，方式陈旧，财务控制制度不严格，导致财务管理未能纳入企业管理的有效机制，没有发挥财务管理全面的决策和管理作用。

1. 财务核算不规范

企业的财务活动由筹资活动、投资活动、经营活动和分配活动构成，财务管理的实质是以财务核算为基础对财务活动中的六大要素进行管理。大多数企业的财务核算严格依照企业财务准则和制度，以统一的核算方法对企业以及各部门进行集中或分散核算。然而在实际操作中，由于某些原因企业的财务核算方法常常不规范，出现例如财务核算不符合可比性原则、应收账款或存货的周转时间长导致周转速度慢、成本核算不真实、财务核算方式有传统和智能之分、财务决策易受主观影响且流于形式、财务控制和监督作用力度不强且难以发挥等问题。由此可见，如果作为财务管理信息支持的财务核算不规范，必然导致财务管理上的被动与财务决策的偏差与滞后。

2. 财务控制不到位

财务控制是指为了确保实现财务目标，财务人员或者财务部门通过制定财务制度、财务法规、财务计划或者财务定额等对日常现金流转、资金的来龙去脉以及整体财务活动组织、指导、约束和督促的一系列活动。财务控制是财务管理的重要职能，与财务预测、财务决策、财务分析与财务评价共同构成财务管理的全部职能。企业财务管理的首要任务就是要建立和完善财务管理体制，健全公司内部的财务控制。

财务控制的事前性、动态性和主动性等特点，使财务控制在企业财务管理中具有重要地位。"互联网＋"时代，网络化、智能化的财务技术备受每个企业以及社会各界的广泛关注，只有不断创新财务管理观念和理念、创新财务管理技术和方法、创新财务管理战略与模式等才能适应不断发展的时代要求。越是在这种充满风险的活动中，财务控制越能发挥其重要作用。

比较常见的财务控制不到位是短期负债做长期投资而导致企业失败，例如某上市民营集团的法人代表在接受采访时直言不讳地承认"集团的财务结构不合理，多是短贷长投引起的"，该集团通过短期贷款10多亿元，长期投资于一个文化广场、一幢阔景楼和一个大酒店。固定资产交付使用后，仅通过向大股东出租换回4 000万的租金，没有给企业带来多少收益也导致企业资金周转速度急剧下降。此外从其公布的"关于上市公司治理专项活动事项整改情况的报告"中，还可以看到企业前期存在关联方为公司借款担保、公司为关联方借款担保的交叉担保现象，并声称"对于目前存在的因互相担保而产生的关联担保，因其所涉及的担保银行及到期时限不同，目前存在部分担保逾期现象"。此外，根据该公司披露的年报可以分析出，公司之所以核心竞争力差、资产结构不合理、资产负债率高、会被证监会关注，其财务风险控制薄弱无疑是重要的原因。

3. 企业自身财务制度体系不完善

从某种意义上讲，制度比技术更重要，良好的财务制度推动企业正常运行及快速发展，因此企业必须健全财务管理制度体系以适应"互联网＋"时代的发展要求。然而，许多企业因疏于管理而落得惨败，如美国安然公司、海南船务公司等，都是由于财务管理制度的疏漏造成经营的大起大落，这些公司痛苦的代价，提供了宝贵经验，也为强化企业财务管理、完善企业财务制度体系，以及企业的长远发展创造条件。近年来国家财政部颁发的财务通则、会计准则等对于规范企业财务行为、协调企业内外的各项利益关系、保障财务资源的安全性、提高企业综合资源的利用效率、促进企业和社会的和谐发展具有重要意义。企业应在国家统一财务规范和有关法规的指导和约束下，结合企业具体情况，从财务组织建设、财务制度制定到各财务决策实施等各个程序，建立切实可行的财务管理制度体系。

由于企业财务管理服务于企业生产经营活动，财务管理的改进有利于提高企业经济效益，因此要求企业更新财务管理理念、创新财务管理技术与方法、重视全面财务管理战略人才的培养、保障财务管理贯穿企业生产经营全过程，为企业快速发展做出合理的调整，以适应"互联网＋"时代财务管理变革的要求。

第三节 "互联网＋"时代对财务管理创新的全方位影响

一、"互联网＋"时代对传统企业的影响

目前，很多企业利用创新带动企业发展，利用网络进行跳跃式的发展，将网络数据库、云计算等先进技术应用于企业，促使电子商务、工业互联网和互联网金融三位一体良好运作。通常现代企业的转型按照如下的模式：首先，进行初步网络营销，如通过电子邮件、博客、论坛、门户等广告宣传和出售；其次，发展到电子商务阶段，如淘宝、京东等；再次，C2B（Customers to Business）、F2C（Factory to Customer）等厂家直销、批量定制、团购；最后，发展到网络思维的构建，在组织方式、企业运作模式、企业经营理念等价值链方面进行创新和重组，在这一阶段，强调互联

网思维创新。

二、"互联网+"时代传统的财务管理已无法满足现代管理的需要

仅仅做好账务核算，仅仅针对月度或年度的财务报表进行分析，已无法对企业管理层做出及时、准确的决策带来帮助。尤其是在"互联网+"时代，面对大量的数据信息，以及各种新技术、新业务模式的冲击，财务管理如果仅仅是单一的核算数据，对企业发展和变革来说，是起不到支持作用的。因此，财务管理应该以更主动、更积极的方式来为企业服务，要实现从"事务型"向"经营管控型"的转变，要更加注重互联网的及时性，以及财务数据与业务数据的融合。在业务流程中，预算是一切活动的开始，预算与业务流程的融合能够制定出更切实可靠的预算方案；收入是业务流程的核心，通过梳理各个业务环节所涉及的收入点并绘制收入风险图，以监控收入全程，保障收入实现；成本管控与业务流程的融合则更能体现精益财务的思想，借助互联网的信息系统能够对成本发生点进行监控，并及时调整资源的分配；资产是一切经营活动的基础，资产管理与业务流程相结合能够获取更详细准确的资产使用和需求状况；风险控制与业务流程的融合则更加满足了全面风险管理的要求。"互联网+"时代，微博、微信、博客等中的各类与企业相关的信息，有的看起来很有用，实则与企业没有关联度，有的看起来微不足道，实际却与企业的发展战略息息相关，然而对这些信息进行处理需要耗费相当多的人力和物力，而且需要具有财务与数据分析能力的专业人才才能胜任此项工作。

三、现代企业管理已经不满足于用 ERP 等手段进行事后管理

由于竞争的加剧，以及对时效性的关注，企业管理层更希望得到更富有洞察力、更富于前瞻性的财务分析，这也会给传统的财务分析模式带来冲击。财务人员对于数据的整合和分析能力将得到关注和提升，要在繁杂

的数据中，去粗取精，化繁为简；能灵活根据管理需求对财务数据进行多维度分析，能运用互联网平台准确地预测未来的趋势和变化。这些都将给企业经营带来极大的价值。企业可以利用"互联网＋"时代提供的大数据、云技术等使财务管理人员脱离繁杂的工作。企业通过建立云仓库、云平台，使财务管理工作变得十分高效、流畅，同时财务管理的远程化、智能化和实时化也会成为可能。通过对财务信息和人力资源等非财务信息的收集、整理和分析，大数据可以为企业决策提供强大的数据支持，帮助企业选择成本最低、收入最高、风险适中的方案和流程，减少常规失误，最大限度地规避风险，使得企业的财务管理工作更具前瞻性和智慧性，企业的内部控制体系得以进一步的优化。

四、"互联网＋"时代企业财务管理转型面临的问题

不同的企业有不同的特点和业务类型，在转型过程中，必然会遇到不同的困难和问题，但基本方向是一致的。一般情况下，企业从网络获取最新的信息，作为企业管理和决策的数据支持。另外，企业应培养互联网思维方式，打破企业传统的条块化管理模式，逐渐发展为相互交融的共享化模式。"互联网＋"时代的财务管理转型首先要有大数据平台的支持，在此基础上改变业务流程及管理理念，企业的财务管理部门扮演着关键的角色，也占据着基础性地位。财务管理的传统业务主要集中于对基础数据的整理和记录，而"互联网＋"时代背景下更要强调企业的战略管理、风险控制、市场管理、价值链管理、综合素质、现金流管理、信息化管理、预算管理等方面。

企业在转型过程中，应当提高财务管理部门在企业中的地位和职能，特别重视管理会计的素质和业务水平，促进企业在业务支撑、核心财务、运作模式三个大方面进行转型。扩大管理会计的职能范围以使其能够更多地统筹企业的财务预算和财务规划，进行财务报表的编制和分析，并准确地预测企业的发展趋势，为企业更好地经营提供丰富的数据支持。此外，

通过对互联网大数据的研究和对一些信息的加工整理，管理会计人员能够根据企业决策需要，进行相关报告的制定。

五、"互联网+"时代给财务管理带来新的风险

"互联网+"时代的虚拟性给财务管理带来的一个重要威胁是网络的安全问题。网络经济中要求财务管理活动要通过互联网进行，而互联网体系使用的是开放式的协议，它以广播的形式进行传播，易于搭截侦听、口令试探和窃取、身份假冒，存在巨大的潜在风险。而目前传统的财务管理中大多采用基于内部网的财务软件，对来自互联网的安全威胁考虑不是很到位，而企业的财务数据属于企业重大商业机密，如遭破坏或泄密，将会给企业带来不可估量的损失。其次是身份确认和文件的管理方式问题。"互联网+"时代，参与商业交易均在互联网或云端进行，需要通过一定的技术手段相互认证，保证电子商务交易的安全。而传统的财务管理软件一般采用口令来确认身份，不同的用户有不同的口令。如果继续沿用这种口令身份验证方式，那么随着互联网用户和应用的增加，口令维护工作将耗费大量的人力和财力，显然这种身份验证技术已不适合基于互联网的财务管理。另外，传统的财务管理一直使用手写签名来证明文件的原作者或同意文件的内容。而在"互联网+"时代，电子报表、电子合同等的使用，在辨别真伪上存在新的风险。此外，电子商务作为"互联网+"时代的主要交易手段，财务管理和业务管理必须一体化，电子单据、分布式操作使得可能受到非法攻击的点增多，而目前的财务管理缺少与"互联网+"相适应的法律规范体系和技术保障。例如，在电子商务中如何征税、交易的安全性如何保证、数字签名如何确认、知识产权如何保护等，所有这些问题都是在"互联网+"时代出现的，给企业的财务管理带来新的风险。

第四节 "互联网＋"时代财务管理创新的动因及初始条件

财务管理创新属于企业的战略变革，企业战略变革成功的关键在于创新动因，因此，财务管理创新动因是导致企业战略转型的关键因素，这些因素对战略的成功选择与实施起着至关重要的作用。按照战略变革动因的理论思路，将企业财务管理创新的根本动因归纳为综合国力提升的必然要求、企业持续发展的需要、转变经济发展方式的举措以及应对国际复杂形势的必然等方面。

一、"互联网＋"时代财务管理创新的动因

1. "互联网＋"时代综合国力快速提升的必然要求

综合国力是一定历史时期内主权国家在政治、经济、军事、科教、文化、教育、资源等方面实力和影响力的总和。根据中国社科院统计数据，2012 我国综合国力排名世界第六位，2016 年位居全球第二位；国内生产总值从 1978 年 2 600 多亿美元排名世界第 15 位到 2016 年超过 12 万亿美元位居世界第 2 位，人均国内生产总值从 300 美元升至 8 500 美元。从综合国力的快速提升可以看出，我国企业正处在外部环境的复杂变化之中，新旧体制的转换，增加了企业的财务风险和经营风险；一些企业财务信息缺失、财务观念落后导致违反国家相关规章制度的情况时有发生；此外很多企业的财务业务一体化不够深入，财务管理在公司战略管理中的作用以及执行能力不强，致使全面的价值管理与价值创造能力薄弱，风险识别与防范能力不足。

由此可见，企业应该积极探索财务管理创新，利用企业会计准则体系确认计量的资产、负债、收入、费用等财务信息，更要利用创新的财务管理体系精准预测供应、生产、销售、分配等经营信息，参与经济管理决

策，实现价值开发和创造，为我国综合国力的提高提供强有力保障。

2. "互联网+"时代企业可持续健康发展的迫切需要

企业是财富的创造主体，是国民经济的细胞，是推动社会发展、经济技术进步的主导力量。近年来，我国企业抓住快速增长的经济发展契机，充分发挥比较优势，兼顾企业内部和外部的全面综合发展，成功战胜了信息化和市场化带来的巨大挑战，取得了举世瞩目的成就。

然而随着"互联网+"时代的深入，企业也出现了一些问题：第一，经营业绩亟待改善。"互联网+"时代，很多企业没有搭上网络的东风，受到互联网的冲击而陆续关停并转，资料显示，在亏损最严重的 54 家世界 500 强企业中我国占据了近三分之一，达到 16 家，此外多家企业出现净利润同比负增长；第二，人均创造价值能力有待提升。我国人口众多，加之很多企业自动化、智能化程度不高，使企业雇佣的从业人员过多。资料显示，我国企业平均雇佣人数 17.64 万人，是世界 500 强的 1.36 倍、也是美国企业的 1.39 倍，人均价值创造能力不高；第三，跨国指数有待提高。世界先进企业往往能够登高望远、面向全球，在全世界整合、吸纳资源，而我国很多企业仅在国内市场利用自己仅有的资源与全球公司竞争，常常导致竞争力不足而以失败告终；第四，传统企业面临商业模式变革。随着"互联网+"的蓬勃发展，诸多行业的边界日益模糊，大量新技术、新产品、新服务不断出现，企业需要跨界竞争和灵活合作以满足业务发展需求。很多企业逐渐开拓网络销售渠道，依托互联网平台扩展自身业务并疏通产业链，进一步提升企业核心竞争力；第五，新兴行业发展空间广阔。以互联网服务、新媒体为代表的"互联网+"新兴服务、"互联网+"金融等新兴行业正凭借独特的竞争力快速步入社会；第七，制造企业转型升级亟须加速。2016 年中国服务业企业 500 强的营业收入总额为 27.10 万亿元，较 2015 年增长 7.35%，增速提升 0.18 个百分点，依然增长较快。2016 年中国制造业企业 500 强营业收入总额为 26.52 万亿元，较上年下降 1.54%，增速下降 4.79 个百分点。服务业企业 500 强营业收入总额首次超过制造业企业 500 强。这说明制造服务化趋势对服务业企业提出了更高要求，产业转型升级任重道远。

3. "互联网＋"时代转变我国经济发展方式的急切需求

从 2012 年我国人口红利开始消失，2016 年出现刘易斯拐点，人口红利全面消失，老龄化严重，经济结构必然从投资走向消费，核心逻辑发生改变，使得我国经济处于由追求数量到追求效益、由中国制造到中国智造的转折点上。十八大报告也明确提出"加快转变经济发展方式是关系我国发展全局的战略抉择"。《中共中央关于全面深化改革若干重大问题的决定》中指出使"加快转变经济发展方式"成为"引领未来经济发展和繁荣的历史机遇，决定中国现代化命运的又一次重要战略抉择"。

过去一段时间，由于工业经济的持续下滑导致我国经济面临整体下行压力，因此要想稳定经济增长首先应该稳定工业经济，然而稳定工业经济的关键在于稳定企业，毕竟企业是经济发展方式转变的核心参与者。对于企业来说，转变经济增长方式应将粗放、传统的发展方式改为精细化、科学化的方式。精细化、科学化的价值管理和财富创造过程对企业财务管理活动、财务管理环境、财务管理理念、财务管理工具、财务管理技术、财务管理流程等都产生了翻天覆地的影响，这就要求企业建立责任理念、智能化理念、以人为本理念，重视全面的战略财务管理，实现财务管理创新。

4. "互联网＋"时代我国应对复杂国际形势亟须创新

当今世界，全球经济存在着发展失衡加剧、货币政策环境趋紧、贸易壁垒增加、资源能源价格高位震荡等国际经济形势的诸多挑战，第一，世界经济区域集团化趋势明显，形成地区或集团经济贸易壁垒，中国外部经济面临激烈竞争；第二，新科技革命的全球深入，世界两极格局消灭后，科学技术的发展成为国家发展的战略重点；第三，面临世界经济一体化挑战，近年来世界经济一体化趋势日益明显，加深了国际经济大环境对各国经济的影响。目前，新兴经济体面临全球金融状况收紧和增长缓慢的双重挑战，发达经济体发展势头趋于好转，经济活动从低迷中恢复。由于发达国家"低增长、高赤字、高负债、高失业率"并存的格局并未根本改善，导致增长动力不足。

由于经济增长速度仍然低于潜在水平，各国采用不同的战略和对策，使得国际形势更加复杂。竞争激烈、复杂多变的国际环境，使跨国经营、全球拓展面临较大的不确定性，给我国企业开拓国际市场带来了阻碍，对企业财务管理能力以及财务风险管控和防范能力提出了更高的要求，同时拓宽了传统财务管理的界限，使基于风险防御能力和国际财务管理能力的财务管理模式创新成为一种必然。

二、财务管理创新的初始条件

创新建立于一定的初始条件之上，初始条件决定着创新措施的时机选择和实施效果。企业财务管理创新涉及外在环境、技术变革、人的思维理念、制度执行以及方法、手段等的变迁。作者借鉴发达国家管理创新经验认为：科学技术的进步、市场需求的扩大、充足的资金支持以及制度环境的不断完善为我国企业财务管理创新提供了初始条件。

1. "互联网+"、大数据等科学技术进步

"互联网+"时代，"互联网+"行动已成为国家经济发展的重要引擎，科学技术的进步比以往任何时代都要迅猛。技术的进步为我国企业优化管理、提高生产能力带来新机遇，同时也成为制度变迁的重要驱动机制，为企业财务管理创新提供了初始条件、效率保证和技术支持。

科学技术的进步给企业资本带来不小的变动，企业资本的嬗变拓展了筹资投资的选择范围。"互联网+"时代的企业资本不仅包括物质形态的财务资本，还将非物质形态的知识资本、技术资本等囊括其中，使得企业筹资、投资、经营以及分配活动面临更加复杂多变的市场环境，加大了企业经营风险、财务风险和综合风险。为了提升抵御风险以及市场竞争的能

力，企业必须加强风险预警和控制以提高风险管理的意识和能力，改进技术资本、知识资本的价值补偿方式，创新企业投融资项目可行性分析的模式与手段；必须严格按照现代企业制度运作，对企业运作流程升级改造，优化资本结构，健全法人治理结构，促进财务决策科学合理。

大数据、互联网、云技术等现代科技在企业中的应用为企业财务管理创新提供了技术支持和保障。互联网、物联网、大数据、云计算等与传统行业、新兴行业的融合发展促进了企业经营的网络化、便捷化、自动化、智能化以及个性化趋势，使财务管理倾向零库存、轻资产、快周转、低费用、高回报。企业应将互联网思维植入财务转型，利用网络信息平台整合资源、突破时间空间的局限，将远程交易转为鼠标控制，实现基于流程再造与重构的财务管理创新，通过网络使财务管理延伸到企业运营中的任意节点，管理者对企业各个职能部门实时财务监控，促进企业财务管理信息化、流程化、智能化的进程。

2. 企业经济环境变迁

企业经济环境是指构成企业生存和发展的社会经济条件、资源状况、运行情况、产业结构、发展趋势等，是影响企业财务管理的重要因素。"互联网+"时代，金融和经济全球化迅猛推进，企业面临双重竞争压力，一方面是来自国内的竞争，另一方面也要应对国际竞争。因此经济全球化成为推动财务管理创新最主要的经济环境。

由于金融工具、金融市场等不断创新，依靠传统单一的自有资本以及自有资金的管理模式远不能适应国际竞争的需求，国内外投融资并重的多元化模式更适应"互联网+"时代企业经济环境的变迁。然而，随着投融资模式的变化，企业面临的财务风险、经营风险、决策风险与日俱增，运用金融工具、衍生金融工具时也面临着新生金融市场的风险。为了满足"互联网+"时代的经济环境变迁对财务风险防范的要求，企业应当在提高经济效益的基础上将企业运营和金融市场风险控制在可以承受的水平，建立财务风险预警系统，做好财务风险防控措施。

3. 财务管理创新需求增加

"互联网＋"时代，我国企业面临着由粗放型生产向精益型生产转型、由制造型企业向服务型企业转型、由供应链竞争向需求链竞争转型、由劳动力低成本向管理低成本转型、由追求规模向追求个性化转型、由挖掘高素质人才向适应普通型人才转型、由单打独斗向融入国家发展战略转型。在转型过程中，企业价值创造的方式、模式发生巨大变化。一方面，"互联网＋"时代企业创造财务价值的方法发生了颠覆式改变。免费体验、众融众筹、负债、亏损等方式均可创造财务价值，这是线上企业如京东商城、淘宝、微信等创造价值的过程和经验。可以说，"互联网＋"时代，除了用传统的股权和债权指标衡量企业创造的财务价值外，网络用户数、流量信息、网络节点距离、点击率、变现因子、溢价率系数等都是不可忽视的重要因素；另一方面，社区商务模式具有潜在的生命力，是创造企业财务价值的新型模式。率先进入社区商务模式的企业能够有效把握消费者的生活方式，带给消费者真正需求的生活体验，快速走进客户价值链，成为产业链的组织者，成功取得企业未来竞争的制高点。因此，企业应发挥自身优势，根据消费者需求开创网络互动需求链，建立既符合自身情况又能满足消费者生活方式的社区商务模式。

4. 财务管理创新所需资金支持充足

企业财务管理创新涉及面广，是一项技术复杂、耗资巨大的系统工程。财务管理信息系统升级改造、财务管理流程再造与重塑、财务管理体系的制定与实施、员工的培训学习、财务管理创新体系后的职责重组、软硬件的更新投入等很多方面都需要资金的匹配与支持，充足的资金支持是企业财务管理创新实现的重要保障。

目前，不少企业已具有较强的融资空间和融资能力，再加上网络信息平台提供的多元化融资渠道，使企业自身的资本运作能力逐渐增强。很多企业在生产经营过程中意识到创新能力对企业生存和发展的重大意义，加大研发投入，将企业研发作为提升持续竞争能力的基石。财政部、国家税务总局、科技部等鼓励企业增加科研开发，于2015年11月联合完善了研发费用加计扣除的新政策，促进企业加大研发资金的投入力度，以取得潜在竞争力，获得足够的创新资金。

5. 财务管理创新制度环境不断完善

传统的财务管理模式是在传统制度环境下人们慎重选择的结果，一旦制度环境发生变化，就会逐渐弱化传统制度的合理性，制度变迁就有可能发生。近年来，随着企业内部控制规范体系的制定与实施，企业会计准则、财务通则等制度的进一步规范，制度环境也在不断完善，我国企业财务管理创新制度环境也更趋合理。

为了推动企业从会计控制向全面风险管理发展，为了有效防范各种风险，财政部等五部委于2008年6月联合发布《企业内部控制基本规范》，2010年4月又联合发布《企业内部控制配套指引》，中国企业内部控制体系正式建立，自2011年1月开始逐步推行。截至目前企业均按照规范体系编报并披露企业内部控制的自我评价报告，推动了中国企业全面风险管理水平的提升，使企业内部控制规范体系不断完善。

企业会计准则体系建设持续趋同。国家财政部于1992年11月发布《企业会计准则》《企业财务通则》，1993年7月1日起正式施行。2006年2月，发布中国会计准则体系（含一项基本准则、38项具体准则），自2007年1月1日起在上市公司施行。2007年始全面启动了与中国香港、欧盟、美国等其他国家或地区会计准则等效工作，使中国会计准则与其他国家或地区的会计准则具有同等效力，并获得境外上市地监管机构认可和接纳，推动中国企业"走出去"参与国际竞争。2009年9月，国家财政部印发《中国企业会计准则与国际财务报告准则持续全面趋同路线图（征求意见稿）》，实现了企业会计准则体系建设持续全面趋同，财务管理创新的制度环境不断完善。

第五节　"互联网＋"时代财务管理优化的措施

"互联网＋"时代的财务管理优化措施应涵盖重视财务管理战略、升级数据处理平台、优化财务工作及系统、改进财务管理流程，此外对于财务管理理念和观念的创新、流程再造的创新、战略与模式的创新、技术与方法的创新将在第三章至第六章探讨具体创新路径时阐述。

一、重视财务管理的战略地位

一些发达国家非常重视企业财务管理的战略地位，并拥有相关的分析工具，如平衡计分卡、战略地图等。而在国内，市场经济迅速发展，并成为世界第二大经济体，管理要求和管理能力也在大幅度提高，很多国内企业也会利用这些分析工具来提高管理质量和效率，促进管理向综合化、精细化发展。但大部分企业仍局限于基础层面的财务管理，主要集中于企业内部业务，管理水平比较低，更谈不上财务管理的战略发展。互联网促进社会经济的信息化、复杂化，进而迫使企业在经营理念、管理方式和组织形式方面进行改革，另外，企业还需缩短调整周期以适应快速变化的市场经济环境。在这种情况下，企业财务管理部门担负着对这些变革进行数据支持的重要任务，涵盖财务预算、风险控制、战略管理等各个方面。

二、构建大数据处理平台

不同的企业通过网络能够进行更为迅捷、更为充分的联系，从而促使各类形式的组织结构向着多元化、扁平化发展。而传统的企业财务管理大多采用集中控制的手段，难以满足"互联网＋"时代下多元化的要求，所以企业应削弱中心权利。所谓"去中心化"并不是指降低管控力度，这种管理控制的重点在于大数据平台的搭建以及从平台中进行信息资源提取。平台具备强大的数据处理能力并具有表格、流程图等典型模型，提供搭建程序和搭建工具来进行数据处理和信息交换。该数据平台具备很强的兼容性，能够在一个框架内进行产销、资源、人力等各方面数据的分析研究。现阶段，已经有不少企业在大数据平台建设中取得了一定的成绩。例如，对于云计算技术的运用，工作人员能够通过云端进行会计数据的共享，从而实现数据远程控制，企业工作效率得到极大的提高；管理人员也能通过对平台数据资源进行深入分析来预测企业即将面临的风险因素以进行适当调整，提高企业对环境的适应性，另外还可以促进企业的财务共享。

三、财务工作非结构化分析和处理

通常传统的会计核算工作会遵循一个标准的准则来执行，一般经济事务的处理都存在一定的模式，如业务产生、记账、会计报表等很多工作流程和表达方式十分死板，会计数据具有很强的结构化。而在网络席卷经济市场后，财务工作在工作方式和管理理念上都发生了革命性的改变。网络的四通八达使得财务工作上的各种障碍均被清除，工作人员突破各个瓶颈，收集信息、分析数据的水平大幅度提高。另外，互联网也为项目评价、流程改进、成本控制等各项工作创造了有利条件。

财务管理运用"互联网＋"的平台后，财务工作将变得十分灵活，而不是仅仅局限于简单、死板的"算账"上，其采集、处理及管理的范畴应当涵盖所有和企业业务相关的数据和资源，"互联网＋"时代是一个大数据时代，只有具备大财务的企业才能更好地适应这样的大环境。财务工作人员要同时分析与企业业务相关的各种报表和非报表数据，深入研究非结构化数据，这也对员工的工作水平和能力提出了更高的要求。财务报表分析应灵活考虑外界环境，具体内容包括企业资金周转水平、盈利大小、负债情况、未来发展前景等。此外要归纳分析财务报表的附注信息、业务信息等电子数据，特别注意重大资本的运作、重大或有风险和财产损失、大资金往来等事项，结合结构化和非结构化数据进行综合研究，将一些重要的非结构化数据进行结构化处理。检验一些环节中的测评结果，结合现有的法律法规检查财务工作的制度细节，分析企业内部控制制度是否健全、有效，对其风险水平进行估算。

四、打造多维、智能的预算管理系统

"互联网＋"对企业起到的最重要的作用就是大大提高了企业管理的智能化。编制预算、执行预算乃至监督工作并不是一条线的流水线式运作，而是要同时进行多维分析，从多个角度看问题，具有很高的技术含量和复杂的心理因素。当前，我国企业在预算管理方面仍存在不少问题，绝大多数企业仅具备基本的预算编制能力，预算数据大多来源于旧有的经验，很少能够兼顾迅速变化的外部市场环境和条件，缺乏科学性和准确性，不能为管理人员的决策提供有效的数据支持，也就难以使企业获得正确的预算调整。另外，大多数企业预算控制体系不完善，信息化技术含量较低，而在预算分析方面，只停留在单纯的图表分析上，未能考虑企业各种具体需求和企业环境的具体状况。

打造适应"互联网＋"时代背景的财务管理模式，数据挖掘和运用障碍将被大数据平台打破，基于该平台的财务管理体系具备强大的功能，能够高效地汇集企业财务、业务、事项环境等各方面的历史数据，能够更为科学地剖析企业预算目标、编制预算报告，绘制更加合理的预算管理流程。一般情况下，企业的预算管理系统会在特定的编制期间和调整期间得到更新，而业务系统中数据更新周期很短。企业可以利用大数据平台，在预算监督时，实时对照分析企业业务信息系统数据和预算系统数据，从而进行及时调整，提高监控的有效性，进而提高企业的管理质量和管理水平。

五、改进财务管理工作流程

总的说来，我国财务管理信息化历程大致经历了如下 4 个阶段：首先是利用计算机进行简单的财务计算；其次为信息资源共享，整个集团通过终端分享企业数据；再次为局域网，数据资源通过服务器和端口进行交换；最后为现阶段的"互联网 +"时代，特点为信息数据量呈现爆炸式增长。以前通常会计处理方法均要遵循固定的流程，决策者根据其结果进行决策。但是这种传统的方法在愈演愈烈的市场经济的环境中逐渐显现其局限性，越来越多的相关方无法获得及时、具有高利用价值的会计信息数据。而网络在逐渐改变这一现象，"互联网 +"时代的到来不仅可以大大提高企业财务工作的效率，也使财务工作人员实时地获得大量有用数据，并实现了信息实时传递的功能，可以针对需要，高速有效地汇集可靠的财务数据，从而成为企业坚强的数据支撑。企业通常具有 4 个相关的循环流程：资金流、物资流、人员流、信息流。其中与财务部门密切相关的主要为资金流与信息流。企业通常最为重视业务和资金，这二者最理想的情况是步调一致。但资金流属财务部门工作，传统的工作方式必定会产生一定的滞后，导致业务流和资金流脱节。而随着"互联网 +"时代的到来，由于电子商务的迅速膨胀，网络交易方式也越来越多，愈发方便，业务和资金慢慢靠拢和交融，二者的对称性和同步性更高，这为企业业务和资金配置的优化提供了有利的条件。

各个企业都无法忽视"互联网 +"时代带来的冲击和挑战，不断寻求方法，抓住机遇，改变各自的经营理念、工作方法。财务管理部门通常肩负着重大的使命，会计工作朝着大数据、多维视角、多样形式的方向发展，财务管理部门需要结合企业自身的特点，顺着这样的大方向，细节中求创新，寻求使企业跨越式发展的有效途径。

第三章
"互联网+"时代财务管理观念与理念的创新

"互联网＋"时代，给各国经济发展带来了新的机遇，也给经济不发达地区带来了新的挑战。科技的发展在不断地影响着组织机构、企业模式、管理思想，这些因素都对企业财务管理产生了巨大的影响。财务管理作为企业管理的重要领域，其面临的内外环境日新月异，财务管理观念和理念只有不断创新才能适应高速发展的市场需求。

第一节　"互联网＋"时代财务管理观念创新

财务管理观念是人们在长期的生产实践中逐步形成的对财务事项和财务行为的基本看法和认识，是指导财务管理实践的价值观，也是思考财务管理问题的出发点。财务管理观念是一种相对稳定的群体意识，它作为社会、经济和企业文化的一个子属，蕴含着民族精神、价值观、企业管理哲学和经营思想，为集团成员所接纳，决定和影响着财务管理活动。由于企业所处的财务管理环境瞬息万变，在不同的财务管理环境中，企业财务管理的重点不同，财务管理观念就需要创新，因此研究企业财务管理观念创新有着极其重要的现实意义。

一、传统财务管理观念

1. 财务管理筹资观念阶段

15世纪末16世纪初，在地中海沿岸的商业城市出现了以商人、王公、大臣、市民等入股的商业股份组织，这种组织的出现要求企业有效筹集所需要的资本，而有效筹集资本的前提是合理地预测所需要的资本数量，在这个阶段，企业对资本的需求数量并不是很大，企业的筹资渠道和筹资方式比较单一。因此，企业的筹资活动仅仅是作为企业生产经营的附属，没有形成独立的职能部门。

直到19世纪末20世纪初，在欧洲和美国发生了第二次工业革命，这次以电力革命为核心的工业革命主要发生在铁路、纺织和制造业等产业部门。之后，钢铁冶金、热机、运输、电力、化工合成以及电信技术等部门迅速发展，生产规模不断扩大，各个生产部门之间的关系更为密切，个人资本在社会发展中表现出越来越明显的局限性。在这样的情况下，股份制企业发展迅速，已经成为占主导地位的企业组织形式。股份企业的发展导致资本需求的扩大、企业筹资活动的加强，以往的筹资渠道和筹资手段已经不能适应迅速发展的股份制企业，迫使筹资渠道和方式发生重大的变化。在这种情况下，企业的财务管理部门逐渐从企业管理中分离出来，形成独立的管理部门。

在这个阶段财务管理观念的主要特点是：第一，财务管理观念的重点是预算和筹集正常生产经营所需要的资金，而对于如何投资和资本如何营运考虑的很少；第二，财务管理的目标是股东财富最大化，持有这种观点的人认为，企业自上而下发展的主导因素在于企业所拥有的资本，而企业正常运作所需要的资本主要来自股东，股东投资企业的目的是扩大自己的财富，股东作为企业的所有者，企业理所应当追求股东财富最大化。在股份制企业中，股东所拥有的财富是由股票的数量和股票的市场价格来决定的，所以，在股票数量既定的前提下，企业拥有股票的市场价格决定了股东所拥有的财富。

这个阶段的主要研究成果有：1987年，美国人格林在《公司财务》一书中详细地阐述了企业如何筹集资本的问题；1910年，米德也出版了《公司财务》，在这本书中，他主要研究的是企业应该采用什么筹资方式能更加有效地筹集资本。

2. 财务管理内部控制观念阶段

20世纪30年代，美国的财政预算总是出现财政赤字，美联储错误的财政政策和货币政策导致了美国很多行业萎靡不振，反映在证券市场上就是证券市场的全面崩溃。这次经济危机是资本主义市场爆发的最持久、影响最深刻的一次危机。这次经济危机给资本主义经济带来了极大地破坏，使得各国的生产倒退了几十年，资本主义制度面临着前所未有的考验。

在这个阶段，对于企业而言，如何快速走出经济危机带来的巨大阴影，迅速地恢复生产成为首先要考虑的问题，在这样的思想指导下，财务管理观念重视内部控制显得尤为重要。而对于各国政府来说，为了保护投资者的合法权益，政府开始加强了对证券市场的监督和管理。政府监管力度的加强客观上要求企业必须加强内部控制。1936年，美国颁布了《独立公共会计师对财务报表的审查》，首次定义了内部控制："内部稽核与控制制度是指为了保证企业现金和其他资产的安全，检查账簿记录的准确性而采取的各种措施和方法"。

在这个阶段，财务管理观念的主要特点是：第一，财务管理不仅要重视筹集资本，而且要有效地实现企业内部控制，做到事前防范、事中控制和事后监督，以达到使用好资本，实现资本利用率最大化的目的；第二，需要遵守政府制定的各项法规政策，在各种法规政策的指导下制定企业的财务策略。

这个阶段的主要研究成果有：为了加强对证券市场的监管，1933年和

1934 年美国分别制定了《联邦证券法》和《证券交易法》，严格地规定了企业证券筹资的各种事宜，要求企业必须按照法律规定发行债券筹集资本。美国的洛甫在他的《企业财务》一书中第一次提出了对资本周转进行有效管理的观念，后来英国的罗斯在《企业内部财务论》中也强调了资本的有效运用是企业财务管理的重心。

3. 财务管理投资观念阶段

第二次世界大战结束之后，各国将重点放在了恢复经济上，在很短的时间里，国际之间的交流增加，国际之间的交流使得市场向国外延伸，跨国企业崭露头角。在市场环境日益复杂的这个阶段，科学技术迅速发展，产品种类极大丰富，更新换代速度加快，金融市场也逐渐繁荣起来，此时，各国竞争的重点既不是筹资规模的扩大也不是产品数量的增加，财务管理人员的首要任务是解决资金的利用效率，因此财务管理的重点放到了投资问题上。

20 世纪 70 年代后，金融市场发展迅速，金融工具的种类大大增加，在这样的情况下，企业与金融市场的联系越来越密切。认股权证、金融期货等广泛应用于企业筹资与对外投资活动，使得财务管理理论日新月异、逐步走向完善。

在这个阶段，财务管理观念的主要特点是：第一，财务管理的重点在于投资问题，也就是如何有效地使用资金；第二，金融工具的发展推动了财务管理理论的发展，使得投资决策日益成熟。

这个阶段的主要研究成果有：1952 年，马考维兹提出了投资组合理论的基本概念。1964 年和 1965 年，美国著名财务管理专家夏普和林特纳在马考维兹的基础上做了深入研究，提出了"资本资产定价模型"。这两个理论详细地介绍了资产的风险与预期报酬率的关系，得到广大管理者的认可。它不仅将证券定价建立在风险与报酬的相互作用基础上，而且大大改变了企业的资产选择策略和投资策略，被广泛应用于企业的资本预算决策。

20 世纪 70 年代中期，布莱克等人创立了期权定价模型，解决了长期以来困扰投资者的期权合理定价问题。这个阶段，在现代管理方法的指导下，投资管理理论从萌芽逐步发展并且逐渐成熟，主要表现在：一是建立了合理的投资决策程序；二是形成了完善的投资决策指标体系；三是建立了科学的风险投资决策方法。

4. 财务管理风险防控观念阶段

20 世纪 70 年代末和 80 年代初期，一场来势汹汹的通货膨胀袭击了西方世界，这次通货膨胀影响范围广、持续时间长。在通货膨胀率迅速上升的情况下，推动了利率的上升，这就使得企业在筹集资金的时候支付的利息增多，企业筹集资金的难度增大；而与利率反向挂钩的金融产品的收益逐渐下降，在这样的情况下，它们为了继续吸纳顾客，只能降低自己的市场价格，有价证券开始贬值。物价的持续上涨，使得企业的利润增加，但是这个增加却是物价上涨导致的虚增，在利润增大的前提下，企业的所有者要求分得更多的利润，最终的结果就是资金流失严重。在这个阶段，财务管理面临的主要问题是如何对付通货膨胀。

20 世纪 70 年代末，发展中国家为了发展民族经济、改变落后的面貌，掀起了一股借债高潮，他们却错误地把借入的资金用于消费，或者是投资于那些成本高、收入低的项目中去，到了 80 年代，西方发达国家为了消除通货膨胀给国家造成的影响，纷纷放缓了经济的发展，并且采取了高利率的财政政策，加重了发展中国家的还本付息的负担，债务危机的爆发不仅对发展中国家影响很大，对那些发达的工业国家也产生了不利的影响。这使得国际经济环境非常不利，导致企业的筹资、投资环境极其复杂。这个阶段，规避风险和获取收益是企业财务管理必须同时考虑的两大方面。高收益是和高风险相伴而生的，在市场经济条件下，完全高收益低风险的项目是不存在的。

在这个阶段财务管理的主要特点是：加强了对财务的风险评估和风险防范。

因此，企业在其财务决策中例如效用理论、线性规划、博弈论、概率分布、模拟技术等数量方法在财务管理工作中的应用越来越多。财务风险问题与财务预测、决策数量化十分相关。这就要求企业的财务人员必须树立一个新的以风险为导向的财务管理观念，通过科学的策略和方法，及时有效地防止和管理财务风险。

5. 财务管理精准核算观念阶段

20 世纪 90 年代中期以来，计算机、电子通信和网络技术的飞速发展，使得数学、统计、优化理论和计算机等先进的方法和手段广泛地应用于财务管理活动，计算机技术和财务管理理论实现了快速的结合，在这个基础上，在计算机环境中创建了各种财务模型，并通过这些财务模型实现了财务管理，所以，财务管理面临着一场新的革命，财务管理向精确方向飞速发展。

筹资决策的计算机分析模型是指利用计算机工具，对企业的筹资成本进行比较选择，从而选择成本最低的筹资方式，以实现企业对资金的需求。筹资分析的借款分析模型中，财务人员可以根据不同的借款金额、借款期限、每年还款次数中任意一个或几个因素的变化，来分析每期偿还金额的变化，从而做出适当的决定。

投资决策的计算机分析模型主要借助于计算机语言工具，通过改变与投资项目风险和收益有关的参数，就可以得到考虑投资风险后的各项评价指标，从而很迅捷地实现投资方案的收益和风险对比。

在企业中流动资金在流动资产中的比重很大，科学的管理流动资金对于保持企业自身的流动性具有很大的现实意义。流动资金的计算机分析模型，包括应收账款赊销策略分析模型、最优经济订货批量模型和最佳现金持有量决策模型。在计算机模型中通过输入不同方案自动生成分析结果，而方案中任何一个因素的变化，也会得到不同的分析结果，从而为财务人员的决策提供最佳的方案。

在计算机、电子技术和网络技术基础上发展起来的财务管理，克服了以往传统财务管理的缺点，适应了现代化经济的发展需要。所有的财务模型都可以借助计算机这一工具，快速生成相应的结果，为财务人员做出合理的决策提供依据，不仅使得财务管理工作更加有效，而且给企业带来了显著的经济效益。

二、"互联网 +" 时代财务管理观念的创新

观念决定思路，思路决定出路。财务管理观念是企业制定财务管理战略、践行财务管理活动的指导思想，财务管理观念是财务管理工作的重要基础，它对企业财务管理内容、方法以及工作质量有着非常重要的影响，企业财务管理观念先进与否，直接决定着企业的经济效益，关系着企业的发展壮大。所以，面对"互联网 +"时代的财务管理环境，我国企业适时地创新财务管理观念就显得尤为重要。

1. 责任观念

当前企业的发展中，存在着责任缺失的现象：第一，企业社会责任缺失。随着社会的发展和经济的进步，企业社会责任并没有完全跟上经济发展的步伐，社会责任不强甚至缺失事件频繁发生，给消费者带来极大的震撼。企业为了追逐经济效益、获得更多的利润，不惜以污染环境、浪费资源、牺牲社会的整体利益为代价，严重损害了消费者和其他利益相关者的合法权益。"互联网 +"时代，企业社会责任缺失不仅仅是企业自身的问题，俨然已经成为影响社会健康发展的不利因素。第二，大股东侵害中小股东的利益。在我国，由于资本市场不够完善，股权的相对集中和法制监管力度比较低，使得我国中小股东一直处于相对劣势的地位。所以，大股东侵害中小股东利益的事件在我国频繁发生。这不仅大大地挫伤了中小股

东的投资热情和积极性，也严重阻碍了企业的发展，对我国证券市场的资源配置也产生了非常不利的影响。

（1）财务管理应更加重视社会责任。美国企业 IBM 确定了"为员工利益，为顾客利益，为股东利益"三原则，企业财务管理目标也要考虑各相关主体的利益。企业作为市场的主体，理所应当也是财务管理活动的主体，所以，财务管理目标的现实选择应是股东主导下的利益相关者财富最大化。它的内涵是出资者与其他利益相关者权益的共同发展，从而达到企业或企业财务管理在经济、社会目标上保持平衡。

（2）完善企业内部社会责任。具体包括如下几方面：

第一，保护股东尤其是中小股东的合法权益。一是在大股东掌握企业信息的情况下要保护中小股东的知情权，以免在信息不对称的情况下，频繁发生大股东侵犯小股东权益的事情；二是加强中小股东在董事会中的表决权，中小股东有权参与企业方针政策的制定和投资计划。

第二，加大员工社会责任投入。就是要做到以人为本，在财务管理的过程中要高度重视人、充分激励人。为了实现企业的财务管理目标，在财务管理中应该广泛地开展以下的活动：一是自主管理。财务管理活动参与生产和经营领域的各个方面，与财务状况和经营成果的大小是密切相关的。为此，应该明确企业部门、各层次、各级员工职能并使其各司其职，实行自主管理。二是全员参与。把员工看作财务管理的伙伴，让员工参与到财务目标和企业重大决策的制定中来，并且一起讨论相关的政策。同时要鼓励员工关心企业，将自己的目标与企业的目标结合起来，与企业荣辱与共，不断开创企业财务管理新局面。

（3）完善企业外部社会责任。具体包括如下几方面：

第一，健全债权人完善机制。银行作为企业最大的债权人，在企业资不抵债的情况下遭受最大损失的是银行，所以银行可以参与到企业的治理中去，一方面可以迅速了解企业的生产经营情况，获得完整的信息；另一方面银行作为最大的债权人可以积极参与企业的各项决策，使得企业朝着对自己有利的方向发展。

第二，对供应商全面负责。一是要遵守合同，履行自己的权利和义务，及时支付供应商的款项；二是不能因为自身遇到了不公平竞争，就对供应商提出苛刻的要求，这种行为不可避免地会导致企业与供应商之间的双输，甚至对其他利益相关者造成不利的影响；三是不能因为自身企业处于付款方的地位而对供应商提出各种不合理的要求。因此，企业的财务管理活动必须要考虑供应商的因素。

第三，加强监督和完善消费者市场。一是建立规范的信息披露机制，让消费者全面地了解商品的各种信息，做出最好的选择；二是消费者作为产品的使用者，有权利要求企业对产品的质量负责，监督企业产品的合格与否；三是企业在公关危机时，要召回产品并且及时道歉，而不是为自己的失误寻找借口。

第四，企业履行环境责任应当做到：首先，节约资源，保护生态环境；其次，努力改善企业所处的环境，防止生态环境恶化。这就要求企业日常努力培养和提高员工的环保意识，坚决不破坏环境、不浪费资源，一旦对环境造成破坏，要尽快地弥补。环境责任作为一种典型的社会责任，需要企业高度重视。

第五，完善慈善事业机制。政府要明确规定慈善事业的范围，引导企业积极参与社会公益事业，同时政府部门应该明确规定企业应该承担的责任，从法律上约束企业积极参与并且完成社会公益事业。

2. 智能化观念

全球科技的迅猛发展引发了世界性的科技革命，使产业发展发生了极大变革，推动了人类社会的进步。特别是20世纪90年代以来，以数字化和网络化为代表的信息技术的快速崛起以及以计算机相关的信息产业的高速发展，对人类的生活和社会经济都产生了巨大影响。而财务管理以及企业管理也都在信息技术和信息产业的带动下，发生了极大变革，成为新发展的里程碑。

"互联网＋"时代，企业为了获得更多的生存和发展机会，纷纷走上了联合、收购、重组、兼并等的道路，企业的规模也随之越来越庞大，产生了很多巨型企业。而这些巨型企业在面对全球经济风云变幻时，也会受到更大的冲击。为了应对风险，跨国企业更需要对企业财务进行集中统一的管理，减少分立的财务管理所产生的影响因素。这些需求在传统的独立计算机以及局域网中很难实现，由于这些限制而产生的财务决策不及时和资金调整延迟等问题带来的巨额损失比比皆是。

企业财务管理智能化这一先进财务管理模式的兴起为上述需求提供了解决方法。在财务管理国际化日益发展的当下，跨地区的企业可以通过网络技术对不同地区的分支机构进行人工智能化的统一财务管理，使分企业或者分营业单位的财务活动相对独立出来，由总企业进行智能化统一的管理，而分企业可以通过财务管理平台智能地对各营业单位的财务进行查询。与此同时，分布在不同区域的人员也可以通过网络的互动功能进行共同决策，集合各方面和各层次的信息和智慧，群策群力更科学有效地进行决策。

（1）财务管理智能化的含义和优势。随着信息技术的不断发展，其技术含量及复杂程度也越来越高，智能化的理念开始逐渐渗透到财税行业。智能化财务管理是由现代通信与信息技术、计算机网络技术、行业技术、智能控制技术汇集而成的针对财务、税务及财务管理应用的智能集合。通过信息化与智能化实现企业对集团的信息与资源共享，将企业的财务管理能力延伸到企业的各个角落，使得企业的领导可以及时地了解下属单位的资源和财务情况，并随时做出活动安排。

智能化财务管理实现了财务活动和资源的有机结合，使得资源的使用率达到最大化，同时大幅度提高了管理者的工作效率。智能化是企业财务管理的重要手段，而智能化财务管理的基础是企业管理的信息化和网络化，离开了大数据信息和互联网，智能化财务管理也就失去了依托。

智能化财务管理观既然可以成为时代发展的主旋律，必然有其独特的优势：

第一，大数据优势。业界将其归纳为 4 个 "V" ——Volume，Variety，Value，Velocity。大数据优势指的是通过 "互联网＋" 平台，传递数据的体量更大（Volume）；数据类型更多（Variety），包括视频、图片、地理位置，网络日志等信息；价值密度更低（Value），以视频为例，连续不间断监控过程中，可能有用的数据仅仅有一两秒；数据的传递速度更快（Velocity），1 秒定律。长久以来，按照传统的方式投资者并不能获得投资决策所需要的全面的信息，由于收集信息手段的落后以及地域的局限性，使得投资者得到的信息往往是不全面的。"互联网＋" 时代，投资者不仅在任何地方任何时间都可以收集到自己需要的各种信息，还能利用智能化决策。

第二，成本优势。在传统的财务管理模式中，企业的规模扩大往往伴随着许多营业网点的建立，每个营业网点建立之后又要建立独立的部门，这就增加了企业的成本，而营业网点直接的沟通与交流会产生巨大的通信费用。但是在智能化财务管理模式中，这些成本费用都可以忽略了，企业可以通过网络实现对各个营业网点的监督和控制。

第三，时空优势。智能化财务管理克服了传统的财务仅仅局限于桌面上的形式，使得在地球的任何地方都可以随时地进行财务活动，真正做到了不限时间和地点，方便了客户，增加了企业的经营效益。

第四，效率优势。时间就是金钱，在财务管理活动中投资者要花费很多的时间、精力、财力去搜集所需要的信息，并且要选择最佳的投资决策。随着网络的发展，企业分析信息并做出最佳的投资决策都可以利用智能机器人来实现，提高了投资者的工作效率，也使得决策更加精确。

（2）智能化财务管理观念的现实意义。具体如下：

第一，有利于工作效率的提高。对于那些大型的集团来说，下属的单位可以直接使用总部的各项设施，这就保证了整个企业的一致性和规范性，这样的好处是将大数据自动按照条件归类、总结、获取，从而更加方便地进行横向、纵向的比较和分析。智能化财务管理还可以适应企业内部的各种组织形式，为企业内部管理提供了方便，总部可以通过网络随时智能地对各个下属单位的财务状况进行查询，从而对企业的所有情况有一个准确的把握，通过网络把各个单位组合成为一个联系密切的整体，大大地提高了总部处理问题的效率和准确率。

第二，使得网络智能办公模式成为现实。通过财务管理信息系统，把企业的所有财务数据按照企业的组织形式储存在云端，实现了数据的统一管理，财务人员可以通过这个系统获取自己想了解和查阅的财务信息，而财务人员也实现了随时随地办公；同时，网络使得财务管理人员与企业其他部门的在线交流成为现实，为下一步的财务手段创新打下了坚实的基础，为企业的改革提供了一个非常重要的平台。

第三，充分发挥事前和事中控制职能。传统的财务管理模式是分析一定的时间内提供的财务报表，这样导致财务人员只能对有些事情采取事后弥补的手段，而如果利用大数据的信息化与智能化，总部可以随时通过云端的大数据财务信息，及时了解各个下属单位的资金情况、收入情况、销售情况和利润情况，实现了财务信息的实时处理和传递，可以及时发现下属单位存在的问题，为决策提供更加合理的信息和资料，降低企业面临的种种风险，实现了事前和事中控制。

第四，提高了财务人员的综合素质。通过企业内部的云平台建设，财务人员不仅仅局限于财务知识的学习，也开始了解和掌握计算机、互联网、云技术等相关知识，那些单纯从事计算机工作的人员也开始学习财务知识。而智能化的同时，财务人员可以从日常烦琐的计算、编制财务报表等工作中解放出来，从事管理工作，真正为企业提供全面的复合型的人才，这些都是企业在"互联网＋"时代获得竞争优势的中流砥柱。

（3）实现智能化财务管理的措施。互联网、大数据、云技术等对生产、生活等社会各个方面都会产生极大地影响，在我国推进企业财务管理的智能化也是非常必要的。这就要求我们做到以下四点：

第一，安全策略。在财务系统的内部和外部，总是存在着各种干扰和威胁，为了抵御这些干扰和威胁，应该加强对信息的输入、输出和传输的控制，严格的监视信息的传输是否合法。对于整个网络财务系统的各个层次，都应该采取安全的防范措施，建立一个多层次的综合保障体系。

第二，提高智能化财务管理的意识。智能化财务管理的意识要求企业的财务人员敢于解放思想，与时俱进。传统的财务管理是以人工为主，每一次的变革都会给企业的人员带来不同程度的痛苦，企业的财务人员不能只看到思想的变革给人们带来的痛苦，还要意识到这个大趋势给企业带来的机遇和挑战，积极配合领导的安排，做好财务管理走向现代化的准备。

第三，健全网络财务管理法律法规建设策略。明确地规定财务人员应尽的义务与应该承担的责任、财务信息的标准和要求，以及监督机构的权利等。应尽快建立和完善电子商务法规，提高对网络犯罪的打击力度，为电子商务的顺利进行和网络财务信息系统的正常运作提供一个安全的外部环境。

第四，网络财务技术人才策略。随着智能财务的飞速发展，加强学生智能网络技术教育和现代信息科学的教育和培训势在必行。我国高等教育应该调整目前的财会教育体制，更新教育手段和方法，重视实践和操作，加快改革高等院校财会专业的教学内容，培养学生的适应能力和创造能力来适应"互联网＋"时代。

3. 绿色观念

20 世纪 70 年代以来，人们在控制自然方面取得了辉煌的成就。宏观上人们已经走出地球走向外太空，微观上人们的研究领域已经深入到原子核内部。随着科技的进步，这样的发展似乎可以持续下去，人们的生活会越来越美好，但是事实上并不是这样的。传统的发展模式给人类的生存制造了各种危机，首先是资源问题。传统经济发展依靠的是不可再生的自然资源的消耗；其次是环境污染问题。经济发展导致的大气、水、噪声、固体污染等对人们的生存产生了极大的威胁；最后是土地沙漠化严重，原始森林和稀有物种大幅度减少。

当代发生的各种危机，使得我们对自己的进步产生了极大的怀疑，西方的一些不可持续的发展模式和道路适合我们人类的发展吗？正是在这种背景下，人们开始选择了可持续发展的道路。可持续发展是既满足当代人的发展需求，也不对后代的需求能力产生影响的发展。可持续发展的战略要求企业的财务管理活动必须坚持绿色观念。

财务管理工作是管理工作的核心，因此绿色观念的基础是绿色管理工作，而绿色管理工作指的是把保护环境的思想时刻融入管理工作中，目的是为了解决企业与社会的生态环境问题。财务管理的绿色观念要求从资金和资金运动的层面去协调企业的财务管理目标和环境问题以及资源问题。

（1）绿色观念的现实意义。绿色观念就是指企业在实现自己利益的生产活动中不能只顾自己的利益而不顾子孙后代的发展，要充分使用有限的自然资源，使资源的使用率达到最高，同时还要遵守国家的法律法规自觉保护环境的一种综合的财务管理观念。绿色观念目的是在保护环境和充分合理使用有限资源的前提下，实现企业的利益最大化，实现企业与社会的可持续发展。绿色观念的核心是获得利润、节约资源和保护环境的有机结合。财务管理绿色观念的现实意义有：

第一，财务管理的绿色观念是企业长远发展的需要。传统生产方式下，企业对资源的利用率非常低，一般是投入的多但是产出的少，这就导致了对资源的严重浪费以及对环境的破坏和污染程度大大提高。一是资源的利用率低会使得企业对资源的需求量大增从而提高企业的生产成本；二是环境污染之后重新治理，所用的资金或许比采取措施降低污染更多，这在无形中又增加了企业的成本，这些都严重制约企业的长期发展。现如今在国际上，很多企业已经开始把是否拥有证书作为企业的标志，用来衡量和评价企业在环境保护工作上做出的努力程度。所以，为了企业的发展更加长远，企业必须要自觉地将财务管理的绿色观念深入到企业生产的各个部门以及环节，才能始终保持优势获得可持续发展。

第二，树立财务管理的绿色观念是实现我国经济可持续发展的需要。一是财务管理的绿色观念和可持续发展两者的目标是相同的。两者的目标都是为了在获得经济效益的同时获得社会效益，也就是企业经济在快速发展的同时，要合理地开发自然资源和保护生态环境，使得资源和环境不仅仅可以满足当代人的需求，也能满足子孙后代的发展需求。二是可持续发展观是财务管理的绿色观念的理论基础。企业有必要时刻把可持续发展的理念深深融入筹资、投资、资本营运和股利分配的全过程中去，所有企业在生产经营的过程中都会产生多多少少的环境成本，这就要求企业在管理的每个环节都必须高度重视环境成本，在对财务活动的成果和经营状况预算时把资源和环境成本降到最低，在评价和考核财务活动的时候，也要把资源是否得到了合理的使用以及生态环境是否遭受到了破坏作为评估和考核财务活动的标准。

第三，财务管理的绿色观念是强化人们环保意识的需要。人们不断地从环境中索取大量的资源，又不断地向环境中排放大量废弃物和污染物，随着经济的不断发展，人们从环境中索取的资源越来越多，最终的结果就是排放的污染物也大量增加，这都远远超出了环境的承受能力。目前，环境问题已经成为各国人们普遍关注的问题，这就要求人们在经济发展的历程中必须有环境保护的意识，以便为子孙后代提供一个可以持续发展的环境。

（2）实现绿色观念的措施。财务管理的绿色观念符合人类对环境保护和可持续发展的要求，是对传统财务管理观念的挑战，是经济和时代的进步。在现实生活中，为了使绿色财务管理理念尽快融入财务管理活动的各个环节，对于政府而言，需要采取如下的措施：

第一，国家强制执行。环境问题日益严重，政府已经制定了很多法律法规来约束和规范人们的行为，如《环境保护法》《水污染防治法》《中国环境与发展十大对策》等，要求企业强制遵守。对于那些不遵守法律法规的企业，政府必须要加大惩罚力度，通过这样的强硬政策使得企业在财务管理的各项活动中树立起保护环境和节约资源的意识，逐渐使环境保护成为一种自觉的行为。

第二，政府要积极地鼓励进行绿色财务管理的企业。政府在对那些不遵守法律法规的企业加大惩罚力度的同时，要积极地鼓励那些自觉遵守相关政策的企业，在信贷和税收方面给予一些优惠，使得企业明确地体会到响应政府的号召对企业自身的发展有利无害，以全面地调动企业的积极性和热情。

当然，绿色观念仅仅靠政府的约束是远远不够的，企业自身必须努力提高绿色财务管理的意识，这就要求企业在日常的生产运营中做到以下四点：

第一，企业的经营目标要以绿色财务管理理论为指导。现在的社会，环境和污染问题日益突出，绿色消费的观念开始深入人心，消费者的消费观也发生了极大的改变，在消费中倾向于耗资少、对环境污染小的绿色商品。面对激烈的市场竞争，企业在制定经营目标的时候，必须要兼顾到环境问题和资源问题，在经营的每个环节积极开展绿色经营，全面提高企业的经济效益，树立良好的企业形象。

第二，培养领导者的环境风险意识。环境风险指的是企业在生产经营的过程中浪费资源、污染环境造成的种种不利于企业发展的风险。一旦风险发生成为事实，企业必将面临不可挽回的损失，所以企业的领导者必须要敢于面对这些风险，不逃避，寻找化解风险的最佳管理方法。

第三，提高员工的资源环境意识。企业将资源环境的意识深入贯彻到员工中去，让员工充分意识到资源环境在人类发展历程中的重要作用，尤其是企业的财务工作人员，更要加快传统财务管理观念向绿色财务管理观念的转变，以崭新的面目投入到财务管理工作中。

第四，绿色财务管理要求企业实行绿色会计。绿色会计，指的是为了达到实现弥补社会和自然资源的消耗的目的而进行的会计，它通过测量、揭示、研究环境以及环境的变化，以便给管理者提供详细的、准确的、可用的环境信息的一种理论和技巧。这就要求分析会计报表的时候设置一些与绿色财务息息相关的指标，用来考察企业在保护环境、改善资源的使用效率等方面所做出的努力以及自身存在的不足，通过与这些指标的对比，企业可以针对自身的不足采取一些有针对性的举措，改善工作，提高经济效益。

4. 以人为本观念

人是企业生产经营过程的主人，企业的每一项财务活动均由人发起、操作和控制，其成效如何也主要取决于人的知识和智慧以及人的努力程度，美国已故钢铁大王卡内基曾称"把我所有的资金、设备和市场全部拿走，只要保留原有的组织机构和人员，四年之后我仍将成为一个钢铁大王"。卡内基的此番言论充分说明了人的智慧和创新在现代经济社会中的核心作用与价值。因此企业应转变财务管理观念，树立以人为本、知识化、人性化的管理理念，建立责、权、利相结合的财务运行机制。在财务管理工作中，要大胆使用那些有知识、有责任心、对工作充满热情的人，最大限度地释放人的能量。要实现财务管理目标，我们必须以科学发展观统领会计工作，树立以人为本的观念，一方面，"互联网＋"时代使创造企业财富的主要要素由物质资本转向知识及技术资本，企业财务管理也就不能只盯住物质资产和金融资产,必须转变财务管理观念;另一方面,对包括知识和技术资本在内的企业总资产进行市场化运作和管理,这项工作具有很强的专业性、技术性、综合性和超前性,用管理有形资产的传统手段是难以适应的。

除了以人为本外,还应树立人才价值观。"互联网+"时代,面对行业竞争和风险的加剧及高新技术的迅猛发展,企业要立于不败之地,应把知识看作效益增长的源泉,树立重视知识、重视科学、重视人才,树立知识效益观念。知识将超越物质资源而成为企业不可或缺的首要经济资源,而人是知识的载体,对知识的管理归根结底是对人的管理。"互联网+"时代,人力资本将成为决定企业及整个社会经济发展的最重要的因素。复合型人才有助于增强企业财务管理的市场前景的预测力和判断力,提高财务管理战略决策水平,制定出能为企业创造价值最大化的竞争方案,从而使财务管理能更适应信息时代发展的要求。所以,人才是知识经济的制高点,是新的竞争焦点。企业财务管理的重心应从传统的物质资源管理转向人力资源管理,构建人力资源和物质资源相结合的财务管理机制。企业只有通过专业人才与物质资源相结合,才能有利于调动管理人员的积极性、主动性和创造性,才能为企业不断提高产品科技和知识含量,获取超额收益。

5. 安全观念

随着信息技术不断发展,信息传播、处理和反馈的速度大大加快,企业会受到世界商品市场、要素市场、金融市场等的冲击,使财务风险更趋复杂化,如果企业不能卓有成效地规避与防范各种风险因素的话,势必会陷入严重的财务危机境地。首先,由于风险加大,风险管理在财务管理中的地位将大大提高,投资决策所依赖的信息有误或不及时等均会加大企业投资风险;其次,由于创新金融工具的出现,使企业筹资投资渠道、时空发生了重大变化,从而加大了资本筹资投资风险;最后,知识更新速度加快、产品生命周期缩短，既加大了企业存货风险，又加大了对产品设计和开发的风险等。因此，企业在不断追求创新和发展的同时，要树立安全财务管理的观念，做好风险分析，加大防范和抵御各种风险的力度。由于风险的复杂性，建立财务风险预警机制势在必行。企业应加强风险的安全防范观念，善于捕捉环境变化带来的不确定因素，并可以有预见地系统地辨认可能出现的财务风险，有预见地采取各种安全防范措施，把可能遭受的风险损失降低到最低限度。

第二节 "互联网+"时代财务管理理念创新

理念和观念都是意识的产物，它们的区别在于，理念是通过理性思维而得到的，是对观念的一种再认识，是从观念之中提取出来的理性的观念。信息技术的发展促进了"互联网+"时代的深入，从财务管理观念中提取出来的理性财务管理理念要适应企业管理的需求，因此"互联网+"时代财务管理理念创新显得尤为重要。

一、"零存货"理念

1. 零存货实施的时代背景

存货是企业流动资产中一个极其重要的组成部分，存货控制或管理效率的高低，直接反映着企业收益、风险、流动性的综合水平。传统企业中，存货的控制非常重要，既不能太多，也不能太少，太多既会造成存货积压，影响产品的质量，也会增加包括仓储费、保险费、维护费以及管理人员薪酬等各项支出，造成企业资金的占用从而影响企业的利润额，如果太少，存货不够又会丧失一定的客户群，影响销售量。因此，保持适当的存货是企业生产经营活动所必需的。"互联网+"时代，大数据、云技术的迅速普及，使得人类社会进入到了全新的时代，企业完全有条件和能力改变储备材料待生产、库存商品待销售的传统生产经营方式，可以减少甚至不储备库存，以减少由于库存带给企业的资金周转压力，提高资金利用效率。

2. 零存货的基本含义

"零存货"来自于适时生产系统（Just – In – Time），是指企业在供、产、销各个环节，使原材料、在产品和产成品等的库存量趋近于零，以避免存货占用资金的储存成本、机会成本等，并防范存货的过时、减值、跌价、报废、毁损等风险，是一种由后向前拉动式的生产方式。传统的生产系统采取由前向后推动式的生产方式，前面的生产程序处于主导地位，后面的生产程序只是被动地接受前一生产程序转移下来的加工对象，继续完成其后面的加工程序。这种生产方式必然会导致在生产经营的各个环节上，要储存大量的原材料、半成品、在产品，从而大量占用企业资金。然而适时生产系统采用由后向前拉动式的生产方式，根据顾客订单有关产品数量、质量和交货时间等特定要求作为组织生产的基本出发点，前一生产程序严格按照后一生产程序要求的原材料、在产品、半成品的数量、质量和交货时间组织生产，尽可能地在供、产、销各个环节上减少存货量或者采用"零存货"理念。这种理念下，不需建立大量原材料、半成品、在产品、产成品等库存准备，从而避免了传统生产系统占用企业大量资金的弊端，使得企业的生产经营实现了"以市场定销售，以销售定生产，以生产定部门"的生产经营战略，从而增加资金的利用效率，提高企业经济效益。

3. 零存货管理的基本理念

实施零存货管理的思想，要求企业供应、生产、销售等各部门必须实行统一计划，精心安排和合理配置企业的相关经济资源，实现均衡生产。

（1）领会零存货管理思想，各部门协调合作。目前，很多企业领导及员工缺乏对零存货管理的正确认识，仍固执地囤积大量存货作为企业的资产和财富的象征。但存货极易陈旧过时、积压变质以及流动性差等的缺陷使得固定囤积存货必然造成企业资金紧张、财富贬值，因此领会"互联网＋"时代的零存货管理思想并付诸实践成为解决这一问题的有效手段。

企业管理过程中，各职能部门为了自身管理需求都会将存货保持在某种水平上。销售部门希望保持较高的库存商品存货水平，它们确保库存商品齐全以满足各种客户的需求，也避免因商品短缺而造成生产和销售损失；生产部门希望保持较高的产品和材料存货水平，它们大批量生产产品以降低生产成本，也避免因材料短缺而造成不必要的生产延误；采购部门希望保持较高的原材料存货水平，它们大量采购原材料以减少采购费用，确保尽早进货以避免因中断供应而造成生产减少和停顿；财务部门希望存货的资金占用越少越好，它们确保企业资金的有效利用，避免因存货货款的占用而造成机会成本损失。由此可见，企业内部各个职能部门由于自身管理的需求对存货水平的要求相互矛盾。因此，存货的管理需要销售、生产、采购、财务等各部门的密切配合、相互协调，以达到企业总体优化，使企业获得最大利益。

另外，有些人认为零存货就是没有库存，这种思想是不正确的。由于产品的生产和销售存在时间和空间的不一致，将零存货等价于完全没有库存是行不通的。企业生产经营过程中，存货的消耗速度具有不确定性，产品生产周期具有波动性，销售数量具有不稳定性，使得企业存货不可能每时每刻为零。因此实施零存货管理，每个部门必须领会其意义，尽可能压缩物资在各部门的滞留时间，降低库存量和库存额，借助"互联网＋"时代的大数据、物联网，实现生产经营的需要与材料物资的供应同步，使物资转送与企业加工速度处于同一节拍，从而保证各部门的业务有计划、有程序地进行，做到供应、生产、销售以及财务各个环节都纳入计划轨道，培养员工对零存货理念的系统认识。企业领导应该以身作则，转变观念，通晓"互联网＋"时代企业管理之道，这样，既能在企业发展顺利时，率领各部门把企业办得更加兴旺发达，又能在企业处于逆境时，出奇制胜，使企业转危为安。移动互联网、大数据、物联网使得信息的传播速度快、传播途径广，企业领导更应具备战略家的头脑和智慧，从全局和战略的高度，确定企业的经营战略管理思想，以推动企业存货管理、企业财务管理、企业全面管理工作朝着良好的方向发展。

（2）设置生产统筹职位，实现生产多样化智能化。企业生产经营过程中，有些客户购买产品前会提前下单，有些客户下单却有很多不确定性。因此，为了更好地实施零存货管理，可将客户需求进行分类，分为通用产品的需求和专用产品的需求。专用产品的客户一般都会提前下达订单；而通用产品通常没有很确定的订单，企业销售部门仍然需要预测。为了协调销售部门与生产部门、供应部门之间的沟通，企业可以设置生产统筹岗位或者设置生产统筹部门，统筹专员根据订单和市场预测的需求，随时了解和督促采购部门的采购活动，适时调整销售计划，每周末提交下周的交货安排。当出现供应商无法及时供货等突发因素时，立即与客户协调产品的交货期，同时通知生产部门调整原来的生产计划。此时企业还应将该供应商列入密切关注名单，并且及时增加新的供应商。生产统筹专员的协调，避免了供应、生产和销售部门的严重脱节问题，成为零存货管理的关键。

根据专用产品和通用产品的不同，生产部门应分别采用两种生产方式，第一种为依据订单量生产，第二种为补充库存量的生产。依据订单量生产的方式为拉动式生产，是根据客户的订单从最后一道工序开始确定需要生产的数量，再根据最后一道工序需要的数量倒推前一道工序需要生产和加工的数量，直到推到第一工序为止，然后根据生产的进度和原材料需要量，最终确定向供应商购买材料的订单，这种由后向前的拉动式的按需生产系统真正实现了零存货；补充库存量的生产是企业根据过去的经验判断每周的产品需求量，结合销售的需求计划和库存的存货量确定每周的生产量，这种方式也是以需定产，由于基于经验以及估计值，有时会有一些偏差。这两种方式交叉运用，由生产安排人员和统筹专员根据需求沟通确定最终的每周生产计划。

此外，"互联网＋"时代，企业尽量实施智能化生产，一方面能随时满足客户的需要，另一方面，可最大限度地降低生产过程中人工不可避免的缺陷，消除因生产出残次品对整个生产作业流程带来的不良影响。所以，采购、销售、计划、财务等部门应采用大数据、云技术等进行处理，根据不同时间、不同地域的市场需求，设计出最优生产方案，选择最优进货渠道，随时对企业生产经营各环节进行监控，以保证生产经营的顺利进行。

（3）采用ABC分类法采购存货，严格控制采购成本。由于零存货是企业在供、产、销各个环节上使原材料、半成品、商品等的库存量趋近于零，既要实现零存货管理的低库存量，又要及时快速取得质优价廉的存货，企业可以将存货划分为A、B、C三类，将价格高、数量少且需要预订的存货归为A类；将金额较大、可以赊购的存货归为B类；将金额较小、需求数量较多、需要批量采购的存货归为C类。不同的存货类别采用不同的采购策略，对于A类存货应与供应商签署长期供货协议，定期确定供货需求量，确保存货随用随发，这种供应商不用太多，保持一到两家即可，以生产商为主；B类存货按照订单或者计划生产所需的存货，可以选择三到五家供应商，以生产商和经销商为主；由于C类存货金额较小、数量较多，供应商的选择可以适当放宽条件，可以利用"互联网＋"的优势在网络平台设置最低警戒线，只要触碰警戒线，系统自动报警提示存货购买数量和要求。这种存货管理方法的优势就是能够降低成本、节约支出，并防范存货陈旧、减值、毁损等风险，从而可以提高企业的经济效益。

（4）建立稳定可靠的大数据购销网络。采购部门应建立稳定的采购网络，比较各厂家进货价格、质量、规模、运输条件等，明确采购地点、采购对象或品种，广泛了解所需各种原材料、燃料、半成品、在产品、低值易耗品等的供应商资质等级、供货地址等详细信息。同时，充分利用"互联网+"时代大数据、云技术的优势收集、识别、处理、审核并确定相关信息，加强与供应商的长期稳定合作，保证企业能够及时、适量地取得生产所需原材料等存货。由于零存货管理强调以市场为导向、以销定产，因此企业应利用大数据技术，追踪和确定不同时间、不同地域的市场状况及销售实情，制定相应的营销对策和竞争战略，开拓销售渠道，为企业争取稳定的订单，建立稳定可靠的销售网络，均衡地组织生产，避免产量大幅度波动和积压浪费。此外，企业还要注重销售环节信用制度和信用政策的制定，减少收账成本，加速资金回收，提高资金使用效率。

二、"零营运资本"理念

1. 零营运资本的概念及理论依据

营运资本是企业的流动资产与流动负债相减的净额，即营运资本＝流动资产－流动负债。零营运资本从本质上来说属于"零存货"的进一步扩展。传统财务管理中，强调流动比率是一个衡量短期偿债能力的重要指标，该指标越大，说明流动资产对流动负债的保障偿还能力越强，企业对于支付义务的准备越充足，短期偿债能力越好；若该指标小于或等于1，也就是流动资产小于或等于流动负债时，企业的营运可能随时因周转不灵而中断，将被认为是风险较大的企业。

但是，如果流动比率过高，可能是由于商品、材料等存货的积压陈旧、过时滞销或者是由于应收账款到期无法收回的占款造成，使得真正用来偿还债务的货币资金严重短缺。也正因为如此，很多国家的著名企业都在追求"零营运资本"的经营理念。

美国通用电器公司财务经理丹尼期·达默门指出："削减营运资本不仅会创造现金，还会促进生产，使企业经营得更好。"零营运资本的财务管理理念作为成本降低的有效方法应运而生，而且也很快成为许多企业财务管理实践的指导性理论；美洲标准公司的总裁埃曼纽尔·坎布里斯在公司财务困难时，将公司营运资本降到零，动员了全球 90 家子公司，从英国到巴西的全部加工厂的子公司压缩存货，压缩营运资本。他用省下的营运资本偿还债务，还将余下部分投资增产，使成本降低，营业收益大增，他就是靠压缩营运资本才挽救了在崩溃边缘的公司；海尔集团提出的零库存、零距离、零营运资本是海尔市场链的战略目标，海尔的零营运资本管理也是强调把企业在应收账款和存货等流动资产上的投资成本尽量降低到最低限度。

从以上国内外大型公司追求零营运资本的典型案例中明显看出，营运资本效率高、营运资本管理得好，即使较少数额甚至是“零”营运资本也能发挥更大的经济效益。追求零营运资本目的在于减少应收账款和存货，减少资产不必要的占用，以提高企业经济效益，零营运资本的理论依据也正在于此，通过提高营运资本的周转速度来压缩存货和应收账款，将占用在存货和应收账款上的资本解放出来，以此提高企业的经济效益。

2. 零营运资本的作用

零营运资本的理念相当于利用了财务杠杆，体现了以较少的营运资本取得了较大的收益，零营运资本的这种杠杆作用具体为以下几个方面：第一，追求零营运资本，可以促使企业加强应收账款的管理，使企业积极制定应收账款信用标准和信用政策，严格收账制度，确保应收账款加速回收而避免坏账的发生，确保资金周转畅通；第二，追求零营运资本，可以促使企业加强存货的管理，使企业加速存货的周转，减少存货周转时间，避免因存货过时、滞销、积压、浪费等占用资金，节约开支的同时增加企业经济效益；第三，追求零营运资本，可以促使企业提高营运资本的周转速度，使占用在应收账款和存货项目上的资金解放出来，用于“互联网＋”时代的技术、无形资产、智能创新以及生产经营再投资等，以此提高企业的经济效益；第四，追求零营运资本，可促使企业资金投入更精准、生产能力更强，销售收款速度更快，加速企业的循环周期，促使企业设备以及产品的更新换代，更能适应"互联网＋"时代的市场竞争，这既巩固了老客户，又赢得了新客户，从而增加了企业的利润额。

三、"零缺陷"理念

"零缺陷"理念是指零缺陷的全面质量管理理念。全面质量管理（TQM）是指为了能够在最经济的水平上考虑到充分满足顾客要求而进行市场研究、设计、制造和售后服务，把企业内各部门的研制质量、维持质量和提高质量的活动构成一体的一种有效的体系。

质量是企业的生命，是企业获得良好经济效益的基础。一个企业的利润有多少，关键在于对质量成本的控制。美国著名质量管理专家克劳士比有句名言："质量是免费的"。他认为"真正费钱的是不符合质量标准的事情——没有第一次就把事情做对。"因为如果第一次没做好工作，质量不合格，就会使企业耗用额外的时间、金钱和精力去弥补，企业发生的质量损失会用高出成本数倍的人力、物力、财力去补救，既让企业质量信誉受损失，也浪费了大量财富。

企业要在"互联网＋"时代日益激烈的市场竞争中生存和发展，就必须在质量上下功夫。现代社会所需的产品结构日趋复杂，对产品的精密度和可靠性要求也越来越高，所需费用将以质量成本的形式增加企业负担。

全面质量管理这个名称是20世纪60年代由美国著名专家菲根堡姆提出，是在传统质量管理基础上，随着科学技术的发展和经营管理需要而发展起来的现代化质量管理。此后便在世界各国得到迅速推广，并在实践中不断得到丰富和发展，成为企业界备受青睐的管理工具。我国在20世纪80年代引进并推行全面质量管理，为企业带来了较好的经济效益。近年来，许多著名企业也在努力实施全面质量管理，并结合实际成立了专门的质量控制小组，建立了由高层领导、专业干部和工人参加的"三结合"质量管理体制，此外很多企业创建智能化、自动化的专业质量管理体系，不仅保证了产品质量，提高了经济效益，而且还增强了企业竞争力。

综上所述，全面质量管理是质量经营的精髓，与传统质量管理相比更具有竞争力。全面质量管理的关键在于实现零缺陷。所谓零缺陷是所有产品都符合规格，即将不合格产品降为零。为了实现零缺陷的全面质量管理理念，要求每个生产阶段、每道工序、每个加工步骤都按照设计好的程序抓好质量控制，做到每个生产阶段、每道工序、每个步骤的零缺陷，以达到最终产品的零缺陷，因此零缺陷具有成本效益上的合理性。零缺陷的全面质量管理理念把重点放在对每一加工程序的连续性质量控制上，一旦加工操作发现问题，就立即采取措施，尽快进行消除或更正，以实现缺陷在生产第一线瞬时的智能化以及自动化控制，绝对不允许任何一件有缺陷的零部件从前一生产程序或步骤转移到后一生产程序或步骤，以保证企业整个生产过程中零缺陷的实现。

四、"零起点"理念

"零起点"理念来源于管理会计中的零基预算，零基预算的全称为"以零为基础编制计划和预算的方法"，是指在编制预算时对于任何费用项目的开支数额，均以零为基础，不考虑以往情况如何，从根本上研究分析每项预算有否支出的必要和支出数额的大小。这种预算不以历史为基础作修修补补，在年初重新审查每项活动对实现组织目标的意义和效果，并在成本—效益分析的基础上，重新排出各项管理活动的优先次序，并据此决定资金和其他资源的分配。

零基预算的思想源于 1952 年，美国人维恩·刘易斯提出零基预算，由于零基预算不受现行预算的约束，能充分发挥各级费用管理人员的积极性；而且，还能促使企业各个职能部门厉行节约，精打细算，合理使用资金，提高资金的使用效率。因此，它很快风靡西方发达国家。在竞争激烈、技术革新的"互联网＋"时代，"零起点"的内涵在不断扩大，将会延伸到企业管理的各个角落。如果企业的作业流程以"零"为起点，一切从头做起，不仅能使企业脱胎换骨，而且还能促使企业经理们打破陈规，从一个全新的视角来审视各项工作。随着经济环境的剧变及市场竞争的加剧，"零起点"的竞争战略将会越来越受到企业管理者的青睐。

综上所述，"互联网＋"时代，"零"的追求作为一种新的财务管理理念，是企业增强竞争力、提高经济效益的一种有效手段。

第四章
基于流程再造与重构的财务管理创新

"互联网+"时代，网络技术使企业竞争更加激烈，经营规则不断更新，传统管理模式和流程已经无法适应时代发展的需要，企业的可持续竞争优势受到极大的冲击。许多企业正在考虑创造价值的方式，其方法之一就是用信息技术彻底地重新设计流程，从而有效增强企业的竞争力，并为客户创造价值。流程再造理论在企业中的应用，改变了管理思想和管理方法，改变了采购、生产、销售等流程，对财务管理产生了强烈的冲击和震撼。国内外企业ERP实践证明，在实施ERP之前进行流程再造与重组是保证ERP成功的关键之一。因此，以价值链管理理论和流程再造理论为指导，分析传统财务流程的缺陷，从战略管理的视角出发，创新财务管理流程，使财务流程嵌入企业经营活动过程中，实时反映经营活动，其目的是从理论上探讨"互联网+"时代正确获取信息降低财务风险、提高财务信息质量的途径，指导财务管理实践。

第一节 流程再造理论与方法

一、流程的基本概念

现代管理开始于19世纪末。当时，工业革命已经席卷欧洲和美国。在这一新的经济浪潮中，各种组织管理者的兴趣集中于为什么工厂系统和新的机器车间比原来的手工方式生产效率更高。大约在 200 年前，亚当·斯密考察了整个英格兰以研究工业革命的影响，并提出通过工作专业化——不同工人从事不同的工作而实现劳动力分工，能够提高效率、产生更高的组织绩效。亚当·斯密在《国富论》中写道："有了分工，同数量劳动者就能完成比过去多得多的工作量。其原因有三：第一，劳动者的技巧因专业而日进；第二，由一种工作转到另一种工作，通常须损失不少时间，有了分工就可以免除这种损失；第三，许多简化劳动和缩减劳动的机械的发明，使一个人能够做许多人的工作。"20 世纪初，泰勒和他的同事将亚当·斯密的分工理论在管理中的应用发挥到极致。他们采用"动作和时间"分析法，把工人从事的工作划分为一系列简单的、标准化和专门化的动作，然后把这些动作分派给单个的工人重复进行。这种工作设计方法在泰勒时代是制造业流水作业生产线上应用最广泛的方法，并且，至今仍然以不同的方式主宰着各类工作组织的工作设计和部门设计。

20 世纪末，随着经济全球化和信息技术革命的不断深入，企业的经营环境急剧变化，企业之间的竞争转为服务的竞争，因此，有越来越多的企业和管理学者逐步认识到，流程已经成为当代企业管理的核心内容之一。

对于流程的定义，至今未形成统一的认识，但不同的学者给出了不同的定义，具体有如下几类：

《牛津英语大词典》将流程定义为一个或一系列连续有规律的活动，这些活动以确定的方式发生或执行，导致特定结果的实现；艾伦（Allan MScherr）提出了一个关于流程输入/输出关系的认识，他认为流程对输入的处理可能是转变、转换或仅仅是原样输出；最系统地将流程作为一个重要分析对象的是迈克尔·波特，1980 年左右，他把这个概念运用到"企业竞争优势"研究之中；紧随其后的研究者是麦肯锡的两位管理咨询师（Peters & Waterman，1982），他们在研究影响员工或企业表现等因素时，注意到了流程的问题，并以这个概念为基础，分析和探讨了质量管理、组织结构、企业家精神以及授权等一系列决定员工是否表现卓越或致力于一流服务的因素。

达文波特（Davenport）将流程定义为："为特定顾客或市场提供特定产品或服务而实施的一系列精心设计的活动"。他认为，流程强调的是工作任务如何在组织中得以完成。相应地，流程有两个重要特征：一是面向顾客，包括组织外部的和组织内部的顾客；二是跨越职能部门、分支机构或子单位的既有边界。

ISO 9000 将流程定义为一组将输入转化为输出的相互关联或相互作用的活动。

通过上述分析可知，不同的学者从不同角度定义了流程。简单地说，流程就是由企业一系列经营活动形成的工作流（Workflow），每个企业都有很多流程，每个流程都有输入资源、活动、活动的相互作用、输出结果四要素。例如，订单处理流程（Order Fulfillment Process），它的输入资源是顾客的订单（或某种需求想法），其输出结果是发送的商品、顾客的满意和付款单。输入和输出之间的一系列活动是：接收订单、输入计算机、检查顾客的信用、查找仓库、在仓库配货、包装、送上卡车等，这些活动是相互作用、相互联系的。

一般来讲，流程具有目标性、内在性、整体性、动态性、层次性、结构性等基本特征。目标性指有明确的输出（目标或任务），这个目标可以是一次满意的客户服务，也可以是一次及时的产品送达；内在性包含于任何事物或行为中，所有事物与行为，都可以用这样的方法进行描述："输入的是什么资源，中间的一系列活动是通过怎样的配合和协同发挥效率，最终输出了什么结果"；整体性指一个流程至少由两个活动组成，因流程有"流转"的意思，因此至少有两个活动才能建立结构或者关系，才能进行流转；动态性指由一个活动到另一个活动，因为流程不是一个静态的概念，而是按照一定的时序关系徐徐展开；层次性指流程中的若干活动可以被看作"子流程"，可以继续分解为若干活动。结构性指流程的结构可以有多种表现形式，如串联、并联、反馈等。往往这些表现形式的不同，给流程的输出效果带来了很多的影响。

总之，世界上有如此众多的管理学家已经或正在苦心研究流程，其动因在于人们认识到流程是实现某个业务目标的重要途径，一个个具体目标实现了，企业的总目标就一定能够实现。在传统经营模式下，企业之间的竞争停留在产品的竞争上，企业非常注重产品的开发和生产，企业管理以产品为核心，所有活动或过程均围绕产品而展开，人们购买商品注重的也是产品品质。然而，随着信息革命的深入和经济全球化的到来，企业之间的竞争转变为服务的竞争，特别是越来越多的企业逐步认识到竞争的焦点已经不再是产品或服务、生产、制造、营销等具体环节与技术问题上，而是转移到企业组织结构、运作机制等流程性因素上。新的、可持续的竞争优势，都将来自企业所独有的以提高客户满意度为目标的流程变革管理上。因此，流程已经成为这个时代企业管理的核心，组织流程设计的好与坏，直接影响到运行效率的高与低，同时也直接或间接地影响着企业目标的实现。

二、流程再造的基本思想

20 世纪 90 年代，在以互联网为代表的信息技术革命和全球经济一体化的推动下，企业置身于日新月异的市场竞争中，并面临 3C 挑战，即顾客（Customer）、竞争（Competition）、变化（Change）。买卖双方关系中的主动权转到了顾客一方，竞争使顾客对商品有了更大的选择余地。随着生活水平的不断提高，顾客对各种产品和服务也有了更高的要求；技术进步使竞争的方式和手段不断发展，发生了根本性的变化，越来越多的跨国公司越出国界，在逐渐走向一体化的全球市场上展开各种形式的竞争，如美国企业正面临日本、欧洲企业的竞争威胁；市场需求日趋多变，产品寿命周期的单位已由年趋于月，技术进步使企业的生产、服务系统经常变化，这种变化已经成为持续不断的事情。因此在大量生产、大量消费的环境下发展起来的企业经营管理模式已无法适应快速变化的市场。

与此同时，企业必须进行以"3R"为代表的管理革命，即管理思想上的革命（Revolution）、组织结构和流程再造或重组（Reengineering）、管理控制手段的更新（Reform），也就是要求企业采取"以变化应万变、求生存、促发展"的策略。具体地说，就是企业为了确立竞争优势，必须更加关注市场需求的变化、把握进入市场的时机、注重产品的创新、采取降低运营成本、提高产品质量和服务、积极开发新产品等一系列综合措施。为适应市场全球化的要求，组织结构和投资结构也要趋向于分布式和扁平化。企业不仅需要合理规划和运用自身的各项资源，还需将经营环境的各方面，如客户、供应商、分销商和代理经销网络与各地制造工厂和库存系统紧密连接起来，形成供应链，以准确、及时地反映各方的动态信息，监控经营收入、成本和资金流向，以提高企业对市场快速反应的灵活性和经营效率。

在这种形势下，美国的哈默（Michael Hammer）教授等管理学家在对世界范围内许多成功的企业进行了大量的调查研究之后，于20世纪90年代首先提出了"企业流程再造"（Business Process Reengineering，BPR）的思想，并将它引入西方企业管理领域。他们认为："我们必须重组业务，用信息技术的力量彻底地重新设计流程，使组织在成本、质量、服务和速度等关键指标上取得显著的提高。"流程再造作为管理思想，诞生20世纪

90 年代，仅仅发展了 10 年。由于站在新的视角去审视企业，并大量采用充满挑战和机遇的互联网技术，流程再造已成为企业管理界的热门话题。欧美等国企业掀起了以流程再造为核心的企业管理革命浪潮。

1. 流程再造的含义

流程再造的内涵是指基于信息技术的，为更好地满足顾客需求，对工作流程进行系统改进的哲学及相关活动。它突破了传统劳动分工理论的思想体系，强调以"流程导向"替代原有的"职能导向"的企业组织形式，为企业经营管理提出了一种全新的思路。

迄今为止，已经有非常多的学者对 BPR 做了不同的定义：达文波特提出了业务流程创新（Business Process Innovation，BPI）的概念，他认为流程创新是一种革命的新方法，这种方法通过使用信息技术和人力资源管理技术对企业的流程进行创新，可以极大地提高企业的成本、实践、质量等指标；玛儒（Marrow）等人提出了业务流程再设计（Business Process Redesign，BPR）的概念，这种方法就是通过检查和简化企业关键流程中的活动和信息流，达到降低成本、提高质量和增大柔性的目的；卡普兰（Kaplan）等人提出了核心流程再设计（Core Process Redesign，CPR）的概念，CPR 方法就是对企业运营进行根本性再思考，对其工作流程、决策、组织和信息系统以集成的方式进行再设计。

不同的学者根据自己的理解，给出了流程再造的定义，可以说流程再造的基本内涵是：摆脱传统组织分工理论的束缚，提倡顾客导向、组织变通、员工授权及正确地运用信息技术，达到适应快速变动的环境的目的。其核心是"过程"观点和"再造"观点："过程"观点即集成从订单到交货或提供服务的一连串活动，使其建立在"超职能"基础上，跨越不同职能部门的分界线，以求管理过程重建；"再造"观点即打破旧的管理规范，再造新的管理程序，以回归原点和从头开始，从而获取管理理论和管理方式的重大突破。

2. 流程再造的环节

流程再造是对企业的现有流程进行调研分析与诊断、再设计，然后重新构建新流程的过程。它主要包括以下3个环节。

（1）流程分析与诊断。一般在进行流程重组之前，都需要对其原有工作方式进行分析和诊断，以确定重组的范围、深度和方式。这样做一方面可以对原有的流程有清楚的认识，找到与速度、效率等新的管理要求不相适应之处，以使新建的流程切实符合管理要求。可以说，流程分析与诊断是指对企业现有流程进行描述，分析其中存在的问题，并进而给予诊断。

首先，分析流程的主要问题是什么。影响企业运行效率的主要因素往往是产品质量不合格、制造或管理成本太高、流程周期太长，以及基本的流程结构不适应企业经营战略的要求等，这些问题都存在于具体的流程中。企业必须针对具体问题，分析病因。只有深入了解了现状，才能从总体上把握问题的要点：改进方向、约束条件，理解现有流程可能实现的"改进区间"与"拔高程度"。

其次，诊断问题出在某个流程内部，还是出在流程之间的关系上；企业在查出流程中的问题之后，还要查清问题的缘由，即问题是由流程本身内部的混乱造成的，还是由于流程之间的关系不协调造成的。企业的各种流程实际上都存在相互制约、相互影响的关系，所以企业应该特别重视流程之间的相互作用和匹配。一般来讲，不同组织其性质和目标不同、业务不同、管理不同，导致其流程有很大的差异。但是，如果把企业实际流程进行有效的抽象，企业流程通常存在三类主要流程：业务流程、会计流程和管理流程。这三类流程并非独立存在，而是相互联系、相互依存、相互作用。因此，企业在进行流程分析与诊断时，不仅要对单项流程进行合理的整合，更应加强流程网络的总体规划，使流程之间彼此协调，减少摩擦和阻力，降低系统内耗。

最后，企业在查清流程中的问题后，还要对流程的重要性、问题的严重性和改造的可行性进行分析论证，以便安排流程改造的先后次序。一般来说，限于企业的人力、物力和财力，企业不可能对所有的流程同时进行改造，应该将改造的重点放在关键流程上。

（2）流程的再设计。针对前面分析诊断的结果，重新设计或改进现有流程，使其趋于合理化。流程再设计不应照搬手工流程，应该将信息技术、先进的企业管理思想和管理方式融入流程设计中，尽可能体现信息集成、支持实时控制和快速反应。流程再设计的基本思想如下：

第一，实现从职能管理到面向业务流程管理的转变。BPR 强调管理面向业务流程，将业务的审核与决策点定位于业务流程执行的地方，缩短信息沟通的渠道和时间，从而提高对顾客和市场的反应速度。

第二，建立扁平化组织。BPR 要求先设计流程，然后依流程建立企业组织，尽量消除纯粹的中层"领导"。这不仅降低了管理费用和成本，更重要的是提高了组织的运转效率及对市场的反应速度。

第三，注重整体流程最优的系统思想。BPR 要求理顺和优化业务流程，强调流程中每一个环节上的活动尽可能实现最大化增值，尽可能减少无效的或不增值的活动，并从整体流程全局最优（而不是局部最优）的目标，设计和优化流程中的各项活动，消除本位主义和利益分散主义。信息时代的竞争不是单一企业与单一企业的竞争，而是一个企业的供应链（由供应商、企业制造车间、分销网络、客户组成一个紧密的供应链）与另一个企业供应链间的竞争，这要求企业在实施 BPR 时不仅考虑企业内部的业务流程，还要对客户、企业自身与供应商组成的整个供应链的流程进行重新设计，从价值角度看，其目的就是实现整个价值链的增值。

第四，充分发挥每个人在整个业务流程中的作用。BPR 要求权力下放，将实时控制置于流程中，将控制机制和控制权下放到流程和流程岗位。因此，BPR 要求处理流程上的人员素质整体提高，并强调团队合作精神，将个人的成功与其所处流程的成功作为一个整体考虑。

（3）流程重组的实施。这一阶段是将重新设计的流程真正落实到企业的经营管理中去。这是一项艰巨而又复杂的过程，涉及组织的调整、人员权利和地位的改变、集成信息系统的建立等。流程重组的成功实施会带来各方面业绩的巨大进步，包括利润上升、成本下降、生产能力提高等直接表现，以及产品质量、顾客服务、员工满意程度、整体获利能力等的相应提高。同时，流程重组实施不当，也会给企业带来极大的危害。在许多 BPR 失败的例子中，往往在项目实施的开始阶段就由于企业内部对 BPR 思想及如何实施存在疑惑而延误了项目的进程。而且有的企业甚至直接跨越了在企业中宣传 BPR 思想，消除员工顾虑这个阶段，而是直接进行了实施，其结果可以想象。对于企业来说，往往知道需要适时进行改变以适应市场、竞争环境的变化，但是却不知道改变什么及如何改变，在这种情况下就具体实施 BPR，造成了许多 BPR 项目的失败。BPR 项目失败的另一个主要原因是，企业忽视信息技术对 BPR 的重要性，尽管花费了相当多的人力、物力和时间，结果却使系统的改进甚微，甚至失败。因此，实施 BPR 存在着风险，但是或许是成功后的效果太诱人了，还是有越来越多的企业甘愿冒这样大的风险。而且确实有成功的例子证明 BPR 绝不是不切实际的理论，而是确实能够极大提高企业各方面的业绩的。因此，深刻理解 BPR 理论，并应用先进的方法是保证流程重组成功的重要基础。

三、流程再造的基本方法

BPR 作为一种重新设计流程的思想是具有普遍意义的，但在具体做法上，必须根据企业的实际情况来进行。一般来讲，流程再造采用 ES - IA 基本方法，即清除（Eliminate）、简化（Simplify）、整合（Integrate）和自动化（Automate）4 个方面的内容，如表 4 - 1 所示。

表 4 - 1　流程再造的基本方法

清除（E）	简化（S）	整合（I）	自动化（A）
过量产出	表格	活动	重复的工作
活动间的等待	程序	团队	累活
不必要的运输	沟通	顾客	乏味的工作
反复的加工	物流	供应商	数据采集
过量的库存			数据传输
缺陷、失误			数据分析
重复的活动			
活动的重组			
反复的检验			
跨部门的协调			

1. 清除

清除方法是指将企业现有流程内的非增值活动予以清除。非增值活动中，有些是不得已而存在的，而有些则是多余的。因此，在设计流程时，对流程的每个环节或要素要思考：这个环节为何要存在？这个流程所产出的结果是整个流程完成的必要条件吗？它的存在直接或间接产生了怎样的结果？清除它会解决怎样的问题？清除它可行吗？通过对一系列问题的思考得出结论，并清除或最小化非增值活动。

过量产出即超过需要的产出，这对于流程而言是一种浪费，因为它无效地占用了流程有限的资源，在一定意义上，它带来的问题是增加库存和掩盖问题；活动间的等待指流程内任何时刻由于某种原因导致的对人或物的等待。带来的问题是造成待处理文件和库存物品的增加、通行时间加长、追踪和监测变得更加复杂，却几乎未增加顾客价值；不必要的运输即指，任何人员、物料和文件移动都要花时间，不必要的运输既浪费了员工时间，又增加了成本；反复的加工即指在公司运营流程的实际运作中，很多产品或是文件会被处理多遍。那么这些处理增值吗？是否由于产品设计不佳或是由于流程不完善；过量的库存，不但指物品的库存，还包括流程运营过程中大量文件和信息的淤积。

缺陷、失误，产生故障的原因除了人员，很大原因在于流程结构的缺陷或失误；重复的活动，如信息需要重复录入，而运用了数据库共享技术就可以在整个价值链的任何一点上输入，为整个价值链共享；活动的重组是指相似的活动在处理上有部分不同时，为了适应某些特定的习惯就采取不同流程方式，造成流程资源的浪费，这种活动应进行清除与重组；反复的检验即有些检验、监视与控制已成了一种官僚作风和形式主义，已不具有它本来的意义，甚至成了设置管理层次和管理岗位的理由。应将部分检验、审核工作进行授权，不要事无巨细地都上报，造成审核的形式化和上层领导工作的繁重和低价值；跨部门的协调已经成了本位主义、官僚作风的一个代名词。应加强流程的整体观，进行职责的重新定义。

2. 简化

简化方法是指在尽可能清除了非必要的增值环节后，对剩下的活动仍需要进行简化。一般来说可从表格、程序、沟通、物流四方面进行考虑。许多表格在流程的运作中根本没有实际作用，或表格设计上就有许多重复的内容，根据重新设计表格和互联网技术的介入，可以减少不少工作量和环节；程序即在原有流程设计时，通常认为流程内员工的信息处理能力非常有限，因而一个流程通常被割裂成多个环节，以让足够多的人来参与，通过互联网的运用，增加信息处理能力，可以简化流程的程序，整合一些工作内容，提高流程结构及效率；沟通应简化，避免沟通的复杂性；最后是物流，虽然大部分物流的初始设计都是自然流畅且有序的，但在使用过程中为了局部改进而进行的零敲碎打式的变动，在很大程度上使流程变得低效。有时，调整任务顺序或增加一条信息，就能简化物流。

3. 整合

整合方法是指对分解的流程进行整合，合并相关工作或工作组，使流程顺畅、连贯，更好地满足客户需要。在企业经常出现一项工作被分成几个部分，而每一部分再细分，分别由不同部门、不同的人来完成。一旦某一环节出现问题，不但不易于查明原因，更不利于整体的工作进展。整合的内容主要包括活动、团队、顾客、供应商。授权一个人完成一系列简单活动，将活动进行整合，从而可以减少活动转交的发错率和缩短工作处理时间，实现流程与流程之间的"单点接触"；合并专家组成团队，形成"个案团队"或"责任团队"，这样使得物料、信息和文件旅行距离最短，改善同一流程上工作的人与人之间的沟通；顾客（流程的下游）即面向客户，与客户建立完全的合作关系，整合客户组织和自身的关系，将自己的服务交送于顾客组织的流程；供应商（流程的上游）即消除企业和供应商之间的一些不必要的官僚手续，建立信任和伙伴关系，整合双方的流程。

4. 自动化

随着国际互联网、企业内部网和电子商务的飞速发展，信息技术正广泛而深入地在企业得到应用，改变着管理者的思维模式，在这种情形下，想脱离互联网完成 BPR 几乎是不可能的。如果把 BPR 比作一种化学反应，那么互联网就是催化剂，离开了它，反应虽可进行，但却难以达到理想的结果。可以想象，没有信息在流程上的连续传输，要消除信息重复录入和处理等无效劳动是不可能的；没有信息共享机制，要想将过去的串行业务处理流程改造为并行业务处理流程也是不可能的；没有信息系统，要将控制点定位于业务流程执行的地方也是很难的。因此，对于流程的自动化，不是简单加以自动化完成就可以了，因而是在对流程任务的清除、简化和整合基础上应用自动化和智能化，同时任务的清除、简化和整合本身也有许多要依靠自动化和智能化来解决。自动化应该承担的工作主要包括：类似记账这样重复、辛苦、乏味的工作完全可以由计算机完成；减少反复的数据采集，并降低单次采集的时间；加快数据传输的速度，提高企业的运作效率；通过分析软件，自动智能地对数据进行收集、整理与分析，加强对信息的利用率。

第二节 "互联网＋"时代驱动财务流程再造与重构

"互联网＋"时代对财务提出了诸多要求，财务流程作为财务组织工作的实现路径，其设计必须满足时代的要求。如果财务流程能够满足时代的要求，会计就能得到长足的发展，进而使企业在竞争中处于优势地位；如果财务流程不能满足时代的要求，就会限制会计的发展，从而对企业的进步产生不利影响，这时就要对财务流程进行变革——财务流程再造与重构。

一、传统财务流程概述

传统财务是一个以提供财务信息为主的信息系统，通过使用专门的语言、方法和程序，对企业的经营活动和财务状况进行反映和控制，为利益相关者提供财务信息服务。财务目标的实现是通过财务流程完成的，根据数据分类，财务流程可以分成数据收集流程、数据加工流程，以及数据输出流程。传统的财务流程中，财务人员将收集来的财务数据，通过原始凭证—记账凭证—账簿—财务报表的过程，加工成为财务信息提供给使用者，使用者根据财务信息形成自己的知识，据此进行决策并产生决策结果，如图4－1所示。

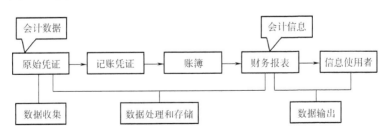

图 4 － 1 传统财务流程

　　财务流程是一个从数据收集到信息输出的过程，整个过程又分为了几个小的流程，每个小流程之间既有自己特别的任务，又与其他流程紧密联系，配合数据及信息的传递。财务流程基本上可以简化为三个主要的二级流程。如图 4 - 1 所示。

　　1. 数据收集流程

　　数据收集流程主要任务是收集来自于经营业务活动中的数据，为下一流程的数据加工服务。这一阶段数据的主要表现形式是原始凭证。原始凭证是传统财务流程的起点，也是经济业务活动反映的载体，财务人员通过原始凭证的传递从经济业务中收集数据，进而使相关数据进入到财务信息系统当中。传统财务流程的数据主要是收集来自支付流程的数据、生产流程的数据和销售流程的数据。支付流程的数据包括物资购买成本、存货支付成本以及各种应付款项等；生产流程的数据主要包括库存产品过程中发生的直接人工、直接材料和制造费用等；销售流程的数据包括销售时发生的收入、成本和各种销售费用等。

　　2. 数据处理和存储流程

　　数据处理和存储流程是将收集来的反映业务活动的原始凭证通过会计的专门方法进行加工、汇总，编制记账凭证，在对记账凭证进行审核后进行分类、计算和传递，将结果保存在账簿中。数据处理和存储的过程就是编制、审核记账凭证、登记账簿的过程，是一个将众多数据分类、汇总的过程。

　　3. 数据输出流程

　　数据输出流程就是财务人员向外提供报告的过程。财务人员根据记账凭证和账簿编制财务报表提交给财务信息需求者。因为面向的财务信息使用者不同，财务人员要编制内部报表和外部报表，分别提供给外部财务信息使用者和内部财务信息使用者。财务信息使用者根据所获得的财务信息进行分析，并做出决策行为。

二、传统财务流程的缺陷

传统财务流程是在传统财务理论的基础上产生的，其思想实质是分类与汇总。它将企业的经济事项根据资产、负债和所有者权益等进行分类并汇总，再以财务报表的形式将分类汇总的结果传递给信息使用者。这种思想在特定的环境下发挥了巨大的作用，但随着时代的变迁和环境的变化，特别是在现在的"互联网+"时代，这种汇总的思想开始暴露其缺陷。结合"互联网+"时代对财务的要求，传统财务流程存在诸多阻碍财务发展的弊端，主要表现为以下四个方面。

1. 以财务数据为起点，数据源受限

首先，在财务数据采集过程中，财务人员仅关注经济业务数据的一部分，不能反映经济业务的全貌。在传统财务信息系统建设的初期阶段，因技术本身存在的缺陷，使得信息系统信息的完整性受到了阻碍。在目前的财务数据收集流程中，财务数据选取的仅是财务人员关注的部分，基于对会计事项的判断。"会计事项"的判断是传统会计信息系统处理业务的基础，收集整个企业业务活动的所有数据基本上对业务处理没有多大影响。这种会计事项确认的缺陷使财务信息系统忽略掉很多对决策者有用的财务信息，与此同时，传统财务仅仅描述了企业经济业务活动的一部分特征，即使对于会计事项，传统财务系统也仅描述了其局部的特点，其中最重要的是价值信息，因此，与用户决策有关的大部分重要信息没能完整地采集到财务信息系统当中。造成的后果就是，同一项经济业务相关数据分别进入了财务人员和非财务人员的信息系统当中，财务人员得到的数据只有描述业务事件的子集数据，而忽略了大量的对决策者有用的管理信息，这非常不利于管理者做出正确决策。

其次，进入财务流程的主要是结构化数据，大量蕴含丰富价值的非结构化数据被忽略。一个完整的经济事项数据，既包括结构化数据，又包括非结构化数据。要做到完整地反映经济事项，就需要结构化数据和非结构化数据的共同辅助。在企业的日常运作管理中，产生的非结构化数据急速增多；从价值上看，相对于结构化数据，非结构化数据因未经压缩且结构多样化使得其能蕴含庞大的信息，价值含量也因此变得十分巨大，而这是结构化数据所不能比的。但是目前财务人员只将结构化数据纳入财务信息系统，忽视蕴含巨大价值的非结构化数据，丢弃了众多经济业务信息。

最后，在财务数据处理过程中，财务人员对财务数据进行进一步加工，最后用作辅助信息使用者决策的只有压缩后十分有限的结构化数据，通过对财务数据的汇总处理，使反映经济活动的数据大幅压缩，经济全貌无法得到展现。财务目标总的来说是满足财务信息使用者的信息需求，而现在的财务信息需求变得复杂多变进而呈现个性化、碎片化趋势，传统财务对数据的加工已无法迎合这样的需求趋势，有限的数据源使财务信息使用者不能全面地把握经济业务事项，从而无法系统了解企业经营状况等，信息不对称对其决策极为不利，这也使财务信息质量遭受质疑，更与"互联网＋"时代的潮流相背弃。

2. 缺乏对非结构化数据的处理与分析，分析面过窄

非结构化数据是企业中的宝贵数据资产，它的特征是数据格式多种多样、数据存储分散不一、数据总量特别大、增长速度特别快、蕴含提升企业管理业绩丰富的重要信息。首先，目前财务人员过于偏重对经济业务的核算及财务信息的提供，忽略了本身的管理职能，不能充分利用自己所掌握的大量数据为企业内外的信息使用者服务。其次，目前财务人员对财务数据与财务信息仅有的分析尚处于结构化分析阶段，而且分析仅是按照一定的格式进行的，分析的单一性使财务数据的价值挖掘成为冰山一角。非结构化数据所蕴含的巨大价值得不到挖掘，只能淹没在数据的海洋中。绝大部分有巨大价值的非结构化数据散落在流程以外而不加以利用，这明显是不明智的。"互联网＋"时代谁拥有的数据多，谁就能够从数据中挖掘

到更多价值，谁就能在竞争中处于有利地位，甚至走在竞争的最前列。

值得注意的是，"互联网＋"时代的大数据并不仅仅是简单地在现有基础上扩大财务数据的数量和来源，更重要的是从众多数据中找出事项、物品之间的联系，这就是大数据的价值所在。这种联系便是财务人员应该在他所持有的数据中找到的关系，一个小联系能带来大价值，更不要说庞大的数据中所包含的众多联系。所以，忽视"互联网＋"时代对大数据，特别是非结构化数据的分析，便表示财务人员将价值整合者和挖掘者地位的拱手相让，这终将会导致财务行业在时代潮流中的没落。

3. 信息使用者仅能接触固定的会计信息，接触点单一

在目前的财务工作中，财务人员与信息使用者的唯一交集是财务报告，即两者的接触点只有固定形式和内容的财务信息，财务人员提供财务报告，信息使用者使用财务报告。接触点的设置，仅是从财务人员的角度出发，由人员决定接触的内容。在单一的接触点下，信息使用者只能接触财务人员提供出来的有限的财务信息，也许这一部分信息并不是使用者所感兴趣的；信息使用者不能接触反映经济业务的原始数据，他们丧失了这些最原始的数据中因财务人员加工而减少的价值，也无法判断经济业务的真实性，造成信息不对称，这对于信息使用者做出正确决策极为不利；财务人员没有接触信息使用者，仅根据所获取的财务信息而做出决策行为及结果，就会因工作效果不明确而在工作中做无用功，事半功倍，可能即使浪费了很大人力、物力和时间，也不能满足信息使用者的需求。

4. 财务信息提供过程单向，缺乏互动

在传统财务流程中，财务人员掌控整个流程，信息单向传递，缺乏反馈与互动的过程。传统财务流程是原始数据通过财务人员的加工成为财务信息，并最终影响财务信息使用者的决策行为产生结果的过程，即目前财务工作的价值流转过程是从财务人员直接到信息使用者的自左向右的单向过程。必须承认，单向过程有其优点。单向过程中各节点可以

通过不断完善流程，并为价值链的下一个环节传递价值，直到最终传递到目标顾客。每一个流程可以精心优化，以实现在传递过程中缩短周期、降低成本等目标。但在人性化高度发达的今天，节约成本的重要程度已大不如前，"互联网＋"时代更加强调人的个性化需求，"以人为本"成为社会发展的关键词之一。传统财务人员仅按照财务规范的要求以通用的财务报告形式提供财务信息，财务人员与信息使用者的唯一交集是财务信息——财务报表，财务人员提供财务信息，信息使用者使用财务信息。信息使用者只能被动接受，不能将自己的信息使用感受反馈给财务人员。信息使用者根据这些有限、固定的财务信息做出决策。"互联网＋"时代，传统的财务信息提供过程与大数据的服务宗旨相差甚远，更与满足财务信息使用者需求的目标渐行渐远，这种违背时代潮流的工作组织流程最终会被信息使用者淘汰，被时代淘汰。信息使用者被动地使用财务信息，财务人员无法了解信息使用者对其工作的评价，而使财务人员和信息使用者缺少互动。整个过程只有财务人员处于主动地位，主导着财务数据价值传递的总流程，并且忽略了数据价值链中其他角色的价值。在这种集权形式之下虽然能够提高工作效率，但工作效果却捉襟见肘。特别是在信息高度发达的今天，信息使用者的信息素质高度提升，如果继续按照目前的状态进行财务工作，他们不断提高的信息需求终将会使财务陷入谷底，遭遇前所未有的困境。

综上可以看出，传统财务流程已不能满足时代发展的要求。"互联网＋"时代，数据呈现出前所未有的膨胀与多变，财务需求也呈现出前所未有的不确定性和个性化。如果不积极应对"互联网＋"时代，不对财务流程进行变革，那么财务管理就会被时代的浪潮所淘汰。积极变革财务流程，改革其中与时代不相适应的部分，才能促进财务管理不断发展。所以，"互联网＋"时代，必须对传统财务流程进行重组，以使其满足时代发展的要求，而进一步获得财务工作自身的发展。

第三节 "互联网＋"时代基于流程再造与重构的财务管理创新

一、财务流程再造与重构的原则

1. 以顺应时代潮流为总领

任何一门学科都是在历史的演进中逐渐形成的，财务管理也不例外。财务管理是随着社会外部环境的需要而发展起来的，并伴随着环境的变革而变革。财务管理的改革与变迁深受其所处的特定环境的影响。所以对财务管理等相关内容的研究就要结合当时外部环境的具体情况，其中，时代特征尤为重要。时代背景发生变化，就会对经济、社会、生活等产生巨大影响，既会带来机遇，同时，挑战也随之而来。

财务作为一个在经济、社会中处于重要地位的行业，应该积极从新时代中吸取优势因素，抓住机遇应对时代的挑战，让自身顺应时代的潮流得以发展。任何一件事物，顺应潮流，就会发展；抵抗潮流，就会被时代所淘汰，财务同样如此。

作为财务的一个重要组成部分，财务流程的重构更要遵循时代发展的要求。"互联网＋"时代，数据每天都在急速增长着，数据结构也变得纷繁多样，结构化数据、半结构化数据和非结构化数据的概念不断引起人们的关注。作为一个直接与数据打交道的行业，财务在进行流程设计时必须充分将大数据的这种特点考虑到自身的发展当中，将海量结构化数据、半结构化数据和非结构化数据都纳入到财务流程当中。此外，大数据时代，获取信息对人们来说非常容易，人们便不再满足现有的财务信息，人们的财务信息需求因数据的激增与多样而变得膨胀与个性。诸如此类，"互联网＋"时代的种种特征都会影响到财务。为了实现财务行业更好、更快的发展，作为财务的依托，财务流程的再造与重构必须充分考虑时代特征，以顺应时代潮流为总领。

2. 以人为本为重点

人作为生产力中灵活性最高的要素，在进行价值创造和转移的过程中起着至关重要的作用。在过去的传统体制模式中，员工与某一特定岗位挂钩，只考虑这一岗位应承担的岗位职责，相应地，对其进行的工作绩效考评也就是他在这一岗位上工作效率的考量。这种传统的体制看似稳定，实际上存在隐患，容易造成部门间的扯皮推诿。同时，在这样的体制下，创新不被鼓励，冒险精神和变革的思想容易被定义为没事找事，长此以往，员工的积极性和创造力被消磨殆尽，企业也如同一潭死水。在企业进行业务流程再造的过程中，企业管理层应注意适当减小部门间的有形分割，加强部门间的联系和沟通，使企业的每个部门乃至每个员工在业务流程中都能最大限度地发挥工作潜能和工作积极性。不同的流程之间也要强调合作。具体到财务流程的再造，企业应注重信息提供者和信息使用者在流程中的重要作用，将企业管理层、库存部门、采购部门等内部利益相关者和债权人、股东等外部利益相关者逐渐增加到财务流程之中，实现财务流程与企业库存管理、采购流程等其他业务流程的合作，最终实现企业目标。现代企业成功的因素中，人的因素所起到的作用越来越大。在不违背价值规律的前提下，把握好人与人之间的关系、极大地发挥人的主观能动性越来越重要。这样的管理理念就要求现代企业应该再造以人为本的业务流程，建立能够充分发挥个人主观能动性的企业业务体系。

基于财务业务一体、多种形式数据整合的协同机制，可以使企业内部各部门之间，企业与客户、供应商之间以最便捷的方式和平台进行沟通。传统企业财务流程建设单纯以职能为中心，忽略了"人"在建设中的作用。随着"互联网＋"时代的到来，信息的传播逐渐呈现碎片化。这时，以不同部门人与人之间的关系为主线，充分发挥"人"的主观能动性和创新精神，重视在执行业务和挖掘价值过程中的关键作用，将关注的重点放在部门内部、不同部门之间的协同上，可以增加信息分享的速度，提高数据生产力。只有实现从"以职能为本"到"以人为本"的转变，财务才能更好地应对时代中的不确定因素。

3. 以财务业务一体化为基础

财务业务一体化是在信息化环境下将企业业务流程和财务流程进行有机结合并融入管理当中，将"事项驱动"的理念整合到流程设计当中。当业务事项发生时，业务部门将经济业务信息输入信息系统来记录经济业务；当业务信息进入系统后，信息系统中的业务事件处理器根据计算机编码固化进行信息的处理，并将其存储于数据库中；当财务信息使用者需要信息时，他们会根据自己的权限利用报告工具自动生成需要的信息。这样不仅能极大提高财务人员的工作效率，而且有利于财务职能的转变，实现实时监督、控制经济业务，进而向管理职能转变。

财务业务一体化下的财务流程再造充分考虑了信息化时代所赋予财务的机遇与挑战，不仅强调反映经济业务的全貌，更是转变以前财务信息使用者仅能获取财务信息的被动局面，使用者可以主动取得数据库中的更为全面的信息，开始关注个性化需求。

4. 以群体智慧为思路

群体智慧（Collective Intelligence）指的是众多个体通过相互协作与竞争而涌现出的共享或群体智慧。具体地说，本书援引刘海鑫、刘人境（2013）在其文章中的定义，他们认为群体智慧是通过平台将众多分散的个人、组织、企业等集合到一起，通过各成员间的互动、交流或集体行为所产生的高于个体所拥有的能够迅速、灵活、正确理解事物和解决问题的能力。从群体智慧的定义中可以看出它的主旨和要义：大量拥有不同背景、不同知识结构、来自不同地区却不受空间和时间约束的个体，为了共同的目标，集合成相对松散但却自愿、开放的群体形式，每个人在群体中协同与互动，集思广益，为组织的价值增值带来多样性的贡献，形成大大超越多个个体简单加总所带来的价值。群体智慧为企业的创新、价值整合带来了一种先进的、全新的管理理念。群体智慧的出现与广泛应用是信息技术发展的一种必然趋势，它产生于时代潮流，又作用于时代潮流。"三个臭皮匠，顶个诸葛亮"，古代就已经意识到了群体智慧的重要性，在现代社会中群体智慧更是不可缺少。在传统财务流程当中，几乎只有财务人员在进行财务工作，财务人员与业务人员、信息使用者缺乏沟通交流，狭隘的组织框架限制了财务人员应对大数据的能力。而信息提供者、财务人员、信息使用者分别拥有不同的知识与经验、不同的组织和背景，涵盖与财务信息提供相关的各个方面。如果能将这些与财务直接相关的多领域人员均纳入到财务流程中来，充分调动群体成员的积极性，发挥共同的创造力，依靠群体的力量集思广益，用各自的经验与知识填补彼此的空白；或者通过成员之间的相互激励、相互诱发，就能产生连锁反应，满足多样化的需求，用人的"多"应对数据的"大"，从而产生出众多高质量的创意。充分调动群体智慧的会计团队不仅增加了不同的观点和看法，而且更容易促使个体说出自己的真实想法，多样性凸显出来，这样便降低了造成损失的可能性，并且剥夺或者至少削弱了团队决策的某些破坏性特征。所以在"互联网+"时代，财务流程再造应以群体智慧为思路，通过人的知识、能力和经验的多样性来应对大数据的挑战。

融入群体智慧，实现多领域人员的共同参与，扩大参与者的视野，使每一个人都能更好地了解与把握价值驱动下的信息需求，才能完成"互联网+"时代财务流程的任务。群体智慧的形成是一个不断整合、不断改进的过程，而不是多个个体的简单加总，更不是一蹴而就。要实现财务流程中以群体智慧为中心的协作，引导群体智慧的形成，首先要吸引与激励更多的信息提供者、信息使用者参与到财务流程中来，全程协同与互动，既将自己的岗位角色融入财务流程中，拓展财务流程，又共享各自的经验、知识，说出自己的需求或者对某一问题提出看法和建议，进行头脑风暴；其次通过各个成员之间的互动和交流，使他们互相影响、互相学习，丰富彼此的认知，从总体上提升整个会计信息传递过程中相关信息的内容与质量，增加流程中传递的价值，最终形成一个最优解决方案；最后将群体智慧的结果应用到实践中，从而对财务流程进行优化，这是对群体智慧有效性的检验，通过实践对群体智慧的评价来对其进行改进。

5. 以信息技术为支持

信息技术与财务流程再造相互依存，"互联网＋"时代首先是信息时代的一部分，正是物联网、互联网、企业内部网等信息技术的飞速发展及广泛应用促成了"互联网＋"时代的到来，信息技术成为财务流程再造的诱因。反过来，企业进行财务流程再造也离不开信息技术的支持。信息技术在企业中的广泛而深入的运用，也激发管理层不断创新管理理念，对财务流程再造能够产生巨大影响。利用信息技术对财务流程再造乃大势所趋。充分利用信息技术对财务流程再造，能够拓展流程再造的思路，提高重构的质量和效率。特别是针对大数据的收集、处理、输出和分析，离开了信息技术的支持，虽然流程再造可以继续进行，但流程再造的广度和深度却会受到严重的局限，难以实现预期的效果。从另一个角度而言，信息技术已经成为企业在竞争中获胜的重要武器，有效利用信息技术改进组织结构及工作模式，成为企业改革的必经之路。所以，对于财务流程来说，流程再造更是离不开信息技术的支持。

财务流程再造强调信息技术的支持，但要注意的是，相对于信息技术，人的作用更重要。人是财务流程再造的主导者，凭借其自身的经验、知识和能力，人的创造性、主动性及参与程度直接决定财务流程再造的成功与否。所以在财务流程再造中更加强调人的作用，以人为核心，以信息技术为辅助。

二、全程互动、全员协同的财务流程创新

传统的财务流程包括数据采集流程、数据处理和存储流程，以及数据输出流程。在"互联网＋"时代，信息的获取已不再是难事，对信息价值的挖掘成为人们关注的重点。以决策支持为目标的现代财务不仅应该反映经济活动和财务状况的信息，更重要的是提供信息中所蕴含的价值。忽略数据价值挖掘的机会，就意味着失去了在新时代站稳脚跟的资本，所以数据分析也是财务流程的一个重要组成部分，实际上，数据分析可以看作数据输出的一部分。以下将数据分析纳入流程，且提到充分关注的地位，即再造的财务流程包括数据收集、数据加工、数据输出和数据分析四个流程。如图4-2所示。

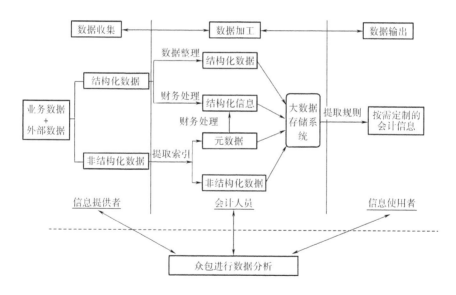

图4-2 "互联网＋"时代财务流程再造

1. 数据收集与加工：财务人员与信息提供者协同收集大数据

信息提供者，既包括企业内部的业务人员，又包括与企业交易有关的第三方。他们是直接参与经济活动的人，最了解企业的经营情况，并能获

得第一手的业务数据。对于经济业务数据而言，由信息提供者直接提供给会计人员和信息使用者，更能增加信息的完整性、真实性和可信性，保证信息对称。

在收集与加工阶段要扩大数据源，不仅收集传统财务流程中财务人员关注的信息，还要将其他能够反映经济业务全貌的信息收集到财务流程中来，无论是从企业业务部门还是从第三方传来的数据既应包括结构化数据，又应包括诸如原始单据、合同、影像等的非结构化数据。如此一来不仅扩大了财务数据的来源，又挖掘了财务数据的深度。

（1）企业内部部门将完整的交易信息输入到财务信息系统的业务端。将财务流程与业务流程有机地整合到一起，保证财务与业务流程的高度集成，这也是目前大部分关于财务流程再造文献的一个主要观点。企业内部的信息提供者，如营销人员、生产人员等，掌握的是最原始、最真实、最完整的数据，而且他们对企业经营最有发言权，能够从业务角度出发改进财务人员的工作。

一方面，相关部门人员在一项经济业务发生时，会录入相关的业务信息。录入的信息既包括有关交易时间、事项、金额等的结构化数据，又包括相关的 Microsoft Word 文件、Power Point 文件、电子表格、图形、视频和电子邮件等非结构化数据。企业在这个机制的运作之下，财务人员的视野不再仅仅局限于财务与会计的范围，而是扩展到相关的业务问题上，他们可以通过了解实时业务信息掌控相应的经济业务活动，例如采购业务、销售业务，这样才能将财务的控制职能充分地发挥出来。此外，企业内部人员依然要将纸质的原始凭证提交给财务部门以校验事项及文件的真实性。

另一方面，利用物联网技术实现对业务的自动识别。物联网的数据多为非结构化数据，具有结构多变的特点，它通常收集的是关于时间、位置、环境和行为等的信息。例如原材料，将自动感应式电子标签嵌入到原材料中，从原材料采购开始，通过多个感应器对电子标签的自动读取，就可以将原材料在各个环节的实时信息自动反映到数据库系统中。通过这样对物品的自动获取，不仅保证了信息获取的完整和及时，而且可以使数据的真实性得到保障。而对于每一项行为，利用物联网都能直接准确计量出其行为价值，财务也能对其进行及时确认，从而使得业务行为得到实时反映。

业务端业务人员的直接录入和物联网的自动"说话"使企业经济业务活动的原貌得以全面地进入财务流程，为实现财务决策支持的目标打下了良好的基础。

（2）供应链上下游企业及金融机构将相关交易信息输入财务系统的业务端。将与企业进行交易的第三方纳入到财务流程，提供印证经济业务的信息，强化业务的真实性，丰富数据来源。参与到企业经济活动的人员不仅包括企业的业务人员，还包括与企业进行交易有直接关系的组织，在此称其为第三方，比如企业的供应商企业、客户企业以及银行等，因为与企业发生交易，所以第三方也掌握了与此交易相关的数据。来自企业外部的数据更具真实性，它不仅可以丰富财务数据的来源，又可以对企业业务部门提供的信息进行佐证。通过财务上对供应链企业和金融机构的管理，企业能够实现财务信息的集成和共享。在企业内部之间、企业与供应链企业、企业与金融机构的信息壁垒被突破，财务人员利用与外部组织的信息便利，充分集成信息，收集能够反映经济业务全貌的信息，既能顺应"互联网+"时代的要求，又能对整个流程进行有效的控制，监督资源的配置。

无论是从企业业务部门还是从第三方传来的数据既应包括结构化数据，又应包括原始单据、合同、影像等的非结构化数据，如表4-2所示。

表 4 - 2　数据采集流程总结

数据类型	参与方	数据采集方式
结构化数据 非结构化数据	企业内部各部门	人员手动录入
		物联网自动采集
	供应链上下游企业	系统自动采集
	金融机构	人员手动录入

（3）财务人员按照一定规则将来自业务端的数据进行处理及存储。目前财务人员在财务信息系统中存储和处理的主要是结构化信息，因为非结构化数据尚未得到财务人员的重视，即使是非结构化的原始凭证也被排除在财务信息系统之外，仅仅作为一种业务真实性的凭据。非结构化数据的丧失使得财务决策支持的作用大大削弱。在"互联网＋"时代，财务人员应该重视非结构化数据，实现原始凭证的电子化，并将非结构化信息存储在数据库中。

其一，非结构化数据中提取索引。

首先，对于业务部门递来的原始单据，财务人员依然要负起审核的责任，并利用数字化影像技术，如扫描技术，将原始凭证输入到财务信息系统中，作为附件与记账凭证一起存储，使非结构化的原始凭证能和结构化的记账凭证一样进入到系统中，从而完整、全面地保留原始凭证中的全部信息。

其次，财务人员将处在分布式文件系统中的非结构化数据进行整合，形成可供访问的索引。多种多样的原始数据分散地存在于财务信息系统中，形成了排列松散、无序的非结构化数据资源。财务人员需要利用分布式文件系统，将数据初步整合，为对于非结构化数据的处理做好准备。对于影像后的原始凭证以及直接从业务端传来的非结构化数据的整合方法有以下两种。

第一种方法：对非结构化数据手动设置标签，即按一定的方式将非结构化数据的关键词或内容提取出来确定相关信息的属性，或者采用元数据的方式来对相关数据进行调用。元数据是对非结构化特征和内容进行标记的数据，它可以被组织成结构化数据的格式。实际上，元数据就是描述非结构化数据的数据。以原始单据为例，财务人员通过辅助核算的方式为扫描的原始单据影像手动添加标签，以便于进一步的检索和使用。这种方法是一种手动处理的过程，优点是利用已有的人力资源对非结构化数据设置标签；缺点是首先关键词的设定有较强主观性，很难覆盖全文所有信息，总会有疏漏的地方，其次就是增加了人员的工作量。

第二种方法：引入智能数据处理软件，自动提取非结构化数据的内容。智能数据处理系统能最大限度地保留数据中的内容，将非结构化数据中的意思提取出来，并打上标识。目前正在应用的 OCR 技术正是这种方法的初级运用，OCR 可以在原始单据的扫描数据中自动提取相关信息。这种自动化的意思提取可以大大提高数据内容提取的效率，最大化保留数据中的价值。但因为是新系统的引入，企业需要面对的是智能系统与已有财务信息系统的对接和兼容问题。

非结构化数据的处理过程如图 4 - 3 所示。

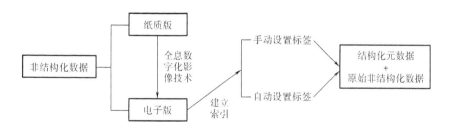

图 4 - 3　非结构化数据的处理过程

其二，根据结构化数据和从非结构化数据中提取的结构化元数据进行账务处理。这一步遵循的做法是按照传统的"原始凭证—记账凭证—账簿—报表"的财务流程进行。这里保留传统账务处理是出于财务信息使用者对汇总数据，即传统财务报表的需要，也就是为满足会计信息使用者的总体要求，将原始数据利用财务语言进行汇总、加工，登记记账凭证和账簿，并提供会计准则与规范所要求的通用形式的财务报告，实现对零散数据的汇总加工。当然，这一步也可以直接通过设置财务报表输出规则进行自动账务处理。

但与传统会计流程不同的是，进行加工以前的原始数据要同汇总后的账簿、财务报表一起存储在财务信息系统中。

其三，将所有原始数据及加工后的数据存储到大数据存储系统中。大数据因为其规模大、结构多样的特点，财务大数据的存储对现有的数据库提出了挑战。实际上，随着大数据进程的深入，应对大数据存储的数据库已应运而生。大数据存储系统可以是存储财务人员收集并整理的结构化数据、非结构化数据以及非结构化数据的元数据。这些数据以数据表的形式存储于普通关系数据库中，这些数据库存储引擎可以根据需求采用行式或列式的存储，由于继承关系不需要在数据存储层面上表现出来，数据实际可以存储于不同的物理数据库中。

2. 数据输出：财务人员与信息使用者协同实现按需定制

“互联网＋”时代，财务信息使用者不仅需要财务报表，也需要报表背后的数字，更多的数据可以让使用者看到企业更多的价值。财务信息使用者需要的一是经过汇总加工后的综合信息，二是这些综合信息背后的明细信息。综合信息的提供，可以满足财务信息使用者的共性需求；明细信息的提供可以满足信息使用者的个性化需求。经过前一步骤对结构化数据的会计加工与汇总，财务系统提供了综合信息；此外，多种形式的原始数据也被存储在了数据库中，这时，财务信息使用者可以进入信息中心，根据自己的需求选择相应数据的输出，以便于进一步加工、分析。传统组织结构是通过部门权威和独立性紧密联结在一起的，需要将这种联系转变为互惠和合作。将经济业务数据纳入到流程当中，增加接触点，由原来的单一接触点模式转变为“三接触点”模式，即经济业务数据、财务数据＋财务信息、知识 + 行为模式。财务人员不仅要按典型的信息提供流程向信息使用者提供财务信息，还要及时获取信息使用者的行为结果反馈，以对自己提供的信息形式及内容进行调整，满足信息使用者的需求；信息使用者则不仅可以获得财务信息，还可以获得经济业务数据。财务人员将大量的业务数据进行整理、加工及分析，使之成为便于信息使用者决策的形式，并存储在财务数据库中。

这一步骤的主要做法是：对于结构化数据（包括加工前和加工后）根据事项驱动的观点进行输出。财务人员仅提供输出规则，信息使用者根据规则提取数据；同时，信息使用者根据自身需要，向财务人员提出建议，增加规则或者改变规则。在将所有结构化数据存储到财务信息数据库后，财务人员可以相应建立一个财务数据提取规则库，在规则库中主要设立不同的重分类汇总规则、财务报告规则、预测规则、决策规则等，财务信息使用者根据自身决策的需要，利用不同的规则提取自己所需要的财务数据和财务信息。对于非结构化数据，因为非结构化数据和它所对应的元数据已经同时存储在数据库中，所以信息使用者只需通过财务信息系统中的搜索引擎输入想查找的关键词，关键词与元数据对应以后，非结构化数据便可返回给信息使用者。如表 4 - 3 所示。

表 4 - 3 　不同结构会计信息的输出方式

信息类型	输出方式
结构化信息	事项驱动选择规则输出
非结构化信息	搜索引擎技术查找

这种做法为了满足"互联网 +"时代信息使用者对信息量更大、更复杂的要求，从而提高了财务系统的开放性。但与此同时，过多的企业内部数据曝光，随之而来的便是泄密的风险。为了控制泄密风险，财务人员要特别注意识别信息使用者，并对不同层次的信息使用者分配不同的权限。掌握不同权限的人，进入系统中所能接触的数据和信息的内容、广度、深

度都是不同的。

3. 数据分析：全员协同以众包挖掘大数据价值

"互联网＋"时代对大数据的分析显得尤为重要，如何从结构复杂、数量庞大的大数据中充分挖掘信息成为一个提高企业竞争力的重要问题。在新时代中，财务人员囿于核算职能而不扩大视野，就会被时代所淘汰。"互联网＋"时代的财务人员不应只停留在提供会计信息阶段，更应该具备一种全面管理的视角，为信息使用者的分析、决策提供一定的支持。

"互联网＋"时代，随着数据量的增多和结构的复杂，不同的人在对财务数据进行分析的时候会有不同的偏重，而且很难做到全面的分析与挖掘。然而，如果将分析人员从财务人员扩大为全部能够接触企业财务数据的人，那么即使是每个人都有自己的偏重，所有人的分析结果汇总起来的覆盖面也将会广得多，其中的大数据价值将会得到更充分的挖掘，这就是众包价值的一种体现。众包是群体智慧的一种表现形式，也是目前最流行的一种形式。

（1）众包的定义。"众包"（Crowdsourcing）这一概念最早是在2006年6月由杰夫·豪提出，他在维基百科上为众包下了一个定义："众包指的是企事业单位、机构乃至个人把过去由员工执行的工作任务，以自由自愿的形式外包给非特定的社会大众群体解决或承担的做法。"通常情况下，众包这种形式的实现依附于越来越强大的互联网。通俗地讲，众包就是通过互联网将分布在各地具备不同知识、背景和经验的不特定个体联结起来共同解决某个问题的组织方式。

在众包中，企业将本来属于组织内部某个或某些特定员工的任务出包给数量庞大的大众。大众的选择不是特定的，更多地是以自由自愿的形式参加。众包根植于一个重要的假设：每个人都拥有独特的知识或才华，而且这些知识与才华对别人是有价值的。众包承担起桥梁连接的作用，将拥有有价值的知识和才华的人联系起来。每个人都有自己的想法、认知和才能。自然创造了每个人的独特性，这种独特性存在于众多人中时，便形成了多样化，所有人加起来便有了巨大的能力和才华。这种多样化使企业开始意识到众包的巨大力量，这种力量就是隐藏在众多个人背后的巨大商业潜力。

由于用户越来越多样化的信息需求，对财务数据的价值分析也变得更加碎片化，这对财务工作提出更大的挑战。在传统的财务分析中，企业仅通过财务人员进行相关分析，而忽视了其他人员的力量和才华。而信息使用者创新将成为一种大数据分析的主流趋势，在这种趋势下，因为各自机构文化和思维惯性的差异，内部智力资源和外部智力资源碰撞便会产生意想不到的作用，这为在"互联网＋"时代充分挖掘大数据中的价值提供了坚实的理论基础。

（2）众包构建数据分析模型工具。为了更好地实现财务管理的价值，财务人员在提供财务信息之外，还应提供专业的分析工具，通过可视化的互动模型，增加使用者的用户体验，让信息使用者能够根据自己的需求对财务信息进行进一步的加工与分析，从而满足个性化的信息需求。

利用群体构建数据分析模型，是众包理论在模型构建上的一个应用。在群体构建数据分析模型的过程中，众包的主体是与财务流程相关的所有人，包括信息提供者、财务人员、信息使用者等能获取企业相关财务数据并据以支持决策的人。这些人根据自己的需求进行财务分析往往会需要不同的数据分析模型。前面提到，众包的基本原则就是每个人都拥有对别人有价值的知识和能力，在每个人都拥有有价值的知识和能力的情况下，他们会根据自己的需求构造不同的分析模型供自己用来决策。

"互联网＋"时代，因为数据多种多样又具有庞大的数量，所以，单一的数据分析模型难以适应大数据价值挖掘的要求，而通过众包，利用群体智慧则可以创造大量有用的分析模型来满足需要。企业在意识到这种众包力量的存在后，为了能够最大化地挖掘自己企业中大数据的价值，可以采取一定的措施，鼓励大众积极根据各自的需求开发用以进行大数据分析的模型，并将模型放在开放的平台上，供模型开发者不断改进，供数据分析者用以进行分析数据。

（3）众包进行数据价值挖掘。有了群体构建的众多满足不同需求的数据分析模型后，便是进行数据挖掘。单独个人或者团体由于知识、经验和思想的限制，对同一个问题的理解不免会有一定程度的局限性，对待问题的深度和广度也难以加强，而群体可以弥补个人思考问题的局限，从而做出全面的分析。所以，对于丰富的大数据的分析，众包可以充分挖掘大数据中的价值。

在利用众包进行数据价值挖掘的过程中，财务流程中的每个人根据自己的权限从信息系统中获得相应的数据，通过信息平台中提供的决策模型或者自己创新的适合自己需要的决策模型进行数据分析，而每个人的数据分析需求及偏重虽然具有重合性，但更多的是个性化。在对自己所需要的信息进行分析后，分析人会生成自己的财务分析报告及观点，再将其输入到企业财务信息平台中。这样一来，不同分析者会生成不同的报告、产生不同的观点与建议，通过信息平台对这些不同观点的整合以及财务人员对不同观点的评价，企业系统中就会有覆盖面广泛、汇集大量有价值观点的数据分析。通过群体的力量，大数据中的价值便可以得到最大程度的挖掘。

4. 财务流程各环节相互影响、共享互动

新型财务流程在实现数据的收集、加工、输出和分析的同时，还需要流程各环节的共享互动及反馈。

在信息平台上，信息使用者通过对决策结果的反馈，将对信息的评价和需求满足情况在平台中反映出来，与其他成员沟通以最大化满足自己的需求；财务人员就信息使用者的反馈与信息使用者和信息提供者进行沟通、交流信息提供者是否应该对所提供的业务数据进行改进、信息提供者的需求是否难以实现而寻找一个折中的办法等问题，同时就实现这种开放形式的财务工作中遇到的问题展开讨论，积极听取其他各方的见解，并根据其中合理及优化的反馈对财务工作进行优化；信息提供者根据财务人员、信息使用者和专家对业务数据的反馈和讨论，可以发现业务优化的方向，同时改进在业务数据库中提供的数据；在流程运作过程中，因涉及多方面存在却无法解决的问题，这时可以引进外部专家，外部专家则根据自己的经验和知识从客观的角度对其他成员进行调节；回答其他成员的专业化问题；对流程的优化和平台的设计提供专业化建议等。

"互联网 +"时代，因海量、异构、价值大的数据特征和更加多变、个性化的信息需求特征对财务工作提出了新的要求。然而作为财务组织工作的依托，传统的财务流程却显露出种种弊端，不能满足时代对财务管理提出的要求。为了追求财务管理的长足发展，势必需要对财务流程进行变革。本章分析传统财务流程的弊端，结合"互联网 +"时代的要求，将非结构化数据的收集、处理、分析纳入到财务流程重构的研究中，并通过群体智慧理论强调"人"在"互联网 +"时代财务流程中的作用，提出了构造全程互动、全员协同的财务流程的构想。

第五章
"互联网+"时代财务管理战略与模式的创新

　　"互联网＋"时代，企业的竞争已经不单单局限于关注投资收益、对目标市场的控制和稳健的客户关系。要想长远发展，必须具备高效运行的财务战略和财务模式，这也是企业发展潜力的综合体现。财务战略与运营模式的选择和制定不仅决定了企业的财务资源配置方向，也影响着其投资活动的效率和效果。凭借稳健的财务体系以及可行的投融资战略，企业的长期发展才能顺利实现。近年来，随着我国网络经济的高速发展，互联网技术呈现着"螺旋上升式"的发展态势，对社会的贡献值不断提高。在网络交易的地位不断提高的今天，对企业的财务管理特别是对财务模式的适应力提出了更高更新的要求。这使得"互联网＋"时代，必须要对作用于组织运行的所有因素进行实时的汇总、分析和预测，实现企业资金的均衡配置。因为只有财务模式适时改进了，企业才可以长期立足于战略高度，实现企业资金流、信息流、物流的流畅运营，在财务运营层面使组织保持竞争力。但是随着社会主义市场经济的不断深化，我国企业财务活动的监督与控制，仍然存在财务模式应用标准差异大、战略选择与评价指标不完整、规避风险能力欠佳、组织财务模式落后等诸多问题。因此，如何更好地更新和适应高速发展的"互联网+"时代,探索最适合企业发展的长效财务管理策略和模式成为近年来备受理论界和实务界关注的问题。

第一节　"互联网＋"时代商业模式创新

"互联网＋"时代,在企业的价值链不断延伸的同时,企业应向更符合客户需求的方向发展,企业的盈利一定要依靠为客户提供更多的价值而实现。"互联网＋"时代不仅为企业财务战略的执行奠定了客观基础,还促使企业进行商业模式创新,让客户更愿意参与到企业的改变和创新中来,在不断创新中与客户携手享受"互联网＋"的便利,让企业得到更多的利益,让客户享受到更多的实惠,实现企业的良性循环,让客户的需求得到最大程度的满足。

企业如何利用"互联网＋"的优势对商业模式进行创新以获取持久的盈利能力,已成为落实企业既定财务战略的最关键问题之一。关于商业模式的内涵也正由经济、运营层次向战略层次延伸,强调商业模式要能在特定的市场上创造可持续竞争优势。随着经济、社会的不断发展,各种新的商业模式不断涌现,商业模式的概念不断完善和提升,其内容也越来越复杂,包括产品、服务、市场、供应链等诸多要素,商业模式正逐步形成一个市场需求与资源紧密相连的系统。

一、商业模式的基本概念

商业模式(Business Model),最早出现在1957年贝尔曼(Bellman)和克拉克(Clark)发表在《运营研究》期刊上的《论多阶段、多局中人商业博弈的构建》一文中,但这个概念当时并未引起学术界的关注。20世纪90年代末期,商业模式成为一个独立的研究领域,2003年以后相关的研究进入高潮期。近年来,商业模式在我国经济学界和管理学界成为研究热点。

蒂默（Timmers）认为商业模式是"关于产品、服务和信息流的架构，其中包括描述各种商业的参与者和他们的角色；各种参与者潜在收益的描述；以及对于收入来源的描述"。玛格瑞特（Magretta）认为商业模式是用于解释厂商运行方式的故事。拉帕（Rappa）认为商业模式最基本的意义就是做生意的方法。还有学者认为商业模式是"组织抽象的表现，它包括在概念上、文本或图形、所有相关的核心构建、合作、从资本上考虑一个组织当前和未来的发展，以及所有组织所提供的或将提供的核心产品或服务"。但上述定义都是从静态视角来对商业模式进行概括的，如果从时间的维度看，商业模式是一个动态系统，且这个动态系统能够决定厂商跨边界互动的内容、管理和建设。

随着工业经济时代演进到"互联网＋"时代，商业模式发生了极大的改变。在互联网的不确定性下，以往的商业模式被颠覆，传统意义上可依托的壁垒被打破，任何的经验主义都显得苍白无力。黑莓、诺基亚、东芝、摩托罗拉等多家国外著名传统电子厂商被兼并、倒闭的消息接踵而至；华为消费者业务2017年年销售收入希望达到330亿美元，成为最有可能超过苹果的国产品牌。无数例子说明，"互联网＋"时代的商业模式需要让消费者参与生产和价值创造，让厂商与消费者连接，厂商与消费者共创价值、分享价值。这样才能够既享有来自厂商供应面的规模经济与范围经济的好处，又享有来自消费者需求面的规模经济与范围经济的好处。如果说商业模式是一个组织在明确外部假设条件、内部资源和能力的前提下，用于整合组织本身、顾客、供应链伙伴、员工、股东或利益相关者来获取超额利润的一种战略创新意图和可实现的结构体系以及制度安排的集合，那么，"互联网＋"时代的商业模式是在充满不确定性且边界模糊的互联网下，通过供需双方形成社群平台，以实现其隔离机制来维护组织稳定和实现连接红利的模式群。

二、"互联网＋"时代商业模式新特征

"互联网＋"的特质驱动了新商业模式的发展，表现在：①"互联网＋"

带来了厂商组织环境的模糊与"混沌",使厂商的经营处于一种边界模糊、难分内外的环境中。正如管理学家彼得(Tom J. Peters)认为:"混沌将导致一场革命———一场必要的革命,向我们自以为熟知的关于管理的一切知识提出挑战。""互联网+"的模糊让传统的产业分工、以往成功的商业模式变得毫无意义。②由于"互联网+"时代环境的不确定性,使得厂商的商业模式具有高度的随机性和不固定性,厂商已经没有坚固的堡垒可以依托和支撑,只能求新求变,一切成功的模式在"互联网+"时代都很难持续。③"互联网+"推动去中心化(Decentralization)。这不仅相对于中心化媒体,甚至与早期的门户和搜索互联网时代相比,如今的"互联网+"已经从少数人建设或机器组织内容然后大众分享转变为共建共享。自媒体使得互联网的中心原子化,信息发生自传播。微信、人人、微博等更加适合大众参与的服务出现,信息由大众产生、大众参与、大众共有,使得互联网内容的来源更多元化。④"互联网+"时代的商业模式具有极强的不可复制性,没有一模一样的东西,也没有完全相同的商业模式。

与之相伴的是,工业经济时代商业模式中很多重要的元素在"互联网+"模式下逐渐消亡。商业模式包含了价值创造的逻辑和商业资源的有效协调,由于"互联网+"时代下价值创造的逻辑发生了变化,商业资源的流向也无法避免地发生改变。分销渠道曾经是商业模式的重要组成元素之一,"渠道为王"是工业经济时代商业模式的主旋律,借助他人的渠道或分销商体系进行销售和配送,是工业经济时代厂商完成价值创造和实现价值增值的基本工具。但是,"互联网+"时代出现"脱媒"以后,供需双方可在没有渠道的帮助下进行互动,比如O2O,通过线下的体验然后进行线上的购买,根本不需要中间环节,而直接在供需双方间促成交易行为的实现。分销渠道曾经作为商业模式的重要元素,由于无法起到创造价值和协调资源的作用,自然被"互联网+"时代的商业模式所抛弃。

三、"互联网+"时代商业模式创新

"互联网+"时代，商业模式逻辑下的新元素正在逐渐形成。"互联网+"的世界是通透的，无法通过地理的距离形成区域市场，也无法对厂商进行人为分隔，加之"互联网+"具有极强的不确定性，通常一个商业模式只能存活一个厂商，很少有完全相同的商业模式。与此同时，人与人之间的互动变得密切，知识溢出范围增大，知识生产难度下降。促使商业模式的不断创新，商业模式的更替速度加快。但是，"互联网+"时代商业模式创新背后存在共同的逻辑，即以社群为中心的平台模式或称为社群逻辑下的平台模式，简称社群平台，它是"互联网+"时代商业模式创新的关键。

1. 社群

社群指聚集在一起的拥有共同价值观的社会单位。它们有的存在于具体的地域中，有的存在于虚拟的网络里。有学者认为在互联网模式中社群是一个两两相交的网状关系，用于满足和服务顾客，而社群发展到一定程度会自我运作，是一个自组织的过程。作者认为，所谓的社群逻辑就如顾客主导的 C2B 商业形态。品牌与消费者之间的关系由单向价值传递过渡到厂商与消费者双向价值协同，在社群的影响下，传播被赋予了新的含义——价值互动（Value Interaction）。Value Interaction 也可译为价值界面，指代厂商与顾客的界面。同时，厂商的品牌被赋予了社群的关系属性，转化为社群的品牌，融入顾客一次次价值互动的体验当中。在社群逻辑下，产品的所有属性由于人的参与都有了显著的提升。产品的寿命不再被定义为有限的，而是可以因为重要的人而缩短或延长；产品的销量起伏取决于人或网络之间关系的稳定程度，而不再是被动地服从产品周期；产品的管理不再需要每个阶段不同的市场、金融、制造、销售和人力资源战略，而转向依靠大量的参与者在一个参与者网络中持续地使价值结构在重复鉴定

过程中保持稳定。同样，在社群逻辑下，市场定义也发生了改变，市场不再只是在现实生活中厂商与消费者双方进行价值交换的场所，市场已经成为厂商与社群消费者合作网络各成员之间的知识碰撞、交流与增值的场所；而顾客作为知识创新的另一种来源，他们既是参与者和建设者，也是直接受益方。创新知识的来源已经变得模糊。这样的社群逻辑与工业经济时代的规模逻辑是完全不同的。规模经济时代，规模越大越经济，因为标准化与流水线生产的需要，品种越少越好；而社群逻辑却将这个规律倒置过来——大规模的定制化产品成为主流，价值是厂商与顾客在大规模定制化产品的生产过程中相互影响而创造出来的。厂商要尽可能满足长尾末端的需求，因为这是厂商能否在市场中成功的基点。需要注意的是，在社群逻辑下跨社群营销是没有意义的，因为社群讲究的是个性，物以类聚。你不需要别人懂你，就像"果粉"不需要解释，要解释的必定不是"果粉"。正是由于群内对产品独特性的要求，就出现了社群粉丝（崇拜者）自限产品规模的要求。因而，社群逻辑是规模逻辑的反动。反过来说，厂商如果不自限范围和规模，没有自己的核心粉丝（崇拜者）社群，就无法实现价值。在"互联网＋"模式下，厂商获得资源进行价值创造，对于社群的依赖度很高。当然，也要求厂商要形成多品种开发的能力，以满足社群中不同粉丝（崇拜者）的需求。只有当网络（社群）建立，品牌、服务等才能够稳固地建造或共建起来。所以，有人说"互联网＋"时代的品牌，玩的就是一种"榴梿精神"——喜欢的爱到骨髓，不喜欢的毫无感觉，这是有一定道理的。人们根据不同的需求，形成不同的偏好，构成了不同的小圈子或者不同的社群，厂商的产品研发就从围绕着"物"转向围绕着"人"或"社群"来进行。在社群逻辑下，可以说"互联网＋"时代的经济是基于人的经济，而非基于产品或物的经济。

2. 平台

以前平台主要是指计算机的操作环境，后来引入经济领域，出现了产品平台、技术平台、商业平台。如今管理学中的平台指的是商业模式中的重要一环。迈克尔·哈耶特在《平台》一书中说，"平台就是你借以沟通社群中的粉丝和潜在粉丝的工具"。他认为产品和平台是当今市场成功的必要战略资产。笔者认为，平台强化了在信息和沟通技术下商业模式的安排能力。例如，它用来强化已设计出的商业逻辑，还可以帮助提升厂商或厂商战略联盟的决策水平。一方面，平台提供供需双方互动的机会，强化信息流动，降低受众搜索有用信息所需的成本，提供双方实现价值交换、完成价值创造的场所。正因为如此，平台消除了信息的不对称性，打破了以往由信息不对称带来的商业壁垒，为跨界创造了条件。另一方面，平台的存在有利于建立制度，通过对平台的管理，防止功利主义行为，保护消费者和供应商的利益，使得平台中参与者的凝聚力增强。换个角度看，平台促进社群的发展。以百度贴吧为例，在百度这个平台上通过无数个主题和关键词建立了一个庞大的集群。据百度贴吧自己在发布会上公布的数据，目前百度贴吧有10多亿注册顾客，近千万个主题吧，日均话题总量过亿。由于社群有天然的排他性，再加上人的从众心理和马太效应，往往成功平台的所有者很有可能就是该商业模式下行业的垄断者。

"互联网+"时代厂商与顾客共同创造价值是价值创造的基础。索尼创始人出井伸之认为，互联网公司是"顾客平台级公司"，其实质就是要实现消费者行为的被动接受向消费者行为的主动参与转变。要让顾客参与到产品创新与品牌传播的所有环节中去。而消费者群体也希望参与到产品创意、研发和设计环节，希望产品能够体现自己的独特性。这就是需求的长尾（The long tail）末端，工业经济时代，这部分需求被归类于"闲置资源"。一方面是由于这种需求不易被察觉；另一方面是由于需求量太小，无法形成规模生产。但"互联网+"模式下厂商的感知能力和柔性生产能力获得大幅度提升。长尾末端需求的存在说明了当今市场正在产生从为数较少的主流产品和市场（需求曲线的头部）向数量众多的狭窄市场（需求曲线的尾部）转移的现象和趋势。只要保障好流通与存储，范围经济下的市场份额完全可以和那些以前规模经济下的市场份额相媲美，甚至有过之而无不及。任何厂商越能满足需求，其生存能力和盈利能力就越强。

从边际效用递增角度看，"顾客平台级公司"所主张的社群逻辑使厂商的经营有不同于工业经济时代厂商的做法：①注重挖掘传统市场边界之外的潜在需求，特别是长尾末端的需求；②注重超越传统产业市场边界，往往进行跨界经营，推出新产品或新服务处于价值链的高端或具有独特性，具有较高的效用价值；③注重追求针对社群消费者心理需求与社会需求的效用创新，注重为消费者创造产品的功能价值（需要满足）、情感价值（如品牌知觉与忠诚）、学习价值（经验、知识累积的机会）；④注重市场顾客的消费体验，强调厂商组织的所有活动都是顾客体验，即从产品研发、设计环节开始，再到生产、包装、物流配送、渠道终端的陈列和销售环节都有消费者体验，以获得边际效用递增；⑤非常重视来自需求方的范围经济，使得消费者之间的效用函数相互依赖，而非相互排斥。

3. 跨界

跨界指跨越行业、领域进行合作，又被称为跨界协作。它往往暗示一种不被察觉的大众偏好的生活方式和审美态度。可以说，"跨界协作"满足了互联网模糊原有边界进而创造新价值的需求。通过跨越不同的领域、行业乃至文化、意识形态而碰撞出新的事物。跨界协作使得很多曾经不相干甚至不兼容的元素获得连接，产生价值。

当年"索尼"还沉浸在数码成像技术领先的喜悦中时，突然发现原来全世界数码相机卖得最好的不是它，而是做手机的"诺基亚"，"诺基亚"成为成功的跨界者。中国移动、中国电信和中国联通在移动通信市场上打斗多年，有一天蓦然回首，才发现动了它们"奶酪"的竟然是腾讯的微信，微信成了移动通信的跨界者。2013 年，阿里巴巴做起了金融，长虹电视做起了互联网……如果从深层次分析，不难发现互联网提供了无边界存在的可能性。从产业层次看，虚拟经济与实体经济的融合，平台型生态系统商业模式的发展，使得更多的产业边界变得模糊，产业无边界的情况比比皆是。从厂商组织层面看，随着专业分工的日益精细，虚拟化组织大量出现，厂商组织跨越边界成为可能。从知识结构层面看，互联网使信息不对称情况大为好转，能够跨越传统产业的跨界人才和产品经理的出现成为可能。

跨界合作不仅能提高产品对环境的适应能力，延长产品寿命，更重要的是在战略上将竞争关系转化为合作关系，这能为进入市场降低成本。值得注意的是，作为品牌的生存基础，知名度和忠实用户数量无法通过资本投入直接获得，需要机遇和沉淀。跨界合作所创造的价值与涉及知识的复杂程度、跨界跨度成正相关，与过程中产生的新事物的寿命及其环境适应能力、竞争力也成正相关。跨界者用一种开放式创新提供了企业创新商业模式的机会，尽管可能因为产业不同而存在差异。

4. 资源聚合与产品设计

按照资源基础观角度，社群平台实现了挑选资源和聚合资源的功能。所以，作为一种异质性资源，社群平台在互联网时代是极其重要的。很多学者给出了判断资源的价值标准。厂商的资源基础理论认为，组织可以被看作资源的堆积物。资源是一个组织维持竞争优势的主要原动力。它们必须是有价值的、稀少的、不能完全模仿的和难以替代的。有的学者认为，当资源能使厂商在满足需求的同时比竞争对手用更少的成本或者它能够使顾客的需求得到更好的满足时，会被认为是有价值的。同时，如果一种资源能开发出机会或者抵消厂商在环境中遭遇的威胁，就会被认为是有价值的。还有学者认为，如果资源能够让厂商拥有或行使能够提升厂商效率或影响力的战略，那么资源也是有价值的，它不仅具有自身的专属性，同时也是资源交流和聚合的场所。社群平台，一方面使得消费者得到更大的满足，另一方面为厂商提供隔离机制。综上所述，工业经济时代最有价值的是技术和资源，"互联网＋"时代最有价值的就是社群平台。

按照动态能力观视角，社群平台实现了整合资源和利用资源的功能。社群平台能促进产品设计的发展。"产品设计"是资源配置在"互联网＋"中的术语，它是一个创造性、综合性的处理信息过程，通过产品设计，人的需求被具体化且无限趋近理想的形式。厂商是资源的载体和集合体，但是无论厂商多么庞大，资源都是有限的。为了创造新的或更好的产品，企业需要重新分配资源，组合新资源，且用新的方法组合现有资源。当既有产品已经无法支撑厂商发展，如何靠资源的再配置来实现价值创造就是厂商发展的重点。而在社群这个强调个性、突出偏好的平台上，目标顾客的需求和期望能被放大到极致，然后厂商配合 C2B 策略，根据需求提供生产，通过产品设计，使得顾客感知的使用价值最大化，满足顾客需求，从而最大程度实现供需平衡，满足价值创造的需要。

第二节 "互联网＋"时代的财务管理与企业战略创新

商业模式与财务管理战略的关系，归属于业务与财务的关系，显然，与业务对应的是商业模式，与财务对应的是财务管理战略。前方的业务，决定了幕后的财务，所以从理论层面上看，商业模式与财务管理战略之间具有内在的因果关系，具体表现为：商业模式决定投资战略，投资战略在很大程度上决定了筹资战略，筹资战略在一定程度上影响甚至制约投资战略，而投资和筹资战略共同影响经营和分配战略，最终影响企业价值。

一、战略及战略管理的特征

"战略"一词源于希腊语"strategy"，意为军事领域或将军，到中世纪，这个词调整演变为军事术语。我国伟大的军事家孙武在公元前 4 世纪撰写的《孙子兵法》，是一部闪烁着杰出战略思想的不朽巨著。孙武虽然没有明确提出战略一词，但他在《孙子兵法》中泛称的"谋""计""画""策""筹"等，都可以被看成是战略概念的雏形。一代又一代的中外军事家对战略进行了大量的研究。西方近代军事理论家克劳塞维茨在其《战争论》一书中指出："战略是为了实现战争目标，对整体战争计划以及如何在每个战役中分配和应用军事工具、发挥每个人的作用所进行的研究和运用。"毛泽东在《中国战争的战略问题》一书中对战略做过精辟的论述："研究带全局性的战略指导规律，是战略学的任务。研究带有局部性的战略指导规律是战役学和战术学的任务。"我国《辞海》将战略定义为："依据敌对双方军事、政治、经济、地理等因素，照顾战争全局的各方面、各阶段之间的关系，规定军事力量的准备和运用。如武装力量的建设、作战方针和作战指导原则的制定等。"虽然中外军事家对战略的定义不同，但他们都已经将战略成功地运用到军事领域，并将战略视为一种指导战略全局的计划和策略，是一种思维方式和决策过程。

随着人类社会的进步和发展，战略思想和理论被应用到各学科领域、衍生出许多新的专业用语，如政治战略、外交战略、科技战略、教育发展战略、经济发展战略、企业经营战略等。战略的含义得到了极大的外延和拓展，作为一种思维方式和统帅艺术广泛地运用到各个管理领域，并促成许多新学科的出现，企业战略管理就是其中之一。

自20世纪80年代以来，企业战略管理作为一种新的管理思维在企业界得到了广泛的应用，同时，战略管理理论得到了极大的丰富和发展，并形成了相对完善的理论体系。虽然，大多数人都认为战略管理是企业成功的主要因素，但是，人们对"战略""战略管理"的概念和理解仍存在着较大的差异，这些差异不仅反映了战略管理是一个相对年轻的学科，也反映了在企业组织中战略问题的复杂性和多样性。

根据前人睿智的理解，作者提出适用于本章研究目标的定义，从而使本章能够对战略及战略管理有个更完整的画面，为财务管理战略研究范围的界定奠定坚实的理论基础。企业战略管理是指为求得企业长远发展和核心竞争力，根据企业外部环境的变化和内部的资源条件，采用一定的方法和技术，对企业各层次的业务活动所进行的全局性谋划过程。在这个概念的表述中，强调了企业战略管理如下的几个特征。

1. 长远性

企业战略制定的着眼点在于企业未来的生存和发展，只有面向未来，才能保证企业战略的成功。因此，评价战略优劣的一个重要标准就是看其是否有助于实现组织的长期目标和保证长期利益的最大化。这也是战略管理与一般战术或业务计划的显著区别，即战略管理更关注长远利益，而不是关注短期利益。例如，如果一个产品项目尽管在短期内会赚些钱，但长期市场潜力不大，而且无助于提高企业的核心竞争力，从战略管理的角度看，这样的产品或项目就不应该生产或建设。相反，如果一个项目尽管短期内会造成亏损，但从战略管理的角度看，长期市场潜力巨大或呼应技术发展的趋势，只要经营得当，将会获得长期稳定的收益，从战略管理的角度看，该项目就应该实施。因此，战略管理的长远性要求企业根据外部环境和企业内部条件的变化，对有关企业生存的战略问题进行长远规划。

2. 竞争性

市场如战场，制定战略的目的就是要在激烈的市场竞争中与竞争对手抗衡，在与竞争对手争夺市场和资源的竞争中取得优势地位。企业战略管理说到底是一种竞争战略的制定和实施过程，企业制定战略的目的就是满足企业在激烈的市场竞争中形成与竞争对手相抗衡的行动方案的需要，以保证自己能够战胜对手。因此，企业战略管理不同于那些不考虑竞争因素、只是为了改善企业现状、提高管理水平的行动方案的制定和选择，这也是企业战略管理在激烈的市场竞争中产生和发展的原因。

3. 层次性

虽然企业规模、类型及层次结构不同，但进行战略管理的基本层次是相同的。一般来说，对于大中型企业而言，企业战略一般可以划分为以下三个层次：①总体战略或企业战略，主要包括发展战略、稳定战略、紧缩战略等全局性的管理战略，总体战略管理主要是决定企业选择哪些经营业务，进入到哪些领域；②竞争战略，主要研究不同行业经营战略等方面的战略选择与应用，它主要涉及如何在所选定的领域内与对手进行有效的竞争，因此，它所研究的内容是应开发哪些产品或服务，这些产品将提供给哪些市场等；③职能战略，主要包括财务战略、生产战略、研发战略、营销战略等。在实际工作中，不同企业、不同层次战略的侧重点和范围不同，高一层次的战略变动总会波及低层次的战略，而低层次的战略影响范围较小，尤其是职能战略涉及的问题一般都可以在部门范围内加以解决。

4. 全局性

企业战略管理是从企业的全局出发，适应企业长远发展的需要而进行的管理活动。它所规定的是企业总体行动，它所追求的是企业总体效果，它是指导企业一切活动的总谋划。虽然企业战略管理也包含和规定着企业的一些局部活动，但这些局部活动是作为总体活动的有机组成部分在战略管理中出现的。例如，企业的总体发展战略是在一年内成为国内最大的家电企业，那么实现这一目标必然会涉及经营突破口的选择、产品、价格、分销渠道、技术、企业形象、组织设计等多个局部战略管理活动。因此，战略管理的全局性还应注意要妥善处理好局部利益和整体利益的关系。例如，某一产品部门或销售部门设计或销售低质产品的行为，可能会损害公司整体形象，但会增加部门的利益，这时的做法应该是"丢卒保车"。一个高明的统帅和企业家总是能在复杂的条件下把握全局，进而做出正确的战略部署。同时，战略管理的全局性还要求企业战略必须与国家的总体战略和社会经济发展的总目标相一致，要与世界的经济技术发展相一致。

二、财务管理战略的含义及特征

传统的观点认为，财务管理作为企业的一种职能管理，只是企业管理的一个侧面，因此，只具有战术的性质，而不具有战略特征。然而，随着企业组织规模的日益扩大和市场竞争的不断加剧，以及战略管理理论、竞争理论的不断完善和发展，无论从实践上还是理论上，人们越来越清楚地认识到，财务管理并非仅限于"策略"和"战术"层面，它对企业的长远发展有着直接的影响，是企业战略的一个重要组成部分。

由于财务管理战略涉及了企业战略和财务管理两大领域，人们对"企业战略"和"财务管理"这两个术语的解释莫衷一是，任何一个学者要想对"财务战略"下一个能够为大家普遍接受的定义都将是一件非常困难的事。作者采用研究战略及战略管理定义的方法，在吸收和借鉴中外专家、学者不同观点的基础上，力图形成一个较为综合的定义。

国外财务战略方面的著作较少，在企业战略管理的教科书中即使出现"财务战略"一词，也没有对"财务战略"一词给出明确的定义，更缺少系统的研究。自 1985 年迈克尔·波特教授在《企业与竞争战略》一书中大量地运用了经济学术语，为战略文献与财务文献搭建了联结的桥梁后，一些有关财务管理战略的著作和论文相继问世。大卫·艾伦（David Allen）作为财务管理战略研究的先行者，在其 Strategic Financial Management（1991）一书中，认为战略财务管理是管理者为寻求实现其战略目标而设计的一套战略管理系统，从而保证企业财务状况的长期健康发展，并产生利用市场行为准则作为一种内部控制机制的效果。但是在他的著作中，主要强调的是会计战略与财务战略的区别，并未能在更广泛范围内渗透战略管理的思想。约翰·埃利斯（John Ellis）在 Corporate strategy and Financial Analysis 一书中将财务战略分析作为全书的一个重要部分，从会计的角度对利润、现金流量、竞争力等进行了分析。洛德（Lord, Beverley R., 1996）曾指出"战略财务管理"这一术语已经在 20 年前就出现在财务管理的文献中，尽管有许多论文以此为主题，但是很少有明确的定义，很少有实际应用的例子，许多论文中争论的财务管理战略的技术和要素已经出现许多企业的案例之中。然而，这些信息没有以会计数字的形式予以量化，也可能没有被管理人员和会计人员收集整理和使用。相反，收集和使用这些信息的技术正是企业在激烈的市场竞争环境下为获得生存和发展而进行企业经营管理的一个重要部分。

我国财务学者在财务管理战略方面的研究进行了大量有益的尝试，形成了他们对财务战略及财务管理战略的不同定义：阎达五、陆正飞（1996）指出，财务管理战略或称战略财务管理，是指对企业财务战略或战略性财务活动的管理；周朝琦等（2001）指出，财务管理战略是指为谋求企业资本均衡有效的流动，提高资本运营质量和效益，实现企业战略目标，增强企业竞争优势，在分析企业内、外部理财环境因素对资本流动影响的基础上，对企业资本流动进行全局性、长期性和创造性的谋划，并确保其执行的过程。胡国柳（2004）提出财务战略是指在企业战略统筹下，以价值分析为基础，以促使企业资金长期均衡有效发展流转和配置为衡量标准，以维持企业长期盈利能力为目的的战略性思维方式和决策活动。

借鉴他们对财务管理战略的理解，作者认为，财务管理战略是为实现企业战略目标和加强企业竞争优势，运用财务管理战略的分析工具，确认企业的竞争地位，对财务战略的决策与选择、实施与控制、计量与评价等活动进行全局性、长期性和创造性的谋划过程。这个定义具有以下特征：

1. 以财务战略目标为导向

任何一项成功的战略都需要在明确的目标导向下得以实施和完成。如同一个人不知道自己将前往何方就无法起程的基本道理是一样的。财务管理战略目标为企业财务战略的形成确立了方向，定义了企业财务战略的边界，即财务战略应当做什么而不应当做什么。因此，企业财务管理战略目标在整个财务战略系统中处于主导地位。

为企业战略目标服务和获得持续竞争优势的财务管理战略目标指明了

企业财务管理战略的总体发展方向，明确了财务管理战略的具体行为准则，从而可以有效界定财务战略方案选择的边界，排除那些偏离企业发展方向和财务目标的战略选择。将财务管理战略尤其是财务战略形成过程限定在一个合理的框架之内，使财务管理战略能够对企业财务活动的发展目标、方向和道路从总体上做出的一种客观而科学的概括和描述。同时，明确的财务管理战略目标明确了财务管理战略的属性，将其作为企业战略管理的子系统和为实现企业战略目标服务的一个重要工具，它必须服从和服务于企业战略管理的要求，与企业战略管理协调一致，从财务上支持和促进企业战略的实施以致其完成。

2. 以企业竞争力为核心

在经济活动中，企业的竞争力要受到企业财务战略管理的目标、经济资源的使用和分配、各项财务决策的制定和实施等活动的直接影响。经济资源和财务资源只是企业发展的必需之物，但拥有了一定的资源并不能完全保证企业核心能力与核心竞争力。以企业竞争力为核心的财务战略不仅明确了财务战略的直接目标，也为财务战略决策提供了选择标准，为财务战略管理行为提供了行为导向。在财务管理战略中，企业要考虑做什么能提升企业的竞争力，企业能利用哪些资源形成核心能力，如何实现既定资源允许的财务战略，如何利用企业的核心能力创造企业的持续竞争优势。可以说，脱离了企业核心能力的财务战略如同空中楼阁，是不可能实现的。

因此，应识别、构建和利用企业的核心能力，形成竞争对手难以模仿的、满足最终消费者需要的、能够将机会转化为现实的有效资源，具备较高的支配、驾驭这些资源的能力，不断提高财务资源的使用效率与效果，以强大的竞争力作为财务管理战略的坚强后盾。同时，企业的竞争能力也需要科学的财务战略来创造、培育、维持、创新和发展，才能保持企业长久的竞争优势。

3. 将战略成本管理作为提升企业竞争力的主要参数

战略成本管理是财务战略管理研究中无法回避的问题，因为，成本是影响企业竞争力的一个重要因素。面临日益激烈的市场竞争和急剧变化的经营环境，向战略成本管理要效益，向战略成本管理要竞争优势，已成为企业获取和保持持续竞争优势的关键。

在企业战略层次开展的成本管理，实质上就是将成本信息置于战略管理的广泛空间，与影响战略的相关要素结合在一起，从战略的高度，运用战略成本的管理工具，对企业成本进行全面了解、分析、控制与改善，以寻求成本持续改进和获得持续竞争优势的战略成本管理过程。

因此，在企业竞争力为核心的财务管理战略中，战略成本管理成为企业竞争力和财务管理战略的连接点，用战略成本管理理念，及成本动因分析、价值链管理、产品寿命周期成本管理、质量成本管理、作业成本管理等战略成本管理方法，将成为企业寻求成本持续降低、获得持续竞争优势、实现企业财务战略管理目标的现实选择。将战略成本管理问题纳入企业财务管理战略体系，不仅有助于实践，而且还丰富和深化了财务管理战略的内涵。

4. 以财务战略决策的选择、实施与控制、计量与评价为内容

企业财务战略决策的选择，决定着企业财务资源配置的取向和模式，影响着企业理财活动的行为与效率，决定着企业竞争能力的高低。

财务战略的选择、控制和评价是建立在企业保持持续竞争优势这一财务战略本质的基础上。财务战略决策的选择、实施与控制，计量与评价应当从企业全局的角度进行思考，必须符合企业整体战略，并与其他职能战略相适应。可以说，从战略的角度研究企业的财务问题，突出财务管理战略的特征，这是财务战略管理不同于其他各种战略的质的特性，也是企业财务战略良性循环过程。财务管理战略注重整体性，以企业管理的整体目标为最高目标，协调各部门运作，减少内部职能失调，需要通过有序的财

务战略实施过程来实现。

5. 重视企业理财环境因素对财务管理战略的影响

财务管理战略更重视环境因素的影响。财务管理战略的环境分析不是针对"过去"和"现在"，而是面向未来的一种分析；不是仅仅关注于某一特定"时点"的环境特征，更为关心的是这些环境因素的动态变化趋势；不仅具有一般战略管理中的政治、法律、社会文化、经济等宏观环境的综合分析，而且还必须要有对产业、供应商、客户、竞争者、财务状况和财务实力等企业内部因素的微观环境分析。同时，还要处理好环境的多变性与财务战略的相对稳定性之间的关系，从而通过科学的环境分析，为企业制定正确财务战略奠定基础。

从上面的特征中可以看出，财务管理战略作为企业战略管理系统中的一个子系统，表现出一定的独立性，但它也要服从企业战略管理的思想和目标，同时，它也具有一定的综合性，具有企业战略管理的全局性、长期性、竞争性、稳定性等一般特征。企业需要在综合考虑内外部各种影响因素的基础上进行财务战略的制定、实施和控制。财务管理战略具有战略视野，关注企业的未来、长远、整体的发展，重视企业在市场竞争中的地位，它以扩大市场份额、实现长期获利、打造企业核心竞争力为目标。财务管理战略以企业的外部相关情况为管理重心，提供的信息也不仅限于财务主体内部，而是以企业获得竞争优势为目的，把视野扩展到企业外部，密切关注整个市场和竞争对手的动向，包括金融和资本市场动态变化、价格、公共关系、宏观经济政策及发展趋势等情况。提供的信息不仅包括传统财务管理所提供的财务信息，还包括竞争对手的价格、成本等，以及市场需求量、市场占有率、产品质量、销售和服务网络等非财务信息。

三、财务管理战略在企业战略管理中的地位

虽然在企业战略的各个层次中，财务战略不过是其职能战略的一个组

成部分，但由于财务战略本身的特殊性，使其在企业战略管理体系中具有非常重要的特殊地位，它以资金为链条将企业各个战略有机地联系在一起，并以货币的形式表现出来，从而使财务战略成为企业战略体系中不可缺少的一个功能性子战略。财务战略与企业战略之间是整体与部分、主战略与子战略之间的关系。财务战略虽然只是企业战略的一部分，然而，由于资本是决定企业生存发展的最重要的驱动因素之一，财务战略也就往往构成企业战略的中坚。财务管理战略在战略管理系统中的地位如图 5-1 所示。

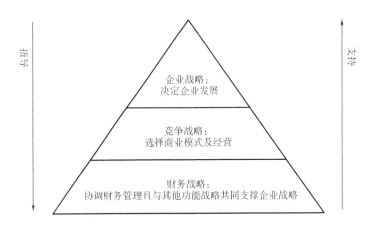

图 5-1　财务管理战略地位

由图 5-1 可见，财务管理战略在企业战略管理系统中处于基础地位，它与生产战略、研发营销战略一起共同构成对企业竞争战略的直接支持系统。同时，财务管理战略又是企业竞争战略的执行战略，它从财务角度对涉及经营的所有财务事项提出切实可行的操作目标，从而使企业竞争更具有针对性。企业的任何活动都离不开企业财务的支持，企业的人、财、物等各种生产要素的获取，都需要财务资源的投入，企业的各种经济资源的投入、运用效率和产出也是由不同的财务指标加以表现和计量的。事实上，任何一个企业都难将企业各层次的不同战略准确地区分为哪些是财务性的战略，哪些是非财务性的战略。例如，企业的筹资活动要取决于企业发展和生产经营的需要，资金的投放和使用是与整个企业的再生产过程密切相关的，即便是股利分配，也不是单一、纯粹的财务问题，它也取决于企业再生产和投资的需要。所以，企业财务活动的实际过程总是与企业活动的其他方面相互联系的。可以说，财务管理战略渗透在企业的全部战略之中，它不是一个简简单单的职能战略，它与其他职能战略之间既有区别又有联系，它与企业战略之间也不是一种简简单单的无条件服从的关系。

同时，由于企业的竞争环境是不断变化的，为保证企业战略的稳定性，就需要根据企业战略竞争环境分析，及时调整财务战略，使财务战略能够在不同时期、不同环境下，始终保持对企业各种竞争战略的直接支持，并借助于竞争战略搭起的企业战略与财务战略的桥梁，使财务战略能够在企业总目标指导下进行正确的决策、选择、实施、控制、计量和评价。

因此，作者认为，财务管理战略是企业战略的基石，是企业战略管理系统中的一个综合性子战略。它不仅为企业战略目标和各种竞争战略的实现提供资金上的保证，与其他职能战略共同支撑起企业战略管理体系的"金字塔"，它还通过资金这条主线以及综合的财务信息将企业各个层次的战略有机地联结在一起，成为协调企业纵向战略、横向战略以及纵横战略之间关系的桥梁和纽带。因此，财务管理战略与企业战略管理之间的关系是一种相互影响、相互印证、相互协调的动态反馈关系，财务战略在企业经营战略中是一种具有从属性、局部性和执行性的战略。一个成功的企业战略必然要有相应的财务战略与之配合，财务管理战略既从属于企业战略管理，又制约和支持着企业战略管理的实现。

四、"互联网+"时代企业战略管理流程和方法创新

"互联网+"时代，传统的企业战略管理理论的假设条件和基础已经发生了重大变化，需要融合互联网带来的社会经济形态的变化，从而使得

企业战略管理的流程和方法发生重大变化，如图5-2所示。

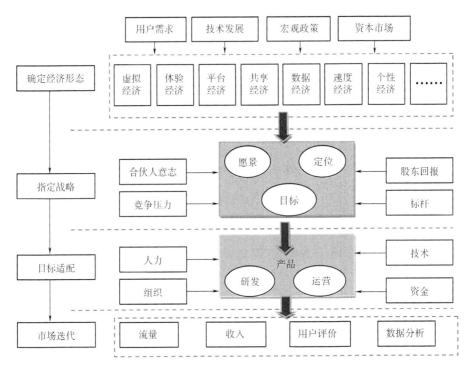

图5-2　企业战略管理流程图

首先，企业需要确定适合自己的经济形态。这往往是多种经济形态的组合，比如门户网站就是虚拟经济和流量经济的组合，而O2O的上门服务一般是体验经济、个性经济和速度经济的组合。而要确定经济形态，需要以企业对所处行业的趋势判断为前提。一旦确定了经济形态，企业的战略愿景、定位和目标就应该是倾尽全力去实现经济形态所应当带来的价值。在这个意义上，企业做的不是产品，作为经济形态的实践者，产品只是载体或形式。只有这样，企业才可以脱离具体产品和行业的约束，能够以更高、更宽的视野进行业务拓展，优化业务布局。比如，腾讯和阿里巴巴基于平台经济分别打造成为社交和电商行业的垄断者之后，继续利用平台的优势不断进入其他业务领域。

其次，根据战略目标制定重点战略举措。产品战略是"互联网＋"时代企业战略的核心，主要回答选择什么产品以及如何研发和运营的问题。这个时候，企业应根据经济形态重新审视哪些是最合适的产品。阿里巴巴选择了数据经济之后，就通过并购不断积累电商、地图、社交、用户上网行为等方面的数据，利用数据再开发新的产品。企业还需要确定合适的人力、组织、技术和资金方面的举措，与产品战略进行匹配。

最后，利用市场迭代对战略举措进行修正。在每周、每个月、每个季度之后，企业根据产品的流量、收入、用户评价以及对运营数据的分析，对产品战略以及相应的保障措施进行调整。

可见，与传统的战略管理相比，基于"互联网＋"的战略管理流程的主要创新点在于：①制定战略的依据是经济形态，而不是内外部环境的 SWOT 分析；②企业战略是实践经济形态并达到特定的目标，战略高于行业和产品；③基于合伙人意志、股东回报、竞争压力或标杆来确定目标，而不是根据行业份额来制定目标；④以产品战略作为战略举措的核心，整合能力和资源去适配目标，而不是让目标服从于能力。

第三节 "互联网＋"时代税收筹划的挑战与战略创新

税收筹划又叫合理避税，源于西方，1935 年英国上议院议员汤姆林爵士在"税务局长诉温斯特大公"案中提出"任何一个人都有权安排自己的事业。如果依据法律所做的某些安排可以少缴税，那就不能强迫他多缴税收。"这一观点得到财税界以及法律界的认同，此后，税收筹划的规范化定义逐步形成，即在法律规定许可的范围内，纳税人通过对经营、筹资、投资等活动中涉税事项的预先安排，以减轻或免除税收负担为主要目标的理财活动。

目前，传统的税收筹划已无法满足多样化、个性化的需求，"互联网＋"

时代，税收筹划可以运用互联网、大数据、云技术挖掘海量数据本身的潜在价值，洞察数据信息间的相关规律，并在此基础上创新税收筹划，构筑智能化、个性化的税收筹划体系，使税收筹划发展进入新阶段，也使企业经营管理者以及社会公共部门通过"互联网＋"税收筹划创造更多的价值。

一、"互联网＋"时代税收筹划面临的主要挑战

"互联网＋"已渗透到税收立法、政策制定、征管规程、信息管税等领域与环节，因此，税收筹划需要适应当前新的市场和规则，具备"互联网＋"的思维方式，以适应"互联网＋"时代对提升税务决策及税收促进社会经济可持续发展的要求。"互联网＋"时代，税收筹划面临的挑战主要体现在以下四个方面。

1. 经营模式的多样化对税收筹划依据产生挑战

"互联网＋"时代，经济发展的多元化和社会分工的细致化使得企业的经营范围越来越广泛复杂，经营方式越来越灵活多样，核算方式逐渐由传统的纸质记录向便捷化、信息电子化和无纸化方向发展，管理模式也突破了原有的框架和既定的运行规则。这些变化在传统税制下出现了模糊地带，因而增加了税收筹划中适用税收政策和规则的风险。

例如网上购物如何纳税，网上购物模式会根据交易对象的不同形成企业之间的 B2B 运营模式（Business to Business）、企业与消费者之间的 B2C 运营模式（Business to Consumer）、消费者之间的 C2C 运营模式（Consumer to Consumer）以及将线下商务与互联网结合在一起，让互联网成为线下交易前台的 O2O 运营模式（Online To Offline）等，此外，很多网购平台突破了单一销售功能，兼有直接销售、买断式销售、销售捆绑无形服务等多种混合方式，很多运营模式使订单和物流都存在难以监控的问题。例如，在"互联网＋"时代电子技术进步基础上发展起来的信息服

务，商家在平台上定期向某方面有需要的特定客户发布特定的商品信息，设计收费策略和信息提供方式，有需要的客户可以查询和购买。这种方式销售的就是各种信息需求，这种服务活动并不在商家与消费者之间实行有形商品交换，但在无形商品流转的同时却有资金流生成。再如数字化的信息商品，在线图书购销、IT软件以及有声图文资料出售之类，此种销售形成的税收是通过"特许权使用费"还是通过"销售收入"或"其他收入"核定纳税，直到目前学术界依然在争议。还有一些新兴的经营模式也超越了传统的商业逻辑，例如，很多公司都习惯了向用户支付高额补贴或返利，以吸引用户使用它们的服务，指望在它们花光钱之前，竞争对手们会先破产，这种高额的补贴或返利大多是以"烧钱"换取市场占有率或增加点击率及访问流量。这些灵活多样的混合销售方式，基本涵盖了资源交换、网络结算、线上销售、物流配送、售前售后服务等，因支付、结算和流转的方式等有所不同，使企业资金流、票据流、服务流与现行税收政策中的标准和要求不匹配，对传统税收筹划中关于经营模式的税务思考产生了观念上的冲击。针对"互联网+"时代的经营模式与现行税收政策的不匹配，如何在遵循现有规则的基础上做出合理正确的抉择，是对税收筹划者目前的一个挑战。

2. 信息传播的灵活化对税收筹划理念产生挑战

"互联网+"时代信息传播的方式、广度、速度，都是过去任何一个时代无法比拟的，移动互联网、大数据、物联网、云技术等的改变推动着财税环境的变革，对税收筹划工作模式、税收筹划质量效率、税收筹划的理念产生极具颠覆性的影响。

传统税收筹划的理念是避免多纳税，实现纳税的最小化。从实际情况看，由于纳税人对行业不了解，虽符合税收优惠条件，但因没有申请而不能享受优惠、由于计算方法的不正确或者对政策的疏忽误解等对于准予扣除的项目，因没有报备，而不得税前扣除，这些情况都导致多纳税。因此,不少企业在税法允许的范围内选择低税负以此实现纳税最小化的理念。从传统观点来看,将追求税负最小化作为税收筹划的目标没有争议也合情合理。然而"互联网＋"时代,生产经营活动中各种因素的相互作用与影响,使得企业运营活动成为相当复杂的过程,企业价值除了税收利益之外,还有非税利益,税收利益与非税利益之间又具有相关性,用数学函数表示为:

$$企业价值(B_e) = 税收利益(B_t) + 非税利益(B_a)$$

若片面强调税收利益,不重视非税利益和企业整体价值,也是只见树木,不见森林,如表5-1所示。

表5-1 税收利益与税收筹划

税收利益	非税利益	企业价值	税收筹划
增加	增加	增加	可行
增加	不变	增加	可行
增加	减少(幅度小于税收利益增加)	增加	可行
增加	减少(幅度等于税收利益增加)	不变	没必要
增加	减少(幅度大于税收利益增加)	减少	不可行

以上可以看出,税收效益不能等同于企业整体效益,税款的减少并不一定意味着企业整体价值的提升,还有可能导致其他相关费用的增加。此外,由于"互联网＋"时代信息传播的范围广、速度快、途径多,企业税收筹划无形中受到社会各界的关注和监督,他们不仅关注税收本身,还会更加广泛地了解和观察企业整体,包括财务状况、经营成果、广告宣传、人力资源、市场策略等判别企业税收筹划的成败。因而,税收筹划的理念不能停留在片面追求税负的减少上,这会给税收筹划的意义大打折扣,互联网＋时代,税收筹划理念应当综合考虑信息传播、时间价值、风险报酬、长短期利益,兼顾各方面的整体效益,实现企业价值最大化。

3. 税收征管的智能化对税收筹划空间产生挑战

传统的税收征管处于企业信息流和业务流的末端，税收管理仅重视事后检查，这种征管方式给事前、事中和事后的税收筹划都提供了可行性，税收筹划人员可利用传统税收征管信息获取滞后性的天然缺陷对经济活动运行的时间、轨迹和呈现的结果进行修正和调整，以此进行税收筹划。

"互联网 +"时代，将传统手工录入渠道采集的数据和通过大数据、物联网等新兴感知技术采集的数据以及第三方共享的信息，有机整合形成税收大数据。运用大数据、云技术在互联网上收集、筛选、捕捉纳税信息，实现了实时税源管理、涉税稽查、调查取证的高度信息化和智能化税收征管，使纳税人的相关信息在税务税收征管系统上有了更多的记载痕迹和沉淀。2016 年国家税务总局在增值税发票新系统中导入商品和服务编码，所有的增值税发票，无论是普通发票还是增值税专用发票，全面纳入网络开具，此系统具有强大的预警功能，根据国税局的大数据系统自动预警，税务机关可以通过发票的轨迹清晰掌握企业的每一笔款项的进进出出。例如，一家销售空调的一般纳税企业，员工从京东商城为孩子购买了一张婴儿床以及一些儿童积木等商品，该企业将 3510 元的增值税专用发票入了账并进行了抵扣。很快，税务部门找到了这家空调销售企业，这张用于抵扣的增值税专用发票被国税局的大数据系统预警查出，原因在于这家销售空调的企业突然购进了儿童玩具，正是因为这个异常现象，这笔业务成为风险监控的目标。随后经过税务机关的实地调查核实，这笔属于个人的福利性支出，不得抵扣增值税。再如，一个硬盘应该对应一台计算机，一个酒瓶就应该对应一瓶酒，企业所有生产的主料、辅料信息都标准化进入了税务机关监控，税务机关利用"互联网 +"时代的大数据系统建立精确的对应变量的投入—产出模型，以此监控纳税人投入、产出信息以及投入产出之间的对应数量关系。如图 5 - 3 所示。

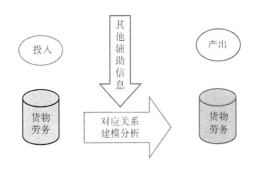

图 5 – 3 "互联网＋"时代，税务机关对纳税企业的全面监控

纳税人投入和产出之间的关系已全面纳入到税务机关的实时监控，在这个大数据下，税务机关的风险模型真正发挥了作用。此外，企业无论是否对外开具发票，只要实现销售，都需要将销售商品或提供劳务的信息录入到系统中，使征管系统实时全面监控整个社会商品和劳务的流向信息，实现"互联网＋"时代税收征管的无缝隙全面智能监管。通过此系统，各地税务机关可以完整地提取企业的开票信息，快速、直接、全面地掌握纳税人的有关生产经营情况，从本质上讲是掌握了企业的购销账本，再通过汇总到国家税务总局，形成全国一体的电子底账库。新增值税发票系统的全覆盖，使整个社会的投入—产出都处在税务机关的实时源头监控下，缩短了事中和事后纳税筹划的空间，使企业经营活动中税收筹划的位置进一步前移。

4. 财税行业的专业化对税收筹划人员产生挑战

以增值税为例，我国增值税基本占到全部税收的 40％ 左右，但却没有专门的增值税法，如果长期处于税收行政法规、税收部门规章的层次，显然难以实现依法征税治税，再加上近年来营改增的政策变动较多，仅 2016 年 5—8 月的 3 个月期间，陆续推行 50 个补充条款，至 2017 年 4 月达到近 100 个补充条款。然而在日常生产经营活动中，由于财税工作人员自身业务素质的局限，对于政策法规以及这些变动等没有快速且全面的理解和认识，对有关税收法规的阐释没有准确把握，虽然主观没有偷税漏税的意愿，但在纳税行为上已经违反了税收法规的操作规定和要求，或者在过去、表面上、局部看来符合规定，而现在、实质上、整体却没有按照现行税收行政法规执行造成偷税漏税的依据和事实，给企业带来很大的隐患和风险。

"互联网＋"时代的税收筹划人员不仅要有全面而扎实的专业知识、丰富的实践经验和背景，而且应具备统筹谋划能力、职业判断能力和沟通协作能力，是具有完善的税收筹划知识、系统认知职业能力、全面分析和解决税收筹划问题的专业人才。可以说，一个优秀的税收筹划人员，不仅能够为企业设计出合法、合理、有效的筹划方案，而且善于沟通与协作，为企业的长远发展以及实现企业整体价值最大化创造有利环境。总体而言，目前我国的企业财税人员及中高层经营管理人员的纳税筹划业务素质还有待进一步提高。

二、"互联网＋"时代税收筹划战略创新

企业税收筹划内嵌于财务管理的范畴，它是一项系统工程，应结合企业战略、财务战略的目标，考虑企业税收筹划的自身特点，运用"互联网＋"时代的大数据、云会计、人工智能等先进技术，将税收筹划定位于战略角度，实现税收筹划由个体信息化向云信息化转型，既能提高对企业进行全生命周期管控的效率，又能提高"互联网＋"时代税收筹划的工作效率。JDJG集团是一家集城市园林景观设计、公园规划、城市广场、商业景观、居住区景观、园林绿化设计、水系生态治理等为一体的规模较大的建筑设计集团，注册资金10 000万元，在国内建筑设计领域中占有重要地位。如图5-4所示为"互联网＋"时代JDJG集团基于财务战略的税收筹划创新框架模型，它既体现了"互联网＋"时代大数据和云会计的技术特征，又考虑了与企业价值有关的全部因素，而不仅仅是税收因素，自下而上包括基础设施层、业务层、数据层、服务层、应用层5个层次。

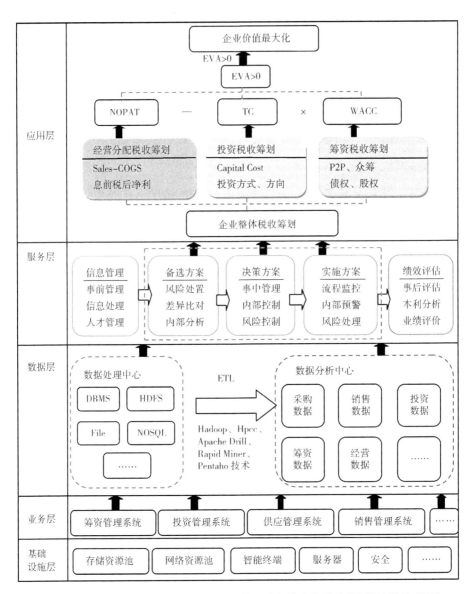

图5-4 "互联网+"时代 JDJG 集团基于财务战略的税收筹划创新框架模型

1. 基础设施层与业务、数据层

基础设施层主要包括软件资源和硬件资源，为企业税收筹划提供环境支撑。存储器、网络资源池、智能终端等资源为税收筹划平台提供存储、网络和运算的基础服务，将存储器、网络资源池、智能终端、服务器、和安全等连接到云端，不仅能为 JDJG 集团的业务层提供筹资管理系统、投资管理系统、供应管理系统、销售管理系统以及分配管理系统等，还可以在云端获得相关行业的数据，为上游的数据层、服务层和应用层收集所需管理控制的相关数据。

数据层通过大数据技术，例如 Hadoop、HPCC、Apache Drill、Rapid Miner、Pentaho 等，利用数据抽取 ETL（Extract 提取、Transform 转换、Load 加载）工具将分布的、异构数据源中的数据如关系数据库、NOSQL、SQL、File、DBMS 等抽取到临时中间层后进行清洗、转换、集成，加载到数据仓库或数据分析中心，成为联机分析处理、数据挖掘的基础。数据分析中心以整个企业的经济业务为起点，形成多维度的采购数据、销售数据、投资数据、筹资数据、经营数据等，为上游的服务层和应用层提供所需管理控制的相关数据。

2. 服务层

服务层对来自数据处理中心和数据分析中心的数据进行信息管理、建立纳税筹划的备选方案、比较差异、评估内部控制风险、选择最佳方案、方案实施和评价绩效。面向应用层的企业整体税收筹划，服务层提供了完备的税收筹划风险管理价值链。

（1）信息管理。信息贯穿税收筹划活动的整个过程，既包括国家税收政策内容信息，也包括企业过去和现在所处的现状环境信息，例如企业的税收筹划意图、企业的财务状况和经营成果、目前的实际税收负担等信息，还包括税收筹划人才管理信息。通过大数据技术和云平台，收集和应用精度高、价值大、实用性强的信息，能够避免税收筹划中不必要的经济损失，是保证税收筹划方案有效实施的关键所在。税收筹划是企业的财务管理活动，税收筹划需要充分了解企业财务管理活动的各个环节以及生产经营活动的特点和现状信息，在熟悉并掌握国家现行税收政策导向的基础上，寻求税务筹划的可操作空间。由于税收筹划是一个动态过程，需要根据税收筹划方案实施过程中反馈的信息随时分析调整筹划方案，及时消除不利因素，确保方案的合法性和有效性。

此外，税收筹划作为高层次的理财活动需要具备高素质的税收筹划人员。JDJG 集团通过"三层两式"的税收筹划人才培养模式，如图 5 – 5 所示，塑造全面完善的税收筹划知识系统认知职业能力，培养出具有全面分析和解决税收筹划问题的专业人才。三层是指三个层次，即基础能力、税收专业能力、全面管理创新能力。两式指传统培训模式和"互联网 + "培训模式。

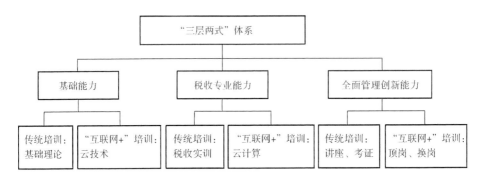

图 5 – 5　"三层两式"税收筹划人才培养体系

第一层次培养基础能力，税收筹划人员必须具备全面而扎实的基础能力和基础知识，不仅要掌握财务、法律和税收政策，还要通晓管理学、经济学、金融学等基本理论和基本知识。只有具备这些基本素质，筹划人员才有可能为企业设计出合理有效的筹划方案并科学组织实施。时代进步带动科技的发展，随着微课、慕课、翻转课堂的迅速兴起，云技术、电子书包也早已深入教育培训领域。在信息技术部的帮助和支持下，JDJG 集团将以上相关知识按照模块并结合集团自身实际案例改编、设计出一套基于企业税收筹划基础能力培养的较系统完整的贾斯珀系列微视频资料。JDJG 集团打破了传统企业的内训，利用云技术创造新的企业文化，促进财务人员及税收筹划人员对相关基础理论和基础知识的消化和吸收，提高学习效率，为企业员工创造了个性化、信息化的学习环境。培训模式的创新，不仅为 JDJG 集团降低了设备配置和维护成本、培训软件服务成本，更能启发和引导税收筹划人员积极广泛思考，树立完整、发散式思维，逐步渗透到不同学科学习研究与实践中，提高税收筹划基础工作能力，也为培养高层次税收筹划人才打下坚实基础。

第二层次培养税收专业能力。JDJG 集团对财务和税收筹划人员进行税收专业技能训练和利用互联网技术的云计算模式训练。首要任务是利用云计算完成针对企业自身的税务会计实训、纳税筹划实训、网络财务实训、财务管理实训、和审计实训等。云计算，是利用现代化信息技术，通过互联网对信息数据进行集中处理、交换、共享，利用云计算完成税收筹划相关实训，不仅可以对实训或模拟数据进行集中存储与计算，打破地域、时间的局限，同时可以创造较稳定和安全的财务及税收环境，提高财务管理工作效率。

第三层次培养全面管理及创新能力。税收筹划作为一项系统的财务管理工程，不仅需要企业与多方面协调配合，更需要税收筹划人员有较强的语言表达、文字沟通、互助协作能力。JDJG 集团除了依照传统，每年聘请资深税务筹划师、注册税务师为财务及税务人员继续教育以外，还引导财税人员参加注册税务师考试、组织财税能力大比拼、挑战杯等大赛，增强财税人员与本集团其他企业、企业各部门之间以及企业与外部政府部门、事务所等的沟通协作，提升应对和处理复杂问题及团队协作的能力。此外 JDJG 集团实行新入职员工的顶岗培训和在职员工的换岗培训，目的增强财税人员的操作能力及全面处理问题的才能，利用在相应岗位中互相探讨、共同合作的方法来推动和全面调动学习积极性和创新能力，将"互联网＋"培训的云技术、云计算方法探究、思考、整理和利用，创建完善的认知系统，真正培养出具有综合分析和解决税收筹划实际问题的全面管理及创新能力的综合素质的专业人才。

税收筹划人才是企业发展的战略性宝贵资源，其数量和质量直接决定了企业能够尽快适应经济发展新常态并形成长期竞争优势。JDJG 集团通过"三层两式"的税收筹划人才培养模式，打破了传统思维，培养出税收筹划"升级版"的实战能力，实现从"财务型"向"战略型"纳税筹划的转型升级。

（2）税收筹划方案的建立、决策与实施。评估备选方案前，进行差异的比对以及风险的处置。评估备选方案时，一般会认为每个方案的预计未来现金流量可以事先确定，但即使利用再先进的技术，也不可能对每个方案的未来现金流量的不确定性进行精确的预知，因而进行税收筹划时应始终保持对筹划风险的警惕性，合理利用有效方法处置备选方案的风险。

方案决策和实施时，JDJG 集团建立了纳税内部控制系统，通过对集团内部生产经营过程中各涉税环节纳税活动的计划、审核、分析和评价，使集团纳税活动处于规范有序的监管控制中，便于及时发现和纠正偏差。此外，可以建立具有危机预知功能和风险控制功能的税收筹划预警系统，当出现引起税收筹划风险的关键因素时，系统发出预警信号提醒税收筹划者关注潜在的隐患并及时采取应对措施；当找到导致风险的根源时，系统引导筹划者制定科学合理的风险控制措施以有效应对税收筹划风险。

（3）绩效评估。税收筹划方案的比对、决策和实施后，JDJG 集团制定了税收筹划分析与评价指标，通过绩效评估系统中成本效益分析、本量利分析、业绩评价等的综合分析与考评，既能对筹划人员形成激励，也有利于集团积累经验和总结教训，并对下一个周期的税收筹划起到很好的铺垫和预测作用，以不断提高集团税收筹划水平。

3. 应用层

应用层位于纳税筹划框架模型的最高层，它需要基础层、业务层、数据层和服务层的基础与支撑，JDJG 集团将整体税收筹划分为筹资税收筹划、投资税收筹划和经营分配税收筹划三个关键环节。在筹资税收筹划环节中，考虑到债权筹资需要定期还本付息，压力负担较重，但是这种借款利息税前支付，利息既起到税收挡板的作用，又能使债权融资的成本降低；此外当投资收益率高于资金成本率时，债权筹资能给集团带来巨大的财务杠杆收益，但还要充分考虑随之增加的财务杠杆风险。对于股权筹资，虽然不用定期还本付息，但股息红利不具有税收挡板的功效，没有抵税功能，加之股权筹资的门槛高以及成本费用高，因而很多企业没有机会也不愿意股权筹资，对于"互联网＋"时代的股权众筹以及P2P融资等新兴的筹资方式却情有独钟。JDJG集团综合考虑债权和股权筹资的优势和弊端，目前筹资比重为28%的债权筹资和72%的股权筹资。投资和经营税收筹划的情况类似，JDJG集团将大约30%的款项投资于流动资产，70%的款项投资于非流动资产；将货币资金、应收款项的占款控制在35%，存货大约占到65%，此外，每月综合分析比较正常与病态资产负债表，如图5-6所示，力求达到3:7的原则和2:8的黄金比率。在JDJG集团，3:7原则适用于"负债：所有者权益""流动资产：非流动资产""货币资金＋应收账款：存货""流动负债：长期负债"四种情况。

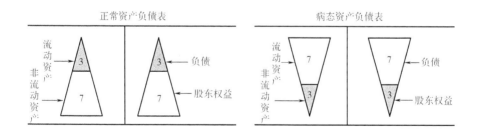

图5-6 正常与病态资产负债表

以固定资产投资购买为例，一般纳税企业的固定资产抵扣政策中规定，2016年5月1日后取得并在会计制度上按固定资产核算的不动产或者2016年5月1日后取得的不动产在建工程，其进项税额应自取得之日起分两年从销项税额中抵扣，第一年抵扣比例为 60%，第二年抵扣比例为 40%。该政策为我国有史以来不动产抵扣最优惠的政策，因此其他企业可以利用优惠政策加大固定资产投资力度，如果固定资产的投资份额达到 80%，更可达到投资的黄金比率，为纳税筹划者提供更多的税收筹划空间。此外，购入固定资产抵扣政策中规定，购进货物和设计服务、建筑服务，用于新建不动产，或者用于改建、扩建、修缮、装饰不动产并增加不动产原值超过 50% 的，其进项税额分两年从销项税额中抵扣。也就是说，作为固定资产后续计量的价值部分，也允许抵扣进项税，如果企业将装修装饰成本增加，例如可在两个月内分别支出40%和40%的装修款，即可抵扣装修款的增值税进项税。

具体到不同类别的企业，由于各自的出发点和侧重点不同，实际运作经营、投资、筹资等税收筹划时还要结合企业具体情况综合考虑成本效益的问题。就像应用层的顶端是衡量税收筹划结果的标准以及实现企业价值最大化的目标一样，JDJG 集团在进行税收筹划的整个过程中，始终保持集团整体的价值创造而筹划，而不仅仅为节约税收成本而筹划。可以说，税收筹划作为企业财务管理的重要组成部分，与企业其他管理活动相辅相成、相互制约，所以，税收筹划方案的构思、设计与选择，应从企业价值最大化的全局出发，综合权衡各种因素与结果，将企业价值最大化作为税收筹划的出发点与终结点，为企业创造更多前瞻性的价值。

"互联网＋"时代的快速深入发展，改变了传统经济运行的模式，也带来对传统税收模式的挑战。税收筹划必须适应经济的新发展，基于"互联网＋"时代的数据共享，依托平台，整合筹划流程，通过财税信息化的高效支撑，调整和改变传统筹划模式，以企业价值最大化的财务战略为目标，谋求企业资金均衡有效流动，通过合理筹划融资安排，完善企业营收资金、投入资金等的筹划，运用战略思维发挥企业资金运作的导向性作用，全面规划企业税收筹划战略，防范企业财务风险。

第四节　"互联网+"时代成本管理战略创新

企业财务管理战略创新除了纳税筹划战略创新以外，还包括成本管理战略创新、财务决策战略创新等，是企业财务管理在实现了量的渐进积累之后，在相关因素的影响和改变下，实现质的飞跃，这种交替演进的过程构成企业财务管理战略创新。竞争机制的升华是企业财务管理战略创新的基础，它把生产与技术、经营与管理等诸多条件同财务管理要素进行重新组合。

一、构建大数据平台，理性开展成本谋划

"互联网+"时代的企业要有大数据思维，构建自己的大数据平台，利用成本行为数据和成本关系数据精准定位成本信息。大数据能够使企业更好地与消费者互动、洞察顾客需求、拓展服务品牌和从事商业创新。移动互联网将产业之间异质性的社会互动向更深层次推进，社会化互联网使企业可以主动发起自身和上下游企业的互动式的成本谋划，从而使基于用户生成的社会互动成为企业的重要决策变量。例如，利用电商平台的交易数据，阿里小贷可以在几分钟之内判断企业的信用，为近百万小微企业发放贷款。2015年年初，阿里巴巴又推出了基于个体消费者的"芝麻信用"，创新资源还是基于数据。大数据成本数据类型繁多，包括结构性成本数据和非结构性成本数据，成本信息采集的范围广，包括财务与非财务、数量与质量、经济与非经济、物质与非物质。成本信息处理速度快，时效性要求高。

成本结构的复杂度是成本上升的源头。企业应立足成本的相关范围和复杂的成本结构，借助大数据成本信息分析，减少或者消除非增值作业。例如，O2O模式将线上资源和线下资源充分整合，提供了消除非增值作业

的商业模式保障。虚拟仿真技术和智能个性定制技术，将使消费者的现场体验更加平滑和流畅，企业只需为消费者提供全程深度、因需求激发而生的智能化支持服务。管理者不应将目光过分地集中在显性成本的控制上，实践证明这种控制往往是一种短视的决策行为，会带来诸多隐性成本的上升，最终得不偿失。例如大幅削减高管工资薪酬会导致高管人员流失，过分削减研发支出会导致企业丧失潜在的核心竞争能力，过分削减营销支出则会让企业逐渐丧失市场竞争力。企业应积极推广精细化管理的责任会计，细化核算单元，专注可控成本。各部门按照"谁主管谁负责"的原则，建立成本控制量化分解体系，形成责任共担、利益共享、相互监督、相互制衡的运行机制，助力企业管理效益的提升。美国麻省理工学院曾以汽车工业为例进行精益生产效果的研究，发现精益生产可以使生产效率提高60%，让废品率降低50%，大大降低成本。战略企业还应将环境成本管理纳入战略成本管理体系，不能将本应由自身承担的环境成本转嫁给整个社会负担，而应评估企业生产对生态环境造成的影响，倡导循环经济和清洁生产，开展绿色成本核算，切实履行社会责任，企业生产负的外部性，追求经济价值和社会价值的协同最大化。

二、秉持互联网的用户思维和跨界思维，基于价值链进行战略成本分析

互联网的用户思维和跨界思维，要求企业在价值链各个环节建立起"以市场为导向、以消费者为中心"的企业文化，采取多样化的方式，深度理解用户，满足客户体验，通过增值服务等方式来提升用户黏性，抢占行业前沿阵地。价值链战略整合能有效降低企业的成本。"互联网＋"时代的竞争不是单兵作战，而是产业链、供应链和价值链的竞争，是对消费者的响应速度以及互动能力的测试和检验。"互联网＋"的社会互动已成为解决企业与消费者之间的信息不对称、消除产业间市场失灵的主要手

段。价值链的功能越来越趋向资源的整合和价值的共创。社会互动影响到价值链的每一个阶段直至最上游新产品的开发。价值链上企业集群的成本的边界以及传统的劳动分工变得越来越模糊，演变为企业、消费者和各种利益相关者的价值共创。

价值链分析不仅包括行业间、企业内部和竞争商家的价值链分析，还涵盖纵向和横向价值的分析，涉及价值转移和价值增值环节、产业内部的相互平行的内在联系。价值活动会影响企业在价值链中的成本相对地位权重。随着移动互联网智能时代的到来，很多产业的边界犬牙交错、融合共生。"产业互联网"更强调通过对生产要素的优化配置、个性化设计与制造、各个产业间的协同提高效率和大规模应用智能设备并共享信息，最大限度地降低对自然资源的损耗、提高产品对用户的价值、增强经济运行的整体效率。通过对行业价值链的分析，实现上、下游价值链的协同增值，站在整个价值链的角度分析成本结构，将行业的成本信息同步到企业的成本数据中心；通过对自身价值链的分析，消除不增值因素，为内部价值链的重构提供决策依据；通过对竞争对手价值链分析，则可以统揽全局，制定企业成本管理的竞争战略。

运用价值链进行战略成本分析，可以提高价值增值的全局可视性，对价值增值的环节可以进行全景式扫描，整合内部生产数据、外部互联网数据和企业上下游数据，拓宽成本管理的空间范围，由企业内部活动延伸到企业整个供应链条，拓宽成本管理的时间范围，从经营管理的层次提升到战略决策层次，利用大数据、云计算和物联网、智能终端技术，革新成本管理的方法和手段，增强"互联网+"时代企业战略管理与成本信息的匹配度，改善企业的商业竞争生态，为企业腾挪出足够的生存空间。

三、贯彻"互联网+"的思维，分析战略成本动因

"互联网+"思维，就是把产品、服务做到极致，超越用户预期。产

品和服务的设计要抓住消费体验的关键点，用"互联网＋"思维创新产品。为此，企业应从成本的起源展开成本动因分析，凭借资源耗费的因果关系进行分析。成本动因即导致成本发生的因素。产品消耗作业，作业消耗资源，作业成为连接产品和资源的纽带。成本动因分析的目的就是通过探索各类不增值作业根源，优化成本动因。战略层次上的成本动因可分为结构性成本动因和执行性成本动因，前者为战略成本管理目标的实现提供组织保证，后者为战略成本管理目标的实现提供效率保证。

实施战略成本管理就应当考虑成本信息与成本管理的相关性，对各环节的成本动因加以分析从而确定管理重心。例如，企业获得的业务优势、捕捉的市场机会、创新的技术工艺和营造的企业文化等都会影响产品成本动因分析，管理者应当充分重视非生产环节的成本动因分析。战略成本动因分析有助于企业战略成本定位，关注企业竞争地位和竞争对手动向的变化，以建立与企业战略匹配的成本战略。

四、借用"互联网＋"的平台思维，建立战略成本管理信息系统

"互联网＋"的平台思维就是开放、共享、共赢的思维。平台模式的精髓，在于打造一个多主体共赢互利的生态圈。"互联网＋"的平台思维落脚到企业战略成本就是建立战略成本管理信息系统。"互联网＋"时代企业战略成本管理急切需要信息系统作支撑平台，战略成本管理的信息化推动着成本共享中心的快速发展，生成面向战略决策的、高价值的成本数据，既是企业的资源力和执行力，也是企业的控制力和决策力，体现了企业的管理智慧。战略成本管理提供的成本信息的覆盖面更广，层次更丰富，准确性更高，及时性更强。战略成本管理需要信息系统作支撑。例如，青岛啤酒在实施战略成本管理过程中与现代信息化技术的发展趋势相结合，建立了以Oracle ARP 为核心的 ERP 信息系统，对公司总体业务的信息化进行规划，实现了公司业务的整合及资源的优化，提高了资源的利用效率，进而节约了

企业的成本，提高了企业的竞争力。成本管理的内部评价和绩效管理机制，可以促进企业成本管理部门和业务部门之间的横向联系和团队协作能力，保持成本战略管理信息系统的稳定性和可靠性，有利于及时反馈成本管理的各项活动绩效，提升绩效目标，提高成本科学管理和规范管理的水平。绩效评价指标体系，应囊括财务能力、客户满意度、成本管理效益和竞争能力等多个层面。

五、聚焦"互联网+"的虚拟思维，树立风险防控意识

"互联网+"的虚拟思维是指企业时刻处在虚拟的空间和环境中，战略成本管理面临极大风险。从企业面临的外部环境层面分析，当前我国经济进入新常态，经济发展面临着速度变化、结构优化、动力升级三大挑战，宏观调控体系呈现区间弹性调控与结构性定向精准调控相结合的特征。由于资本游离于实体经济之外服务虚拟经济，企业的规模扩张和技术创新缺乏资本保障，融资困境没有得到根本扭转。从企业内部层面分析，企业提供的产品和服务与市场需求的对接程度、市场占有率、产品研发设计水平、成本结构的变动、售后服务的满意度存在较大变数等。这些和大数据、云计算、物联网的时代背景相互叠加，企业"互联网+"时代经营环境的不确定性不断加大，企业战略成本管理实施过程中面临风险环境复杂、风险因素众多和风险程度加剧。企业可以提高自身的信用水平，借助互联网金融中众筹融资的方式降低资金成本，解决融资难、融资贵和融资险的难题。还应开展成本抉择关系分析，平衡成本结构、成本与质量、成本与效率、成本与竞争能力、成本与收益之间的关系。

"互联网+"时代企业之间的竞争格局也必然从封闭型趋向开放型并处于日益全球化和智能化的进程之中，"互联网+"时代企业的战略成本管理是管理战略、成本信息和现代技术的结合，是企业全员管理、全程管理、全环节管理和全方位管理，多中心、同步快捷的成本信息采集、处

理、储存和传递方式使全员决策、实时决策成为现实。

当前看企业的战略成本管理有没有潜力，就要看其和"互联网＋"融合程度，就要看互联网思维贯彻的是否彻底，就要看企业的整个生态链是否完善。能够在意识和行动上用"互联网＋"的思维重构战略成本管理的企业，才是真正和最后的赢家。

第五节　"互联网＋"时代财务决策战略创新

财务决策是对财务方案、财务政策进行选择和决定的过程，目的在于确定最为令人满意的财务方案。只有确定了效果好并切实可行的方案，财务活动才能取得好的效益，完成企业价值最大化的财务管理目标，因此财务决策是整个财务管理的核心。财务决策需要有财务决策的基础与前提，对财务预测结果的分析与选择也是一种多标准的综合决策，决定方案取舍的既有货币化、可计量的经济标准，又有非货币化、不可计量的非经济标准，因此决策方案往往是多种因素综合平衡的结果。

一、财务数据与财务决策

海量的数据资源背后是对传统人类行为分析工具的彻底突破，过去的商业决策更多依赖于经验、直觉或小样本调查的统计推论，而"互联网＋"时代的决策更多要依靠全面的数据分析，大数据背景下，消费者各种行为与特点的发展变化更容易被记录、观察、分析和了解。因此，"互联网＋"时代快速满足消费者需求成为企业的核心竞争力。

"互联网＋"时代的大数据将推动来自各个渠道的跨界数据进行整合，促使价值链上的企业相互连接，形成一体。地理上分布各异的企业以消费者需求为中心，组成动态联盟，将研发、生产、运营、仓储、物流、服务等各环节融为一体，协同运作，创造、推送差异化的产品和服务，形成智能化和快速化的反应机制。"互联网 + "时代，企业间通过信息开放与共享、资源优化、分工协作，实现新的价值创造。"互联网 + "时代的到来给企业财务工作带来了新的思路，利用分析工具可以从海量数据中挖掘出有用信息，并以科学的分析预测方式帮助企业规避风险，进行精准的财务管理与决策。云会计结合大数据技术在企业财务领域中的应用，将给企业带来更多的经济价值，提高企业在全球经济一体化下的核心竞争能力。

为了更好地了解大数据的规律，在具体操作层面上，财会人员所面临的挑战是需要将经营指标转换成财务结果指标，抓住最重要的关键绩效指标（如转换率、客户流失率）并在每个月考核这些指标。企业财务决策离不开各种财务数据和非财务数据之间的相关性分析，它需要财务业务数据的有机融合。基于云会计平台，在抽取、转换、加载与企业财务决策相关的各种结构化、半结构化、非结构化类型的财务和非财务数据之后，通过大数据技术，分析数据之间的关联关系并挖掘出数据背后蕴含的巨大价值，可以为实现科学合理的财务决策提供支撑。

二、财务管理决策流程创新

"互联网 + "时代，企业财务管理决策不同于之前的管理与决策方式，这种变化影响着企业对于数据的态度和运用，促进了企业间及企业内部的信息传递与交流。在种类繁多的数据下，企业的决策者和管理者对于决策的能力及效率有所提高进而影响了企业的内部结构以及新形式的学习型组织的构建。同时，"互联网 + "时代大数据的出现，对于企业决策技术提出了更高的标准，影响着企业的销售策略、企业的网络生态建设、企业的商业模式等的转变等。因此，对于财务行业来说，深入挖掘数据，不仅是对数据规律的探索，也是对传统的财务计划和分析缺陷的弥补。从一般意义上讲，传统的财务分析能做的仅是分析财务结果、了解不同产品或业务的盈亏状况，分析的主要对象是相对的数段的数据，但如果财务人员要挑起重任，给决策者提供信息，就必须到前端的数据中去挖掘。决策是企业财务管理的重要职能，贯穿于企业财务管理的各个环节和职能系统中，科学决策是财务管理的核心，而决策的关键是决策的程序和流程。

传统的财务决策流程包括四步，具体内容如图5-7所示。

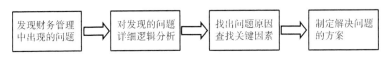

图5-7 传统的财务决策流程

"互联网+"时代，企业财务管理决策的流程将发生根本性变革，基于"互联网+"的财务决策流程包括四步，具体内容如图5-8所示。企业财务决策所依赖的数据源，均可以通过互联网、物联网、移动互联网、社会化网络等多种媒介、借助云会计平台，从企业、工商部门、税务部门、财务部门、银行等财务决策利益相关者中获取；同时，借助大数据处理技术和方法实现对获取数据的规范化处理，并通过数据分析与数据挖掘技术提取企业财务决策相关的政府监管、纳税、会计和审计等信息，然后通过商业智能、可视发现、文本分析和搜索、高级分析等技术服务企业的各种财务决策。

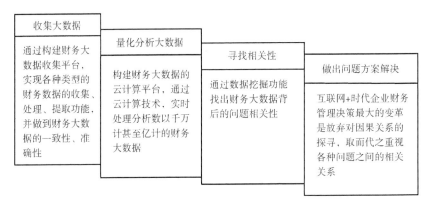

图5-8 基于"互联网+"的财务决策流程

在这种变与不变之中，财务人员需要放眼企业的整体运营，通过财务流程对企业的现金流、资源配置、风险管控、收购兼并等进行管理，利用大数据等工具深度挖掘分析数据、达到前后端数据的完美衔接。要在正确的时间从海量的数据库中提取数据难度较大，财会人员的职责将涵盖管理企业数据库内的所有数据（包括财务数据和非财务数据）、目的是提供高效的数据质量保证，用合理的成本释放企业价值。财会部门需要与企业各部门密切配合，将分散孤立的内部数据进行有效整合，通过制定有效的数据质量控制和报告制度等措施，保证数据符合相关规范以及满足企业自身要求和质量保证标准，从而提高内部数据库的安全性和完善度，提升数据价值。

综上所述，"互联网＋"时代，不断发展的网络技术，大大提高了人们的信息处理能力和利用效率，提高了科技成果向现实生产力转化的速度，给企业参与市场竞争带来了新的机遇与挑战。"互联网＋"时代的信息化和全球化对现代企业财务管理战略的全面创新发挥了极大的推动作用。

第六章
"互联网+"时代财务管理技术与方法的创新

"互联网＋"为企业带来了信息大变革，企业拥有海量的交易数据、运营数据、财务管理数据，以及供应商数据等，在这些数据中隐含着难以计算的信息资源。因此，"互联网＋"时代利用大数据分析对企业发展起到越来越重要的作用，同时对企业财务管理技术与方法的创新也有一定的引导作用。在当前激烈的市场竞争下，企业的财务数据成为企业竞争所掌控的重要资源，"互联网＋"时代的变革，为财务管理技术和方法的创新提供了必要的平台。通过"互联网＋"时代的财务管理技术与方法的创新，可以时时追踪企业的最新状态，为客户量身定做针对性强的个性化方案，实时接收客户对企业的评价，并及时针对企业的问题进行优化改良，使企业在健康的内外部环境下，灵活调配财务资源，使企业在市场竞争中创造更多的机遇，带来更大的商业价值。

第一节　"互联网＋"时代预算管理创新

"互联网＋"时代，企业通过搭建先进的硬件平台，利用云计算的强大分析能力，随时监控企业管理过程的执行情况，及时了解企业的最新状态，找到企业目前的薄弱点，有针对性地制订改进计划，将预算应用于最需要的地方，以调整企业战略部署。

一、全面预算管理创新

1. "互联网+"时代全面预算管理的机遇

"互联网+"时代的信息系统将从企业内部出发，利用集成化、价值化、智能化、网络化的管理，借助信息技术实现跨越企业边界，实现真正意义上的客户、企业内部和供应商之间的供应链管理，充分挖掘企业大环境中每一个经济元素的潜在价值以实现盈利。在"互联网+"的背景下，企业财务预算的制定不能再单纯考虑本企业内部的财务活动，而是要全面考虑网络化环境中各个企业之间的关联协作关系，如材料供应企业、产品生产企业、销售网点企业、产品开发、投资管理、决策制定部门等。只有各部门密切配合，才能制定出真正合理、动态的预算，从而达到制定预算的目的。一个企业预算的制定需要协调整个价值链上各节点企业的财务数据和财务计划，即企业的财务预算是以对各节点、关联企业的财务计划的协调和综合为基础进行的。只有这样，企业做出的预算才更具有实际效用，才能为企业的未来服务，才能为企业决策的制定、计划的实施提供参考依据，使企业朝着规范化、标准化的方向发展。

"互联网+"时代的全面预算管理一方面应该和传统的预算管理模式对接，另一方面又应该凸显其网络的功能与特性：①制定全面预算体系。企业的预算管理单位可以将全面预算体系嵌入到预算管理信息系统中，然后通过互联网下发给各下级部门；对于下级部门来说，通过网络来接受上级下发的体系并增加本部门的内容。②编制预算。在"互联网+"时代，财务人员在编制预算时主要是制定各种预算规则，将规则做出定义并存储在预算管理信息系统中。以后只需要将一些关键数据填入表中，各种计划表中的大部分数据可以根据前期定义的规则自动生成，这样极大地提高了编制预算的效率和准确性。③实时控制。在"互联网＋"时代，利用预算管理信息系统设计了预算体系、编制了各种预算数据，并存放在数据库中。当经济业务（例如某一事件）发生时，该事件实时驱动相应的子系统获取信息，同时驱动预算子系统的控制器接收数据；预算控制器将预算数与实际数进行比较，根据控制方法进行有效、实时的控制。④预算分析。在互联网环境下预算分析是指计算机自动从数据库提取数据，按照分析要求自动生成预算分析结果，如异常分析、预算数与执行数比较分析等。"互联网＋"时代，信息利用的价值挖掘也应更加深入。预算管理信息系统可以建立大数据平台，支持海量数据，为企业高层管理者提供强大的决策分析与风险预警信息服务。基于互联网的全面预算管理信息系统还可以通过收集预算部门数据、信息，制作"预算部门基础信息表"，掌握预算部门的收支等具体情况，进一步做好部门预算数据基础，并在此基础上做出科学的考核依据；通过建立关键指标的科学参数、分析数据变化结构和增减趋势，发现苗头性、倾向性问题，及时预警；通过挖掘信息背后有利于企业增收减支、提高效能的因素，推进企业更科学高效的发展。我们可以看到，互联网技术为企业信息化带来的不仅是基础设施的虚拟化、动态和高效率，更重要的是推动了组织架构和流程的优化、经营模式和理念的转变。

2. "互联网＋"时代全面预算管理遇到的挑战

（1）预算管理得不到足够重视。尽管全面预算管理对于企业管理可以起到相当大的积极作用，但是仍然有些企业管理层不重视预算管理，甚至没有实施预算管理等相关工作。这些企业认为预算管理费时费力，操作烦琐，执行考核形同虚设。他们对于传统的预算管理尚且有如此看法，更不要说引入互联网模式的全面预算管理了。我们认为，要解决这个问题，一方面，要使企业的管理层真正重视预算管理，使他们能够看到实施预算管理带来的企业效益的增加和管理的提升;另一方面,也要使企业的预算管理变成一种易于操作和易于执行的工作,这样才会让企业有动力去实施。这就给企业的全面预算管理软件提供商提出了新的课题,即如何开发简便易用、通用性强并且性价比高的软件。毕竟,大部分企业并不具备自行开发设计全面预算管理信息系统的条件。

(2)企业信息化建设滞后。企业的信息化建设是互联网技术大规模应用的必备条件。目前,一些企业信息化建设还跟不上时代发展的步伐。特别是我国一些中小企业,企业管理信息化程度十分低下。企业的信息化建设是一个人机合一的有层次的系统工程。企业信息化的基础是企业的管理和运行模式,而不是计算机网络技术本身,其中的计算机网络技术仅仅是企业信息化的实现手段。企业信息化的关键是企业中的人员可以充分地将信息化执行下去,没有人员的执行,根本无法谈信息化,所以,企业信息化的基础还是以人为基础的信息化。而企业信息化的重点就是人与信息化软件相结合,才能达到最大的效果。企业信息化建设滞后一定会严重阻碍企业各项功能的正常运转,这其中当然也包括财务管理的各项职能。

(3)缺乏具备相关专业技能的人员。信息化条件下,对企业财务人员的知识结构有了新的要求。财务人员不能只掌握过去所学习的各项专业知识,还必须具备相应的网络和应用软件知识。这些知识就包括更为丰富的计算机操作、数据库、网络等一系列信息技术知识。"互联网+"时代,财务人员既是信息系统的使用者,同时也是系统的维护者。管理信息系统是一个人机系统,人居于主导地位,因此,必须提升相关操作人员的素质,让操作人员具备与管理信息系统相适应的思想观念和熟练的计算机操作技能以及数据库、网络技术及计算机软件设计、操作等一系列新技术和新知识。但是,目前大部分企业的财务人员素质参差不齐,特别是一些资格较老的财务人员,对于网络和计算机知识普遍比较缺乏,这些都为企业实施互联网模式下的全面预算管理带来了一定的难度。

综上所述，2015年开始的"互联网＋"模式为全面预算管理注入了新的活力和创新动力，机遇与挑战并存。"互联网＋"是一场信息革命，其核心不仅仅是技术革命，更重要的是服务理念和服务模式的革命，"互联网＋"所强调的创新、共享、协同和服务正是全面预算管理模式的发展方向。

3. "互联网＋"时代全面预算管理创新

（1）提供可靠数据基础，创新预算管理模式。互联网引发企业商业模式的转变，销售预测也由原来的样本模式转变为全数据模式。随着网络技术的发展，非结构化数据的数量日趋增多，在销售预测中仅根据以往销售数据的统计分析只能反映顾客过去的购买情况，难以准确预测其未来的购买动向，因此，企业如果能将网络上用户的大量评论搜集到数据仓库，再使用数据挖掘技术提取有用信息，就能对下一代产品进行有针对性的改进，也有助于企业做出更具前瞻性的销售预测。

在预算管理方面，"互联网＋"可以为建立在大量历史数据和模型基础上的全面预算的合理编制和适时执行控制，以及超越预算管理提供重要的依据。在实施责任成本财务的企业，成本中心、利润中心和投资中心根据大数据仓库的数据和挖掘技术编制责任预算，确定实际中心数据和相关市场数据，通过实际数据与预算数据的比较，进行各中心的业绩分析与考核。"互联网＋"有助于作业成本管理的优化。由于作业成本法能对成本进行更精确的计算，但其复杂的操作和成本动因的难以确定使得作业成本法一直没有得到很好的普及。"互联网＋"时代数据挖掘技术的回归分析、分类分析等方法能帮助财务人员确定成本动因，区分增值作业和非增值作业，有利于采取措施消除非增值作业，优化企业价值链。

（2）针对差异化市场，实施精准智能预算。"互联网＋"时代，给企业提供了使用数据创造差异化市场的机会。"互联网＋"为更多服务创造了机会，这将提升客户满意度。"互联网＋"使得直接面对客户的企业运用数据细分市场、定位目标客户、实现个性化市场提供成为可能。制造商也能利用从实际产品使用者获得的数据改进下一代产品开发，创造新的售后服务。在制造业，整合研发、供应和制造单位的数据以实现并行生产，能显著减少从产品制造到市场销售的时间，并提高质量。

"互联网+"能使企业创造高度细分的市场，并且通过精确调整产品和服务以满足这些需求。营销部门使用社交媒体信息，能从过去的客户抽样分析转变为全数据集分析，从按人口特征细分市场转变为一对一营销，从基于历史数据的长期趋势预测转变为对突发事件近乎实时的反应。一些日用消费品和服务提供商已开始使用更加成熟的互联网技术，如实时的客户微细分，对企业的促销和广告进行精准定位。企业充斥着由交互网站、在线社区、政府和第三方数据库获取的客户信息，先进的分析工具能实现更快、更有效和更低成本的数据处理，并创造出开发新洞察力的能力。由此，企业通过不断满足客户差异化需求、提供具有前瞻性的服务等手段，建立更加亲密的客户关系。

全面预算是对企业未来一定时期内生产经营活动的计划安排，通常以过去资料为基础制定预算。然而，市场处于不断发展变化过程中，依赖企业自身历史数据构建的全面预算存在着很大的不确定性，最终通常流于形式，不能切实有效地执行。互联网能够帮助企业及时掌控企业目标市场中的用户、产品、价格、成本等信息，辅助企业高效实施全面预算管理，并根据市场变化及时调整预算，真正实现企业的个性化经营，提高对市场风险的应对能力。另外，"互联网+"时代，能让企业多渠道获取信息，实现精准成本核算。成本核算是对企业经营数据进行加工处理的过程，传统的成本核算通常发生在生产过程之后，财务人员将一定时期内生产经营的费用总额进行核算，根据产品生产情况分配费用。借助互联网技术，企业能够从多渠道获取成本数据，根据实际生产数据分析制定生产工艺流程标准及材料用量标准。工资明细、进销存单据和制造费用等结构化和非结构化资料能够在信息系统中实现实时共享，使成本核算更加细致、精确，便于进行更深入的品质成本分析和重点成本分析，实现精准成本核算。

"互联网+"时代，企业根据消费者和企业策略的数据，利用商务智能新技术，开发出各种决策支持系统，从而对市场关键业绩指标进行实时性的监控和预警。移动性、智能终端与社会化互联网使企业可以实时获得消费者和竞争者的市场行为，并做出最快的反应。企业营销活动成败的关键在于是否对顾客价值进行准确的研发和判断，但由于当前顾客需求差异化、竞争行为随机化的程度不断增强，以及行业科技发展变革速率不断加快，企业实现有效预测已经变得越发困难，然而"互联网+"时代的深入，逐渐使精确预测成为可能。"互联网+"时代是一场革命，庞大的数据资源使管理开启量化的进程，而运用数据驱动决策是"互联网+"时代营销决策的重要特点。事实证明，企业运用"互联网+"时代的大数据驱动决策的水平越高，其市场与财务绩效表现越好。可见，"互联网+"时代通过强化数据化洞察力，从海量数据挖掘和分析中窥得市场总体现状与发展趋势，帮助企业提升营销活动的预见性。因此"互联网+"时代，将市场数据与财务及资本市场数据相结合，确立市场业绩和公司财务绩效的相关性和因果关系，对企业安排最优营销投资和策略具有重大现实意义。

二、"互联网+"时代的滚动预算与弹性预算管理创新

借助"互联网+"技术与全面预算管理平台进行行业背景、企业竞争能力、企业隐性资产、产品价值，自身财务状况的评估，以广泛、准确、及时的数据为企业提供智能决策和验证，全面预算管理向前瞻性战略决策转型。对于制定全面预算的方法而言，滚动预算作为动态的预算管理方法，是随着预算期的不断进展，进而不断修改预测的结果以指导最新的决策来达到制定目标的预算方法。由于其编制期限的灵活性，能够规避定期预算的僵化性、不变性和割裂性等缺点，逐步成为预算管理的主要手段。

传统的滚动预算编制应用的方法，都是基于对内部生产经营资料及以前预算期间的市场经营数据进行分析和判断，预测未来报告期的经营数据，这必然导致预算数据的陈旧和保守，同时，仅对内部资料进行分析归纳，做出的预算脱离市场变化决策，反映不出复杂多变的经济形势。而通过"互联网+"时代的技术进行滚动预算编制，分析的基础是海量的市场消费数据，这样可以根据市场对产品和服务的反应，快速对销售和采购进行实时的调整，有效把握市场节奏，树立快速反应的观念。

1. "互联网+"时代的滚动预算及创新

（1）"互联网+"时代提升了滚动预算结果的精准度。编制滚动预算提高整体运营效率，而"互联网+"时代能够更好应对复杂多变的社会经济形势。编制滚动预算目的是动态预测未来运营中市场开拓、资源占用、资金匹配等各要素的处理能力契合问题，通过编制预算加强内部控制管理提升整体高效运行，在具体操作上需要确定公司的经营能力，包括财务能力、市场容量、费用政策、业务结构、现金流量分布，以及资金运用安排及固化资产结构。通过上述数据构成来规划未来各环节的管控，而"互联网+"时代，可以通过对同类行业数据的取得和分析，对比海量消费数据来判断外部市场的变化，有利于及时调整预算数据，纠正运营中的偏差，同时运用互联网进行滚动预算，既可以预测经营中的整体运行效果，又可以有针对性地对市场、成本、人工进行预测，借助外部数据的分析，使经营贴近市场，保证了信息获取的充分性，不会出现因为数据失真导致预算失败的状况。

（2）"互联网+"时代拓展了滚动预算预测的涵盖范围。编制滚动预算时，所制定的时间长度和数据细分程度都是借鉴过去以往时段的经营状况来确定，利用的大多数是内部数据，在时间跨度上更是以年度、季度为单位进行编制。由于传统预算编制方式本身就对数据处理要求复杂，同时在编制中还要假定经营是持续进行的、市场改变是逐步变化的，且业务数量不会瞬间出现极端变化等，而在运营中，各种极端状况都有可能遇到，传统预算剔除了波动情况，导致当经营环境和经济状况出现大幅波动时，预算数据无法跟上市场变化，加上预算时间跨度较大，不能有效纠正预算执行偏差。"互联网＋"时代技术的运用，强化了对外部数据的计算分析能力，使经营者更容易把握市场变化的脉搏，缩短预算期间，有利于全面量化分析经营中的各项指标，并更多地分析外部数据为预算服务。利用"互联网＋"时代的大数据技术可以大大缩短预算期间，也有利于提升运营的风险意识，加强数据处理的重视程度，使管理层更有意愿从市场反应来编制滚动预算，将分析视角外部化。

（3）"互联网＋"时代改变了滚动预算的功能重点。传统预算管理重点包括预测计算和能力管理两个模块，通过预测计算确定未来经营趋势，加强管理和内部控制。在执行中，通过数据分析辅助完成经营发展的目标，在分析中，逐步纠正偏差，以加强逐级逐层的控制管理，这样，可以通过对数项的多维组合进行分析比较，找到管理弱点或匹配缺口，继而进行改善，为接下来的产品效益管理奠定基础。因此，传统预算管理更多的是利用内部企业数据进行处理分析，通过加强内控的方式来提升运营效率。"互联网＋"时代，将大数据分析纳入滚动预算中，在对大数据量化分析时，更容易发现运营流程的标准模式，以整合出更科学的管理手段来提升运营效率，这样使滚动预算的重点转移到战略管理和市场运营管理上，利用互联网强大的数据库和数据处理能力，在提升传统产业效率和降低其成本的同时，推动企业发展，使其具备大数据能力、基础计算存储能力、数据库检索、语义分析、深度学习等，同时了解自身在整个"互联网＋"的生态链中所处的环境和位置，从而有利于经营的准确定位，及时调整运营战略。因此，利用"互联网＋"时代的优势编制滚动预算有利于强化滚动预算的战略地位，形成以市场为主导的营销运算分析模式。"互联网＋"运用到滚动预算中，不仅增加了全面预算管理的弹性，也使得预测的结果更接近市场的真正需求。

2. "互联网＋"时代的弹性预算及创新

（1）弹性预算法的优点与限制分析。预算不仅是控制支出的工具，也是增加企业价值的一种方法，是各部门工作的奋斗目标、协调工具、控制标准、考核依据，在经营管理中发挥着重大作用。在"互联网＋"的环境下，通过改进弹性预算法，克服原有的限制，使预算编制更加准确、有效，预算控制更加精确，预算分析从事后转移为事前，促进企业进行更好的预算管理。弹性预算法又称变动预算法、滑动预算法，是在变动成本法的基础上，以未来不同业务水平为基础编制预算的方法，是固定预算的对称，是指以预算期间可能发生的多种业务量水平为基础，分别确定与之相对应的费用数额而编制的、能适应多种业务量水平的费用预算，以便分别反映在各业务量的情况下所应开支（或取得）的费用（或利润）水平。正是由于这种预算可以随着业务量的变化而反映各该业务量水平下的支出控制数，且具有一定的伸缩性，因而称为"弹性预算"。

相比于其他几种预算方法，弹性预算法有个显著的特点，它是按一系列业务量水平编制的，扩大了预算的适用范围，使预算更加接近企业的真实情况，更好地发挥预算的控制作用，避免了在实际情况发生变化时，对预算作频繁的修改。弹性预算是按成本性态分类列示的，在预算执行中可以计算一定实际业务量的预算成本，且更加准确、有效，便于预算执行的评价和考核，在成本费用的预算中应用比较广泛。理论上弹性预算法适用于所有与业务量有关的预算，但是实务中主要用于编制成本费用预算和利润预算。其原因是成本费用预算较其他预算更便于找到变动成本部分和固定成本部分。要准确找到一个最能代表生产经营活动水平的业务量计量单位，这样预算得出的结果才可能更加接近真实情况。另外，弹性预算法的两种具体方法中，由于实际生产中具体的成本项目的复杂性，此公式模型并不能完全符合未来的情况进而对全面预算的结果造成影响。

（2）"互联网＋"时代的弹性预算法。"互联网＋"时代促进现有弹性预算法改进，能更高效准确地进行预算，打破原有方法的一些限制。

首先，更准确选择业务计量单位。选择业务计量单位是弹性预算基本的工作。在实务中财务管理人员可能会根据经验和企业惯例来选择适合的业务计量单位。例如，以手工操作为主的车间就应选用人工工时；制造单一产品或零件的部门可以选用实物数量；修理部门可选用修理工时等。在实务中计量单位比较复杂且不容易直观判断，如车间中手工操作与机器耗用相差无几、某一车间制造多种产品等。

其次，公式法下公式的拟合度更高，降低了列表法难度。弹性预算的公式法是运用成本性态模型，预测预测期的成本费用数额，并编制成本费用预算，这样所形成预算的准确性不高。"互联网＋"时代，企业可以利用大数据技术，在成本性态分析的基础上拟合出更好的成本曲线，而不仅仅是对成本性态的分析，更是对已有的海量数据的价值的发掘。在海量数据中提取出需要的业务及它们对应的成本额，用计算机技术把这些数据点描绘在一个坐标图上，作为预算的公式所用。列表法是在预计的业务量范围内将此业务分为若干个水平，然后按不同的业务量水平编制预算。列表法虽可以不必经过计算即可找到与业务量相近的预算成本，但在评价和考核实际成本时往往需要使用插补法来计算实际业务量的预算成本，比较麻烦。大数据技术拟合出的曲线能进行很好的预算，降低了列表法的难度。

最后，加大预算范围。理论上弹性预算法适用于所有与业务量有关的预算。但是实务中主要用于编制成本费用预算和利润预算，即使有些预算如销售预算等，不便于利用成本性态模型分析的预算，可用"互联网＋"时代的大数据技术获取以前年度的相关数据建模分析，得出所要的预算，以此来扩大预算的范围。这样可以使预算更加完整，以实现企业的总目标，减少因各级各部门职责不同而出现的相互冲突的现象。

第二节 "互联网+"时代筹资活动创新

筹资是指企业从自身生产经营现状及资金运用情况出发，根据企业未来经营与发展策略的需要，通过一定的渠道和方式，利用内部积累或一定的渠道和方式，向企业的投资者及债权人筹集生产经营所需资金的一种经营活动。资金是企业的血液，是企业机体正常运转的保障，从严格意义上讲，企业的破产本质上就是资金链断裂。而筹资活动是企业经营活动中获得持续资金流的过程，评价筹资活动的最重要指标是资金成本率。互联网+时代，企业的筹资活动在筹资的观念、筹资的方式、筹资的渠道等方面均发生了变化，这就要求企业充分利用"互联网+"提供的优势进行筹资决策，实现低成本筹集适度发展资金。

一、创新筹资观念——由单纯"筹资"转向注重"筹知"

"互联网+"时代，知识和掌握知识的人力资源将比资本和土地等有形资源为企业创造更大价值，企业要想保持活力以及恰当地应对环境变化，"人"无疑是基础。人之所以重要，是因为其具有学习知识、将知识转换为现实生产力的主观能动性。实践表明一个企业能否持续发展，关键在于其是否拥有和掌握了新知识和新技术，进而形成其核心竞争力。因此，在企业筹资活动中，所筹集的资本，应当既包括财务资本，又包括知识资本，并尽可能多地从外部吸收知识资本，用以改善企业的软环境，同时还应有开发和培育知识资本的意识。这需要创新财务理念，在"以人为本"基础上，形成劳动者权益财务，将拥有创新知识的专业化人才以知识资本作价入股公司，形成所有者权益，将个人的报酬与企业业绩紧密联系起来，形成长效激励机制，激发人才为企业发展献计献策，实现企业价值最大化的财务管理目标；企业也可以以自己的科技实力与其他公司联合，取得充足的资金，研发实现单个企业无法进行的项目。此外，企业还可以利用无形资产进行资本运营来扩大企业规模，包括特许加盟、无形资产抵押贷款筹集资金。

二、拓展筹资工具——利用金融创新产品

"互联网＋"时代，动态多变的环境使得企业的经营具有高风险的特征，为了能在该环境中健康成长，企业应改变其传统的筹资方式，选择那些能既易被投资者接受、又能分散风险的方式。传统单一的筹资方式缺陷明显：商业贷款的苛刻条件，尤其是银行为满足安全性和流动性要求，更多采用抵押贷款，结果是贷款资金在整个资金来源中所占比重有下降趋势，对于高风险的中小企业，甚至基本上无法获得贷款；在股票筹资中，投资者倾向于有累积股利的可转换优先股；可转换债券的负债和权益筹资的混合属性为投筹资双方带来的灵活性，使其成为债券筹资的创新品种；由商业信用支撑的商业票据受制于工商企业自身的财务状况，其运用将越来越少。

为迎合广大投资大众和企业筹资活动的需要，金融机构会越来越多地推出各种类型的金融创新品种，也成为企业筹资的新方式。目前，由基础金融工具和衍生金融工具所形成的金融产品数不胜数，因为有关合同一项条款的变动就会形成新的金融产品，常见的有期货、期权、货币互换，复杂一点的有房地产抵押贷款债券、债务抵押债券和信用违约掉期等。随着网络银行的普及，其方便、快捷的服务，将企业与金融机构紧密地联系起来，增加筹资工具，可以更灵活地选择筹资方式。

三、拓宽筹资渠道——筹资活动走向国际化

"互联网＋"时代，网络技术渗透到经济活动的每个角落，发达的金融网络设施、金融机构的网络服务，使得网上筹资成为可能。遍布全球的

网络已将国际金融市场连接起来，一天二十四小时都可以进行交易，已实现了金融交易全球一体化，北美市场、欧洲市场和亚洲市场具有很强的联动效应，各自很难独立兴衰。由此，企业在筹资选择时，所面对的也将是一个全球化的国际市场，各大证券交易所奔赴全球争取客户即是证明。"筹资空间"扩展、"网上银行"开通以及"电子货币"使用，为资本国际流动插上了翅膀，加快了资本在国际的流动速度，但是同时加大了筹资风险。在国际化市场中筹资，由于涉及货币兑换，企业必须关注汇率、利率波动，最好能利用套期工具锁定筹资风险。具体来说，企业在的筹资中，同时要学会运用货币互换、远期外汇合约交易、期权交易等创新型的金融工具及衍生工具控制相关风险。

四、开发大数据——筹资方式集群创新

"互联网+"时代的筹资，其数量和质量成为企业首先要关注的两个基本因素，也是最重要的方面。企业在保证资金量充足的同时，也要保证资金来源的稳定和持续，同时尽可能地降低资金筹集的成本。这一环节降低筹资成本和控制筹资风险成为主要任务。根据总的企业发展战略，合理拓展筹资渠道、提供最佳的资金进行资源配置、综合计算筹资方式的最佳搭配组合是这一战略的终极目标。随着"互联网+"时代的深入，企业的财务资源配置都倾向于"轻资产模式"。轻资产模式的主要特征有：大幅度减少固定资产和存货方面的财务投资，以内源筹资或OPM（用供应商的资金经营获利）为主，很少依赖银行贷款等间接筹资，奉行无股利或低股利分红，时常保持较充裕的现金储备。轻资产模式使企业的财务筹资逐步实现"去杠杆化生存"，逐渐摆脱商业银行总是基于"重资产"的财务报表与抵押资产的信贷审核方法。在"互联网+"经营的时代，由于企业经营透明度的不断提高，按照传统财务理论强调适当提高财务杠杆以增加股东价值的财务思维越来越不合时宜。另外，传统财务管理割裂了企业内筹

资、投资、业务经营等活动或者说企业筹资的目的仅是满足企业投资与业务经营的需要，控制财务结构的风险也是局限于资本结构本身来思考。"互联网＋"时代使得企业的筹资与业务经营全面整合，业务经营本身就隐含着财务筹资。大数据与金融行业的结合产生了互联网金融这一产业，从中小企业角度而言，其匹配资金供需效率要远远高于传统金融机构。以阿里金融为例，阿里客户的信用状况、产品质量、投诉情况等数据都在阿里系统中，阿里金融根据阿里平台的大数据与云计算，可以对客户进行风险评级以及违约概率的计算，为优质的小微客户提供信贷服务。

集群供应网络是指各种资源供应链为满足相应主体运行而形成的相互交错、错综复杂的集群网络结构。随着供应链内部技术扩散和运营模式被复制，各条供应链相对独立的局面被打破，供应链为吸收资金、技术、信息以确保市场地位，将在特定产业领域、地理上与相互联系的行为主体（主要是金融机构、政府、研究机构、中介机构等）建立的一种稳定、正式或非正式的协作关系。集群供应网络筹资就是基于集群供应网络关系，多主体建立集团或联盟，合力解决筹资难问题的一种筹资创新模式。其主要方式有集合债券、集群担保筹资、团体贷款和股权联结等，这些方式的资金主要来源于企业外部。大数据可以有效地为风险评估、风险监控等提供信息支持，同时通过海量的物流、商流、信息流、资金流数据挖掘分析，人们能够成功找到大量筹资互补匹配单位，通过供应链金融、担保、互保等方式重新进行信用分配，并产生信用增级，从而降低了筹资风险。

从本质上讲大数据与集群筹资为筹资企业提供了信用附加，该过程是将集群内非正式（无合约约束）或正式（有合约约束）资本转化为商业信用，然后进一步转化成银行信用甚至国家信用的过程。大数据中蕴含的海量软信息颠覆了金融行业赖以生存的信息不对称格局，传统金融发展格局很可能被颠覆。如英国一家叫 Wonga 的商务网站就利用海量的数据挖掘算法来做信贷。它运用社交媒体和其他网络工具大量挖掘客户碎片信息，然后关联、交叉信用分析，预测违约风险，将外部协同环境有效地转化成为金融资本。在国内，阿里巴巴的创新则是颠覆性的。它将大数据充分利用于小微企业和创业者的金融服务上，依托淘宝、天猫平台汇集的商流、信息流、资金流等一手信息开展征信，而不再依靠传统客户经理搜寻各种第三方资料所做的转述性评审，实现的是一种场景性评审。阿里巴巴运用互联网化、批量化、海量化的大数据来做金融服务，颠覆了传统金融以资金为核心的经营模式，且在效率、真实性、参考价值方面比传统金融机构更高。大数据主要是为征信及贷后监控提供了一种有效的解决途径，使原来信用可得性差的高效益业务（如高科技小微贷）的征信成本及效率发生了重大变化。但是，金融业作为高度成熟且高风险的行业，有限的成本及效率变化似乎还不足以取得上述颠覆性的成绩。

传统一对一的筹资受企业内部资本的约束，企业虽然有着大量外部协同资本，但由于外部人的信息不对称关系，这部分资本无法被识别而被忽略，导致了如科技型中小企业的筹资难等问题。通过大数据的"在线"及"动态监测"，企业处于集群供应网络中的大量协同环境资本将可识别，可以有效地监测并转化成企业金融资本。阿里巴巴、全球网等金融创新正在基于一种集群协同环境的大数据金融资本挖掘与识别的过程，这实际上是构建了一种全新的集群筹资创新格局。集群式企业关系是企业资本高效运作的体现，大数据发展下的集群筹资创新让群内企业有了更丰富的金融资源保障，并继续激发产业集群强大的生命力和活力，这是一种独特的金融资本协同创新环境。根据大数据来源与使用过程，大数据发展下集群筹资可以总结为三种基本模式，分别是"自组织型"大数据集群筹资模式、"链主约束型"的大数据集群筹资模式，以及"多核协作型"的大数据集群筹资模式。阿里巴巴、Lending Club 代表的是"自组织型"模式；平安银行大力发展的大数据"供应链金融"体现的是"链主约束"模式；而由众多金融机构相互外包的开放式征信的"全球网"，正好是"多核协作型"模式的代表。

五、利用"互联网+"降低资金成本

企业资金成本包括资金筹集费用和资金使用费。在"互联网+"时代，企业应充分利用网络优势降低这两部分费用，从而降低企业资金成本。

一般而言，资金筹集费用又可大致分为直接成本和间接成本。人们往往关注从财务角度能够直接计量的成本，直接成本，如证券的制版、印刷、中介鉴证、发行承销等支出上；而对于企业在筹资前期花费在方式选择、与有关方谈判及其他间接成本考虑不够。实际上，该部分也是资本成本的组成部分，在我国重人际关系的传统文化中，该部分成本有可能还占相当比重，其高低直接决定企业资金成本。"互联网+"提供的信息平台，为资金供求双方提供了交互式查询渠道，资金供求双方通过网上查询，寻找合意的合作伙伴，并通过网络实时沟通部分细节，甚至可以完成整个的谈判过程，由此形成的筹资业务，显而易见地节约了筹资费用。同时，网络也便利了资金供需双方直接交涉，省去了中间环节，减少发生信息扭曲的机会；电子货币通过网络银行能够实现货币资金的不受时间限制地、无纸化流动，提高资金使用效率，这些便利条件大大减少了资金筹集费中的中介费、差旅费、印刷费等。

"互联网+"时代打破了地区界限，拓展了企业筹资空间，为企业选择资金供应方大开方便之门，从而有利于降低企业的资金成本。在传统筹资环境中，企业受高信息搜集成本、沟通不及时等因素所限，筹资呈现出本土化特征，本地资金提供方处于某种程度的垄断地位，资金使用成本自然偏高。在"互联网+"时代，企业通过网络可以便捷地获得全国、甚至全球范围内资金供应信息，自愿选择资金供应方，只要国家政策允许，企业可以向任何地区的资金供应方进行筹资，这一变革，实际上打破了传统模式中资金供应方的地区垄断地位，形成有竞争的资金供应市场，由于竞争的加剧，资金使用费势呈下降的趋势，这使企业有更多的机会获取低成本的资金。

DPO（Direct Public Offering）在 1994 年最先出现于美国，当年 28 家小企业通过发行股票上市交易筹集资金（我国首批也是 28 家）。就是通过互联网直接公开发行，即发行股票的公司不通过承销商、投资银行，而通过互联网，在网上发布上市公司信息、传送发行文件。不像那样有要求严格的注册程序和信息披露要求，充分利用网络提供的跨空间优势，把上市公司与投资者联系起来，节约了筹资成本。

第三节 "互联网+"时代投资活动创新

企业在正常生产经营活动之外，可能为了有效地利用暂时闲置的资金，以获得一定的经济利益；或者为了影响或控制其他企业的经营与财务政策，以保障本企业正常经营业务的顺利进行和经营规模的扩大；或者为了积累整笔巨额资金，为满足一企业未来某些特定用途作准备等，而将现金、实物资产或无形资产让渡给其他单位，而获得股票、债券、基金、投资性房地产、固定资产等，从而形成企业的各种投资。投资活动是企业实现社会总财富增加的源泉，当然，投资要实实在在地为企业、社会创造价值，其选择的投资项目获得的收益除弥补成本之外还要有净收益，这就要求在众多投资项目中选择，用经济学语言来说，就是通过投资决策将稀缺的资源配置到合适的资产。企业可以选择的投资项目有建立厂房、机器设备的购置、改建、扩建等决策，还可以是购买股票、债券和以合营方式向其他单位投资等决策。

按照不同的标准，投资有各种不同的分类方法。下面仅介绍按投资的性质进行分类，即将其分为实业投资、证券投资和产权投资三类。实业投资是指将资本投放于特定的经营项目上，以形成相应的生产能力，直接从事产品生产或劳务提供，是一种直接投资。证券投资是指将资本投放于各种债券、股票、基金等有价证券，以获取收益，通过证券载体进行的一种间接投资。产权投资是指以产权为对象的投资，从形成方式来说，既可以是通过实物投入，也可以通过资本市场购入股票实现。

在"互联网＋"时代，企业在实施上述三方面的投资活动时可以考虑如下创新尝试。

一、充分利用"互联网＋"的优势，提高实业投资收益

首先，要善于洞悉投资机会。在动态的经济环境中，投资机会稍纵即逝，而对机会的把握有赖于企业对自身优势以及外部环境的准确分析，企业可以通过 SWOT① 进行。机会与企业内外部环境的变化密切相关，变化之中往往孕育着巨大的投资机会。人类社会的发展就是一个持续变化的过程，没有变化就没有发展。而人类社会加速发展的趋势意味着变化的加速，不可思议的瞬息万变已逐步成为现实。在这一背景下，把握投资机会的前提是对瞬息万变的企业内外部环境的把握，从看似无序的变化中预测发展趋势，寻找投资机会。对于传统环境下的企业来说，这简直是不可想象的，只有极少数的企业有充足的人力、物力及财力来建立信息机构搜集来自世界各地的相关信息并进行加工处理，以从中发掘投资机会，但是这样的代价是巨大的，实现这样的信息搜集与分析无论是在效率方面还是在效益方面都难尽如人意，即使兴起的专业信息公司，由于其中介性，难以实现与实体企业的需求无缝链接，而作用有限。"互联网＋"时代，互联网可以将全球各地的海量信息传输于网络终端，极大地提升了企业挖掘投资机会的能力，并且成本低廉。

其次，利用"互联网＋"的平台，搞好投资项目管理。在"互联网＋"时代，全球经济一体化的进程大大加快，企业跨地区、跨国投资活动迅

---

① SWOT 是确定企业本身的竞争优势（Strength）、竞争劣势（Weakness）、机会（Opportunity）和威胁（Threat）的分析方法，从而将公司的战略与公司内部资源、外部环境有机结合。

猛增长，这就提出跨国管理的问题。与本地区或较近区域范围的投资管理相比，跨地区、跨国投资活动中的投资管理有其独特、复杂之处。由于地域范围的扩大，在传统管理模式下，企业管理层要想了解投资项目中的详细信息，如货币资金使用、存货周转、应收账款收回以及企业行政管理等方面，与本地投资项目相比，就要困难很多。虽然在互联网出现之前，企业管理中各种通信技术的运用在一定程度上能够实现远程管理，但是这些通信技术支持的投资管理存在时滞问题以及高成本的问题。相比较而言，"互联网＋"时代的技术是一种更先进的通信技术，将其运用于企业管理之中可以实现实时远程监控，既有文字、数字信息还有影像信息，这为缩短监控时滞、提高监控效率都提供了技术上的保障。这一技术的保障一方面能够提高企业跨地区、跨国投资项目管理质量，另一方面，由于这一技术的运用，企业为管理同一投资项目所需花费的人力和财力都大大减少，这样，企业就可以有更多的时间和精力来实施其他投资项目，这会促进企业增加对外投资量，在保证投资管理质量的前提下，追加投资数量。

二、优化产权结构

企业进行产权投资的目的在于取得被投资企业的控制权或部分产权。传统经济形式下产权投资以实业投资要素的部分或整体集合为投资要素，兼并、收购、参股、控股等是其主要的股权投资形式。在"互联网＋"时代，企业进行产权投资应注意以下新变化，把握投资机会。

1. 组建"虚拟企业"优化产权结构

在传统的经济环境下，企业通常采用纵向一体化的方式保证企业与其存货供应商、分销商之间的稳定合作关系。纵向一体化通过企业投资自建、投资控股或兼并等方式来控制对向其提供原料、半成品或零部件的企业及分销商，即以"产权"控制为纽带来稳定核心企业与其供应商及分销商之间的合作关系。应当说，在市场环境相对稳定的情况下，这种纵向一体化有助于强化核心企业对原材料供应、产品制造、分销及销售的全过程控制，使企业在激烈的竞争中处于主动地位。但是，随着"互联网＋"时代的到来，企业的经营环境发生了巨大变化，突出表现是企业所面对的是一个瞬息万变的买方市场，在此背景下，企业对未来的预测越来越不准确。与此相应，企业要想保持其在市场竞争中的主动地位，就必须具有能够对市场中出现的各种情况做出快速反应的能力，而以往的纵向一体化的模式显然难以实现这一目标。因为在以产权为纽带模式下，核心企业与其供应商及分销商之间形成的是一种非常稳固的长期关系，而稳固的关系是建立在为把握以往的经验市场机会基础上的。当这种市场机会不复存在时，或者企业因需要适应新的市场需求而另起炉灶时，解除这种稳定关系绝非易事。基于此，组建虚拟企业成为网络经济环境下企业的必然选择。"虚拟企业"是企业适应市场需求，放弃过去那种从设计到制造，甚至包括销售都由自己一体来实现的经营模式，而在全球范围内寻找适当的供应商及分销商，通过与它们建立伙伴关系而结成利益共同体，形成战略联盟，是一种松散的暂时性合作组织，在相关的市场机会消失时就解除，这样组织成本比纵向一体化的运作要低得多。而互联网、大数据为企业寻找合作伙伴提供了广阔空间，因此，组建"虚拟企业"是网络经济时代产权投资的重要形式。

2. 无形资产在产权投资要素中的比重提高

无形资产的巨大潜力使其在网络经济中发挥着重要作用，企业接受的投资也出现无形化的趋势。知识已经转化成资本，成为企业生产和再生产过程中不可或缺的要素。企业在进行产权投资时，运用知识产权等无形资产形式将越来越普遍，从而在整个产权总量中，无形资产所占比重呈上升趋势，这就提出了加强无形资产投资管理的问题。目前，新成立的一些企业，给具有技术特长、开拓创新能力强的人员一定比例的技术股，因这些人的知识技能、潜能会给企业未来带来经济利益的流入。

3. 交叉持股，形成紧密的资金联合体

现代经济是建立在分工基础上的，经济越发展，分工越细化。为了获得最大效益，企业与个人均在其具有比较优势的领域从事经营活动。"互联网+"时代，企业之间、人与人之间便捷的沟通为分工与合作提供更大的发展空间。这也促使企业及个人寻找自身优势即核心能力，从而在经营中取得比较优势。针对某一企业而言，在确定自己的核心能力之后，就应当发挥其核心能力去从事相应的经营活动，对于其他业务则交由其他企业去完成。在这种思路下，企业的分工合作关系将被赋予新的内涵，形成分工合作关系，即企业之间的战略联盟或伙伴关系。企业的产权投资活动也将围绕这一中心展开，而要实现这种战略联盟或伙伴关系，签订协议是一种方式，而交叉持股既是一种传统的模式，也是一种各方相互牵制的重要方式。

三、进行证券和基金投资

"互联网+"的发展将全球金融市场连接起来，为投资者提供实时信息查询、实时交易的渠道，促进了证券和基金市场的发展，也为企业的闲置资金提供用武之地。

1. 投资品种丰富

网络平台加上金融工程为投资者创造了丰富多样的金融产品，从而企业在从事闲置资金管理时有了更大的选择空间。投资品种的丰富，一方面可以使企业通过选择证券和基金投资组合分散投资风险，另一方面也使企业的投资活动日趋复杂，需要谨慎管理。

2. 投资的区域范围扩大

在全球经济一体化的背景下，为企业筹资及投资者服务的资本市场亦呈现出国际化的趋势。目前，发达国家的主要交易所都已经发展成为国际性的交易所，吸引国外公司上市。与此同时，越来越多的企业选择海外市场作为筹集资金的对象，越来越多的投资者参与国外投资。"互联网+"

时代，市场的国际化步伐进一步加快。一方面，国际互联网的普及使投资者能够便利地查询世界各地上市公司的财务状况、经营状况等信息，还能了解各国的宏观经济政策及其他影响证券和基金市场的因素；另一方面，互联网技术在证券和基金交易中的运用，使得投资者在家里就能投资于其他国家和地区。

3. 网上业务优于传统业务模式

"互联网+"时代的发展不仅使证券和基金市场具有新的特征，同时，它也运用网络，开展网上交易的新证券业务模式，从而改变了企业证券投资形式。网上证券业务是以互联网为交易平台，在互联网上就能实现从开户、委托、支付、交割到最终清算等的整个证券交易过程，投资者还能在线获得与证券交易有关的资讯服务，例如腾讯财付通与多家金融机构合作为投资者提供的微信和QQ理财通，就是"互联网+"时代方便快捷的网上投资模式，既有货币基金、指数基金，也有证券业务和保险理财，相对于传统的证券业务模式，网上投资业务的优势有以下四方面：

（1）成本低廉。在传统投资业务模式下，经纪商作为交易中介，其在经营证券等业务的过程中将发生人工成本、场地成本、水电费等许多费用，而这些费用在网上证券业务模式下，由于人员的减少、场地占用小等，就会大大下降。在竞争激烈的市场中，由经纪商成本下降所带来的收益将由经纪商和投资者分享，这体现为与传统证券业务模式相比较的成本优势，这一优势也是促使投资者积极采用网上交易的重要动力。

（2）便利程度高。投资者无论身处何时何地，只要能通过计算机或手机终端连接互联网，就可以非常便捷地通过互联网获取相关信息，做出证券或基金买卖决策，并通过移动互联终端操作实施，其便利程度的提高是网上投资业务迅速发展的重要原因之一。

（3）投资交易相关资讯服务全面、快捷。对于投资者来说，科学合理投资的前提是拥有据以分析进而做出决策的相关信息。网上业务的开通，投资者可以通过移动终端随时获取即时资讯以及相关机构的分析报告，这些信息的获取在很大程度上为投资者的投资决策提供依据。与传统投资业务模式相比，资讯优势也是网上业务对投资者具有极大吸引力的一个方面。

（4）个性化的投资咨询与服务。上市公司、基金公司、证券公司、证券交易所以及监管部门都可以通过开设网站，提供投资咨询与服务业务，提供软件，让投资者根据其风险的偏好、期望的投资报酬率等，结合其资金量，为其量身推荐投资组合，实现投资者的增值目标；甚至可以通过网上交互平台，实施适时互动沟通，在网上为投资者提供投资服务。这也是网上业务比传统证券业务模式有优势的重要方面。

对"互联网+"时代的企业证券或基金投资者来说，上述网上业务的优势，无疑是很有吸引力的。随着网上业务服务内容的增加以及服务质量的提高，关键是网络安全性程度的保障下，网上交易方式必将成为许多企业进行投资时的重要选择方式。

第四节　"互联网+"时代分配活动创新

一、虚拟企业的利润分配

如前所述，"虚拟企业"尤其是以某一短期合作项目为目的的"虚拟企业"只是一种临时性的行动组织，其利润分配政策也应突出这一特点。对传统企业来说，制定其利润分配政策的关键是确定利润的分配比例，即股利支付率。并且传统企业基于长期可持续发展的考虑，会将企业当年实现的利润留存下来，以备扩大经营规模，并且现金流不足时也会不分配或者推迟分配，《公司法》也规定了无利不分的基本原则。而短期"虚拟企业"作为一种短期的动态联盟，在相关项目合作完成之后，即会宣告解散。因此，该类企业在确定利润分配政策时，就不需要考虑企业的长远发展，将其所获得的利润全部分派，即其存续期间股利支付率可达百分之百；更为激进的是，其还可以参考递耗资产的处理方法，即在发放股利时退回部分初始投资。

二、利润分配的基础——"知本"

"互联网＋"时代，知识已成为推动经济增长的重要动力，在现实中，通过掌握一定知识的人转化为人力资本或其他无形资产，同物质资本一起参与价值的创造，并且知识已成为比物质资本更为重要的生产要素，就必然要求同物质资本一起参与分配，即人力资本拥有者除获得工资外还要求享有一定的剩余索取权。人力资本主要以股份支付计划的形式参与利润的分配，这在西方国家已很普遍，并日益成为企业高管及重要人员的主要收入来源，我国相关配套政策《中华人民共和国公司法》《上市公司股权激励管理办法试行》《股份支付准则》等已经出台，为人力资本参与分配提供政策依据。

三、知识资本的利润分配形式

"互联网＋"时代，知识资本由于其对利润贡献的加大，相应地对其分配的比例也会加大，具体分配形式有版税、专利及专有技术、品牌商标、技术入股等，它们有不同的适用对象，分述如下。

1. 对著作权产品采用版税形式

版权是知识产权的重要组成部分，而版税是针对版权支付的一种报酬形式，它是指著作权人或所有者享有作品的财产权益，通常按著作出版发行的销售收入的一定比例来提取。其中作品包括文字作品、口述作品，音乐、戏剧、曲艺、舞蹈作品，美术摄影作品，电视、电影、录像作品，工程设计、产品设计图纸及其说明，地图、示意图等图形作品，计算机软件等。

2. 对发明等采用专利权及非专利技术形式

专利指发明人对其发明创造拥有所有权、使用权、制造产品权、销售产品权和出口产品权。包括发明专利、实用新型专利和外观设计专利。专利体现了知识资本拥有者享有在其转让过程中的经济价值，明确了发明人的经济财产权。

非专利技术，也称专有技术，是指从事生产、商业、管理和财务等活动的一切秘密知识、经验和技能，包括工艺流程、公式、配方、技术规范、管理和销售技巧与经验等。非专利技术的特殊之处在于其不为外界所知、并且不享有法律保护，靠自己保密来维持，但是与其他的知识资本一样，可以给企业带来经济效益。

专利及非专利技术都是知识资本常见的分配形式，一般来说，它们通过两种途径参与利润的分配：一是一次转让，由专利及非专利技术的购买者在使用专利获得超额利润之前，就将利润支付给专利及非专利技术所有者，对专利权人来说，就是一次性获取专利及专有技术转让费，这样专利出让者就不承担专利及非专利技术的市场风险，也不享有其以后的市场价值增值；二是转让使用权，企业将所拥有的专利及非专利技术的使用权让渡给他人，通过收取租金参与利润分配。出让者与受让者均可以使用出让的专利及非专利技术，即各方有条件地使用，其特点是风险大，同时回报也比较高，让市场收益检验其知识资本的"含金量"。

3. 对商标等采用特许权形式

商标是企业产品服务特性的外在标识，它体现了企业生产经营管理的理念文化等，是企业长期积累的结果，能够为企业树立良好的社会公众形象，从而实现其价值。其参与利润分配的形式主要是转让收入和收取品牌和商标使用费。

4. 技术入股

技术入股权是指以技术发明和技术成果等经评估作价作为投入要素，

享有企业权益，以其为依据享有收益权的一种利润分配形式。从理论上讲，经营管理经验、特有技能等都可以作为智力资本投入要素分享企业股份及其收益。技术股权是知识资本分配的一种较高级形式。技术发明的魅力，不仅在现实回报，还在于价值增值的长期回报，更在于股权的回报。

5. 股票期权制度

股票期权，是指赋予持有者在一定时期内购买一定数量公司股票的权利。持有股票期权的人员可以在规定的时期内以合约约定的行权价格购买标的公司的股票，这一购买过程称为行权。既然是一种权利，若行权期内公司的现行股价低于其行权价，持有人就可以放弃，此时，持有人不会有任何现金的损失。而如果行权期内公司股票市价若高于行权价格，则两者的差价即是期权持有人的现金净收益（扣除交易费用）。根据期权性质（欧式或者美式期权），持有人在满足行权条件的期间内可以自行决定行权的时间，行权后，符合条件就可以转让所得股票。股票期权产生于20世纪70年代，普遍使用则是在20世纪80年代，它是股份分配形式的发展，其重要特征是公司通过无偿赠予股票期权的形式，将企业利益与员工承担的经营风险联系起来，激励员工努力工作获取收益分配的同时为企业创造价值，这种分配形式将成为"互联网＋"时代知识资本参与利润分配的重要形式。

股票期权主要有股份认购期权、限制性期权、股票升值权、"影子"股权等形式。股份认购期权，是指赋予企业员工在一定时期内完成事先约定的经营目标按约定价格认购一定数额的股票的权力。当企业股票市场价格上升后，持有人可以通过行权、出售获得行权价与市场价之间的价差。限制性期权，是指在行权时必须具备某些限制性条件的期权，包括期限限制或业绩限制条件。股票升值权，是指把股票期权的兑现条件与企业绩效指标挂钩。当企业效益上升时，可按股票升值部分兑现奖励。"影子"股权，是指企业按照确定给职工的股票期权数量，发给员工"股票券"，而不需要员工购买与期权数量相应的股票数量，但是，当股票增值时，"影子"股票则可像股票期权一样，持有者有权获得股票差价的现金收入。

"互联网+"时代呼唤财务管理的创新，"互联网+"时代的经济环境相对于传统经济环境而言，最大的变化是网络技术的广泛运用，这改变了财务管理的环境。从"电子政府"、网络税收征管、家庭办公、网上购物、电子商务的开展、"虚拟企业"的组建到远程控制等新事物都是建立在互联网的基础上。互联网的特性使得网络经济具有虚拟性、动态性、知识性、国际性、时效性等特点。环境条件的改变促使企业创新财务管理活动各环节，以适应时代要求。"互联网+"时代，企业财务管理活动的全面创新依赖于网络信息资源和网络技术的充分利用，将网络技术应用于财务管理的各环节，提升其为企业创造价值的地位。

第五节　"互联网+"时代财务报告创新

财务报告是企业财务的最终产品，通过财务报告能够有效地获取企业的财务状况、经营成果、现金流量、股东权益变动等信息，帮助信息使用者做出正确的决策。随着"互联网+"时代的深入，很多企业转型发展、改革和重组，大大提高了经营效益，改变了经营模式，因此，传统的财务报告难以满足快速变化的企业财务信息的需求。目前，企业应该认识到"互联网+"时代传统财务报告受到的重大挑战，必须深化改革传统财务报告模式，重新审视财务报告的内容和流程，构建一种全新的适应"互联网+"时代发展的财务报告模式。

一、"互联网+"时代传统财务报告模式面临的挑战

传统的财务报告模式采用的是分期报告模式，分为年报和中报，以"四表一注"为主干，其中"四表"主要是指资产负债表、利润表、现金

流量表和股东权益变动表，"一注"指的是财务报表附注。该种报告模式能够对资产、负债、利润和现金流量等财务信息进行确认并有效地反映经济信息，发挥其监督作用。但是随着"互联网＋"时代的到来，人们对于财务信息的需求发生了重大变化，传统的财务报告模式受到巨大冲击。

1. 网络空间财务主体的多元化和不确定性

在"互联网＋"时代，出现了大量的"互联网＋"的网络公司或者运用互联网平台重新构建产业链的企业，在网络空间，企业经营业务灵活多变，因此，网络里的虚拟公司业务随时产生，但随着业务的完成，虚拟公司也能随时消灭，传统财务报告模式基于持续经营的假设，无法适应这种快速短暂的经营活动，使得传统的财务报告不能适应"互联网＋"时代的经济发展需求。

2. "互联网＋"时代企业的周期变化

传统的财务报告基于企业持续经营的基础，但是互联网不仅加快了信息传播的速度，还缩短了企业的生产周期，加剧了企业经营活动的风险。在此种情况下，企业的利益相关者需要及时了解企业的相关经营状况，随时掌握有助于他们做出决策的信息，因此传统的基于财务分期而进行的定期编制的财务报表无法跟上时代的发展要求。

3. "互联网＋"时代的财务信息范围变化

随着互联网技术的发展，人类进入网络经济时代，信息使用者们需要获取企业更多的信息，但由于传统财务报告模式单一地使用货币计量下的财务信息，无法满足时代发展的需要。信息使用者期待通过财务报告获取更多有利的信息，既包括货币信息也包括非货币信息，为他们的决策提供重要的参考意义，例如企业外部环境、企业人力信息、企业地理环境等。因此，"互联网＋"时代的财务报告需要改善计量手段，扩充财务报告的信息容量，不断增加非货币信息，为信息使用者们提供更加全面系统的财务信息。

4. "互联网＋"时代的财务信息及时性的要求

财务的价值基于信息用户能及时获得财务信息的假设，如果财务信息获取不及时，那么财务信息也就没有价值可言。传统的财务报告模式主要是以中报、年报的形式提供财务信息，因此信息披露呈现间断性。而在互联网时代，企业经营互动连续性不断增强，网络空间的经济交易更加容易产生，因此交易活动的不断产生也促使财务信息连续不断地产生。随着互联网技术的发展，传统财务信息的及时性遭受严重的打击，无法满足信息用户的需求。

二、"互联网＋"时代财务报告创新的必要性分析

1. 财务信息化革命催生财务报告模式改革

目前，更多的企业运用计算机、网络、通信、数据库技术、云技术、大数据等现代信息化技术对传统财务模式进行改造和重构，并高度整合财务资源构建现代化的财务信息系统，因此，财务报告的产生方式以及传播媒介发生了重大变化，财务信息之间出现严重的供需矛盾。这种矛盾加速财务信息供给方和需求方之间在信息披露方面要求以一种更加创新的方式呈现，否则难以解决这种矛盾，由此"互联网＋"时代财务报告模式改革势在必行。

2. 实现财务信息数据及时共享的需要

企业通过互联网提供标准化源数据，实现财务信息数据及时共享。在"互联网＋"时代，财务信息的传递通过互联网能够实现快速更新，对于信息需求者来说，能够通过互联网及时有效地获取最新信息，并在网络环境下构建财务信息系统，实现在线财务报告的及时更新。在线财务信息处理系统能够及时收集和处理企业各项交易事项产生的数据，并及时将处理结果传递给财务报告系统，而且企业内外部信息使用者能借助在线财务报告随时了解企业财务状况，使财务信息达到自动化。同时有关财务信息数据的传递均能通过供需双方收发电子邮件或由需求方登录供给方的网站进行访问，以获得充分的财务信息，保证了财务信息的及时性。

3. 减少资源的消耗和节省人力成本

企业在日常财务工作中，所有传统的账务处理从凭证的取得、填制到有关的账项调整，再到最终财务报表的生成、财务报告的发布，如不借助网络，其发布的时间不仅会受到限制，而且还会浪费大量的资源，并且无法实现信息资源的共享。如果通过网络进行财务报告，不但能够最大范围地进行财务信息处理，降低有关纸张、资源的消耗，还将减轻有关财务人员的工作量，使其无须再手工记账。

三、"互联网+"时代财务报告创新

1. 建设网上实时财务报告系统

在"互联网+"时代，财务信息的集成难度不断增大。因此，企业应通过建设网上实时财务报告系统，建立企业的财务信息门户、财务信息中心、财务报表平台，实现财务信息的及时性、全面性、多样性，同时实现信息分析的便利性，并及时进行财务信息记录、更新等。网上实时财务报告系统的构建思路，如图6-1所示。

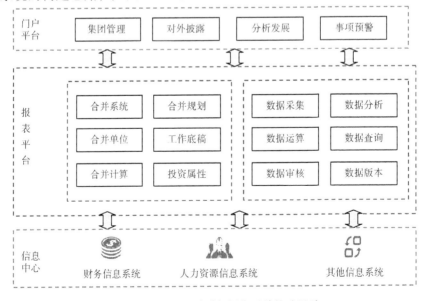

图6-1 网上实时财务报告系统构建思路

2. 构建交互式按需财务报告模式

在"互联网＋"时代，信息使用者的需求呈现多样化和共同性特征，通过网络系统构建交互式按需财务报告模式能够实现多种信息需求。交互式按需报告模式是向决策者适时地提供已按需编制好的或可按需加工的财务信息，旨在通过提供按需求编制的财务报告来满足不同使用者多样化的信息需求。交互式按需财务报告模式具备"互联网＋"时代下的灵活性特征，通过建设数据库和建立模块化的财务会计程序，通过报告生成器和系统反馈渠道，能够实现信息使用者和财务报告单位之间双向、快速、直接地沟通，共同完成实时报告，信息使用者主动积极地为报告单位提出改进报告系统的对策，能有效地改善信息不对称的状况。

3. 加强网络财务报告模式中的风险防控

在"互联网＋"时代，企业通过建立财务信息系统，实现财务报告实施系统，共享财务信息资源，实现交互式按需财务报告模式，但网络财务报告在网络空间的风险不可避免，比如财务信息的泄密和网上黑客的攻击等。因此，企业应该注重网络财务报告模式中的风险防控，不断提高网络财务信息系统的安全防范能力。企业可以建立用户身份验证及权限管理控制制度、系统管理多重控制制度、业务申请处理流程控制制度、预算管理流程控制制度、内控制度实施情况的审计和检查制度等，适时采用防火墙技术、网络防毒、信息加密存储通信、身份认证、数据签名技术、隧道技术等措施进行风险防控。

总之，互联网在财务报告制度中发挥的作用日益凸显，更多的财务管理软件运用到企业财务管理之中，加速了财务报告模式的深度改革和创新。"互联网＋"时代，传统的财务报告模式将逐渐消失，网络化的财务报告模式应运而生。因此，财务人员对于新的财务报告模式的掌握和驾驭需要形成终身学习的理念，主动学习新型的财务报告编制技能，构建计算机和财务知识相互融合的知识体系，以满足"互联网＋"时代的财务报告模式需求。

第七章

"互联网+"时代财务管理人才培养创新
——以北京市西城区红旗大学为例

　　财务管理人才是企业发展宝贵的战略性资源，其数量和质量直接决定了企业能够尽快适应经济发展新常态并形成长期竞争优势。由于财务管理专业具有较强的实践性和应用性，很多高校的财务管理专业其人才培养目标定位、培养模式、学生水平与社会需求存在较大偏差，通过"互联网＋"时代财务管理人才培养的创新，打破传统财务管理思维，有针对性的培养财务管理"升级版"的实战能力，实现从"财务型"向"战略型"财务管理的转型升级，成为适合社会需求的专业性人才。

　　北京市西城区的红旗大学全称北京宣武红旗业余大学，创办于1958年6月，是在教育部备案的市属独立设置成人高校，是北京市第一所区办成人高等学校，财务管理专业多年来一直是管理系的骨干核心专业，在相关学科的体系中居于举足轻重的地位，成为教学中的重点对象。随着近几年财务管理人才社会需求量大，财务管理人才培养中的问题日益凸现。目前财务管理专业在校生共有三届（15级，16级，17级），共计118人，平均每班将近四十人。专业课程包括：基础会计、财务会计、财务管理、成本会计、管理会计、税法、会计电算化、会计实务模拟、统计学、金融理论与实物、审计学、经济法、市场营销、管理学等专业课程,大多数课程采用讲授法,即传统的以教师为中心的封闭式教学模式。学生能在短时间内接受大量的信息,能够培养学生的纪律性和抽象思维能力。但是学生对接受的信息很难真正地理解,只能培养单一化、模式化的人才,不利于创新性、探索性学生的发展,不利于培养学生创新思维和解决实际问题的能力。

第一节　研究方法与研究工作过程

2015—2016年,北京市西城区红旗大学与其他院校及用人单位进行多次学术交流及研讨,总结教学经验和教学管理方式,发现培养创新创业财务管理人才的新途径,促进财务管理专业教学方法和课程设置的改革。通过问卷调查、调研、实验、路演、座谈、交流等形式探索出一条"互联网＋"时代创新创业财务管理人才培养的新思路,通过机制优化采用新教学模式,促进财务管理实用型和应用型创新创业人才的培养。

一、研究方法

此次"互联网＋"时代创新创业财务管理人才培养实验项目于2016年1月开始,通过网络、图书馆的相关书籍、杂志、调研报告等收集资料和数据,对要研究的问题进行全面调查、分析,对用人单位进行实地调研,通过座谈会、专家访谈、个别深度访谈等形式掌握一手材料。经过为期1年师资培训和前期的宣传筹备,2017年4月完成校内招生92人和教学具体准备工作,并于2017年6月4日正式启动开班仪式。

在课题研究过程中进行了两次较为系统的问卷调查、一次项目路演、一次座谈会和一次交流会。

1. 问卷调查一

第一次问卷调查于2017年6月4日项目启动仪式前,课题组设计有针对性的问卷对校内招收的 92 名财务管理专业的学生进行问卷调查，调查内容包括：所在行业、从事的专业、教学方式、教师素质、课程设置、参加培训的动因、对创新创业财务管理课程的教学建议、参加培训的预期目标等多个方面的内容。

2. 问卷调查二

第二次问卷调查是在 2017 年 7 月 9 日课程项目结束后，进行跟踪调查，目的是了解学生对"互联网＋"时代创新创业财务管理实践性教学模式在培养自身综合能力方面的效果，以及对教学模式的认识，看法和希望。

3. 项目路演

项目路演于 2017 年 7 月 9 日下午在学校多媒体教室 2 进行，邀请学校校长、书记、北京市西城区教委领导、企业家、投资人、创新学堂 CEO 参加。

4. 座谈会

座谈会安排在 2017 年 7 月 10 日，由 10 个项目组每组派 1 名代表参加，创新指导教练 2 人、科研室主任 1 人，共计 13 人在会议室座谈。在召开座谈会之前，要求各组代表广泛收集全组同学对"互联网＋"时代创新创业财务管理实践性教学模式的意见和建议。

5. 项目交流会

项目交流会于 2017 年 7 月 14 日召开，由科研室主持，教务处主任、总务处主任、教育技术中心主任、管理系、计算机系全体教师以及两位创新指导教练共同参加并代表发言，总结利用实验法在财务管理专业教学中尝试人才培养，理论联系实际进行分析研究和交流，归纳吸收其他专家、学者的观点与思想，结合此次实验获得的资料数据信息，深入研究提出自己的见解。

二、研究工作过程

1. 第一阶段：2015 年 5—7 月确立研究框架阶段

在第一阶段，对现行财务管理专业人才培养模式存在的问题进行全面的调查和深入的分析，走访了23个单位和2个校外实训基地，专业教师和在校学生召开了2次座谈会，走访毕业生10人。对财务管理人才培养的现状和急需解决的问题有了清晰的认识，积累和掌握了与该课题研究有关的第一手资料，建立了"互联网+"时代创新创业财务管理人才培养的实验研究框架，如图7-1所示，为课题的深入研究奠定了基础。

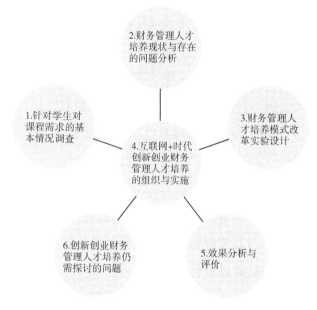

图-1 "互联网+"时代创新创业财务管理人才培养实验研究框架

2. 第二阶段：2015年8—12月深化研究阶段

在理论支持和实地调研的基础上，通过进一步有针对性的专题访问调查、电话调查、召开座谈会、个别深度访谈等形式进行深化研究，对目前财务管理人才培养现状有了总体的认识，同时也了解到社会对财务管理专业毕业生的评价及其对财务管理专业的教育要求。课题组成员对部分北京宣武红旗业余大学财务管理专业毕业生和相关单位主要负责人就以下两个问题：一是"财务管理专业毕业生在实际工作中业务能力存在的主要问题是什么？"；二是"新形势下，如何科学、合理地构建财务管理专业人才的培养模式？"展开调查访问。

北京全企会计师事务所注册会计师杨秀认为："财务管理专业毕业生在实际工作中存在的主要问题有三：一是学生的动手能力太差，不少毕业生就连简单的凭证填制、账簿登记和报表编制这样的工作都胜任不了；二是财务信息系统掌握得不够理想，在校期间花太多的精力学习录入会计凭证，生成财务报表，课堂内容始终围绕财务管理理论考试范围进行，导致所学内容过于简单和单一，而如成本管理、存货管理、工资核算等方面的内容基本连接不起来，导致跟实际工作脱节较大；三是在实际账务处理过程中，灵活应变能力较差，只会根据过去学过的理论知识照搬照套，不会举一反三，灵活运用。"

北京市西城区翔达投资管理有限公司财务总监认为："当前财务管理专业的学生中存在的问题有二：一是专业知识掌握不够扎实，经常含含糊糊，模棱两可，差错率较高，很难独立开展工作；二是实际操作能力较弱，很多学生理论讲起来一大套，但很难有创新能力。"

不少接受调查访问的毕业生认为："学校现行的财务管理实验室使用效率不高，在模拟实验室里没有按企业单位的财务管理岗位进行合理的分工，每个学生没能对财务管理岗位的业务流程都轮训实习一遍等。"

以上资料为课题组成员进行课题的深入研究提供了强有力的支持。接受调查访问的毕业生和相关单位的负责人为课题组提供了非常重要的信息和大量的第一手资料。

3. 第三阶段：2016 年 1 月至 2017 年 7 月项目实施阶段

针对财务管理专业人才培养模式的弊端，提出"互联网＋"时代创新创业财务管理人才培养的建议措施。根据项目计划，课题组制定了一套系统化的财务管理人才培养实践体系，在实践计划、师资、人才培养流程、校内模拟实验、校外实践实习等方面进行了一系列改进和完善。

实施课上刷手机的微课教学、实践教学、游戏教学的创新创业人才培养模式创新。根据成人学生所具有的学习目标明确、学习基础薄弱、学习态度两极化、学生素质参差不齐的"四个特点"，通过分布式教学方式采用时间分布、空间分布、教学内容分布、教学形式分布的"四大途径",将创新创业财务管理人才培养与工作需求相结合,在教学过程中贯彻"工学用一体"的理念,探索专业教学的实践应用创新,真正实现了成人高校第四代教育模式——老师"向学生学",即老师启发创新思维,学生开展实践。

4. 第四阶段:2017 年 7—9 月 项目终结阶段

这一阶段主要是效果评价,完成结题阶段。课题组设计和发放第二次问卷,调查评价实验结果,组织学生座谈会和教学相关部门的交流会,总结课题建设主要成果、课题应用情况及课题的创新点。

第二节　财务管理人才培养现状与存在的问题

不同于普通高校,成人高校学生多数来自于生产一线,是具有一定实践经验的半工半读的成年人,他们更能迅速领会上级下达的指令,他们有实际工作经验,能够将学习融入工作中,他们也希望在学校学习后,解决工作中的实际问题。此外,"互联网+"时代,各行各业的竞争越来越激烈,学生工学矛盾也日益突出,随之而来的就业和工作压力越来越大。对于大多数学生来说,他们不可能因为上学而失去工作,再加上学生的工作单位与学校有一定距离,不能保证按时到校上课;即使能按时到校上课的学生,劳累了一天,也很难做到注意力三个多小时全部集中于教师所传授的知识。为了解目前财务管理专业教学模式的现状,课题组设计有针对性的调查问卷,调查对象为校内招收的 15 级、16 级、17 级财务管理专业的 92 名学生。

一、问卷调查结果分析

调查内容包括所在行业、从事的专业、教学方式、教师素质、教学管理、参加培训的动因、对创新创业财务管理课程的教学建议、参加培训的预期目标等多个方面的内容。利用问卷星将问题归集整理后,通过扫描二维码向学生发放线上问卷，如表 7－1 所示，学生通过网络和移动客户端提交有效问卷共计 83 份，占全部人数的 90%。

表 7－1　调查对象基本特征

项目		样本数	百分比
性别	男	35	42.17%
	女	48	57.83%
年龄	18 岁以下	5	6.02%
	18～25 岁	34	40.97%
	26～30 岁	15	18.07%
	31～40 岁	25	30.12%
	41～50 岁	4	4.82%
	50 岁以上	0	0%
合计	—	83	100%

1. 年龄特征

本次调查对象的年龄分布，如图 7－2 所示，40.97% 的学生年龄在 18—25 岁之间，他们正处于青年期，从知觉、记忆、判断、动作反应来看，属于智力发展的高峰期，心理发展已有较高水平，注意力集中，想象力丰富，逻辑思维较强，有表达自己想法的欲望。30.12% 的学生年龄在 31—40 岁之间加上一定的社会阅历，他们具备了一定的自学能力，甚至有的是带着一定的问题想获取答案而重新走进课堂的。

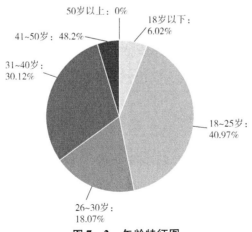

图 7－2　年龄特征图

2. 对学校教学方式的评价

在对学校教学方式的多项选择调查中，如表 7 - 2 所示，希望实践教学多于理论教学的学生 61 人，占样本总数的 73.49%，希望教师采用情景式教学的 43 人，占样本总数的 51.81%。这与传统上认为成人教育应该多运用探究式教学稍微不同。成人教育学生选择继续学习的主要目的是学习新知识运用于实际工作，因此采用实践性和情景式教学可以很好地起到记忆深刻、知识量大的作用，同时应该穿插启发讨论式学习。成人学生多有工作背景和经验，结合所学知识在讨论中更加容易快速吸收知识，因此实践性、情景式和启发讨论式学习非常适合成人教育。大多数学生希望教师采用实践性、情景式与启发讨论式相结合的教学方式，但由于传统教学的局限，教师们大多采用理论教学方式，因此作者尝试在教学方式方法中进一步改进。

表 7 - 2　教学方式特征表

选项	小计	比例
实践大于理论教学	61	73.49%
实践小于理论教学	4	4.82%
实践等于理论教学	16	19.28%
采用启发讨论式教学（提出一些问题，由学生们自己通过教学资料回答）	28	33.73%
采用探究式教学（抛出一个问题，由学生们自己讨论回答）	18	21.69%
采用情景式教学（由教师通过视频讲解一个真实的案例，由学生自己总结抽象概念）	43	51.81%
本题有效填写人次	83	

3. 教师差异性教学的问题

在对教师差异性教学的问题上，如图 7 - 3 所示，42% 的学生认为有必要进行差异性教学，35% 的学生认为是否进行差异教学对自己无所谓，其他 23% 的学生认为没有必要进行差异性教学。有将近一半的学生迫切需要进行差异性教学。因为成人教育和全日制教育的显著不同就在于成人教育的学生学习背景非常复杂，无论是年龄、职业还是原有的学历等都有很大的差别，因此在具体学习过程中不可避免地出现知识吸收程度不同等问题，这就需要教师进行差异性教学，引导不同层次的学生合理学习。

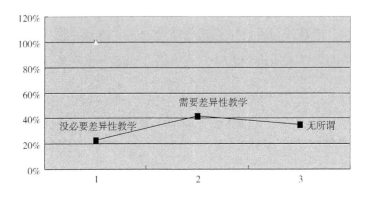

图 7 - 3　差异性教学观点图

4. 对学校师资的评价

如图 7 - 4 所示，有 51% 的学生认为学校教师师资状况非常好，45% 的学生认为学校教师素质状况一般，仅有 4% 的学生认为学习教师素质状况不太好。由此来看，学校教师素质状况比较不错，学生并没有对此表示不满。虽然超过一半的学生对教师素质满意，但也应看到仍有 45% 的学生认为教师素质状况一般，这个比例使我们认识到提高师资能力方面还有一定空间，需要认真分析学生真正需要什么样的教师，还有哪些方面需要改进。成人教育所需要的教师应该具备丰富的专业知识，同时又能够深入浅出、联系实际启发学生创新。

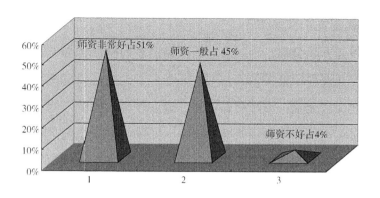

图7-4　师资状况图

二、财务管理人才培养中存在的问题

从调查问卷的结果，可以发现财务管理人才培养存在的一些问题，而这些问题也非常具有代表性，是绝大多数财务管理人才培养普遍存在的问题。

1. 教学模式、手段和方法滞后

教学模式、手段和方法滞后，难以形成以学生为学习主体，且"向学生学"的教学理念。传统的财务管理教学通常采用上课"教师念讲义、学生记笔记"的"灌输式"知识导向性模式，学生学习主动性较差。在课堂讲解中，教师往往侧重于对财务管理的计算公式以及案例结果加以说明，而忽视和缺乏对财务管理业务或事项来龙去脉的分析、讲解和描述说明；侧重于理论知识的讲解，而忽视学生对财务管理实践的理解和掌握，难以给他们留下直观的印象，因此，常常出现学生"考试背笔记，考完就忘记"的现象。此外，在教学过程中也缺乏对学生的职业判断能力和职业道德的培养，导致他们在工作中一旦遇到需要进行职业判断的灵活性问题就束手无策，不能及时适应经济形势的变化发展，缺乏创新意识和"升级版"的实战能力，难以形成全面创新及具备综合能力的"战略型"财务管理专业人才。

2. 课程设置不尽合理

课程设置不尽合理，难以形成以社会需求为导向的课程理念。学校的财务管理专业课程设置在创办初期主要参考了同类院校和全日制高校财务管理专业的课程设置，没有很好的适合成人教育学生的需求。成人教育学生需要的是实用性和趣味性兼顾的课程。实用性主要是满足成人的工作需要，融合趣味性的课程则使得饱受工作压力的学生在轻松地氛围中更好地接受新知识而不会因此产生疲劳和厌烦。

3. 财务管理专业的教师缺乏实战经验

财务管理专业的教师普遍缺乏实战经验，难以形成以知识更新为内容要点的知识理念。教师是课堂教学的组织者和管理者，而作为成人教育的专业教师不仅要有丰富的理论知识，还要有扎实的实际操作能力。成人高校师资队伍的素质总体上是比较好的，业务水平也是比较高的，但部分是大学毕业后直接任教，他们本身就缺乏实践知识，"双师型"教师所占的比例甚小；另外，由于企业财务管理工作的保密性和特殊性，企业的高管人员一般不愿接待教师挂职锻炼。这就导致了从事成人教育的多数财务管理专业教师缺乏实践知识和实战经验，很难在实践上对学生进行指导。

因此，应该探索以学生为学习主体的授教理念、以知识更新为内容要点的知识理念、以需求为导向的课程理念，"互联网＋"时代，财务管理人才培养的创新势在必行。

第三节　"互联网＋"时代财务管理人才培养创新实验

"互联网＋"时代，技术的进步推动环境的变革，对各行各业的工作模式以及各式各样的人才培养模式产生极具颠覆性的影响。以人才培养的教育行业而言，经过以书本学习为主的"教学"即教学生学的1G（generation）

后，以"帮学"即帮学生学的传道授业解惑的 2G（generation）占据主要位置，随着计算机的普及，教师利用计算机等现代化工具"引学"即引导学生学的 3G（generation）出现了。目前，以学生为中心，本质在于激发学生创新、鼓舞学生创业的教育"向学"即向学生学的 4G（generation）逐步进入教育领域。如图 7-5 所示，教育已由 1G 以教师为核心的时代，转变为"互联网+"时代的 4G 以学生为中心的时代。

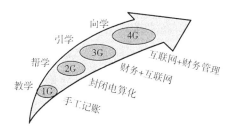

图 7-5　教育与财务管理的 4.0 变革

一、财务管理的 4.0 变革

以财务管理行业而言，经过效率低下、工作强度大的手工记账 1G（Genration）后，自 20 世纪 90 年代企业普遍实施会计电算化，这个阶段仅仅以计算机作业代替了手工记账，即封闭传统工作模式下的会计电算化 2G（Genration）时代。21 世纪初随着财务数据的收集、加工、分析和处理变得迅速快捷，财务核算管理进入"财务 + 互联网"的初始阶段即 3G（Genration）时代。目前随着云技术的崛起，以云技术服务为核心的协同交互 4G（Genration）逐渐进入人们的生活，这个阶段实现"互联网 +"财务管理，财务工作不再是简单的精算和核账，而是更加紧密地融入企业管理和运作系统中，与各个环节共同形成紧密协同作业，不仅为企业核算价值，更重要的是为企业管理创造价值。简单来说，就是由普通的"账房先生"变成"战略性财务管理 CMA"。因此，迎接和充分利用教育 4.0 时代的各种优势，拥抱财务学习的变革，定会培养出具备战略管理适应时代发展的高级财务管理人员。

如今，互联网极大地降低了知识获取与信息复制成本，教师不能再以书本知识的拥有而高高在上，如果以旧时代的教育模式，不但不能培养出新时代的创新人才，反而会扼杀年轻人的创造力与创新精神。"互联网+"时代创新创业财务管理人才培养模式将课程、训练、实践融为一体，以课堂思辨、线上线下相结合、真实创新交易、人才评价、创业服务五项内容形成完整的创新创业人才培养体系。将马斯洛的需求金字塔运用于创新创业财务管理人才培养中，如图7-6所示，"互联网+"时代的变革，需要将财务管理人才培养成为在众多信号中收集并提炼有用信息，通过信用交易和相互信任的社交网络等实现学习和创业的自我信仰，体现和提升自我价值及创造更多社会价值的综合性财务管理人才。

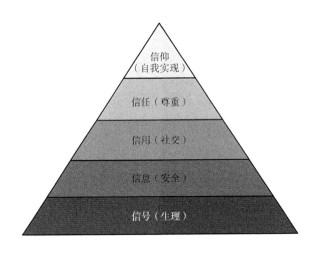

图7-6 "互联网+"时代创新创业财务管理人才培养层次

二、"互联网+"时代创新创业财务管理人才培养模式实验设计

财务管理课程共计40学时，每周学习4学时，其中微课1学时，互动实践3学时，具体设计如表7-3所示，"互联网+"时代创新创

业财务管理人才培养模式以学生为中心，教师指导学生组建团队，开展微课学习、案例故事学习、讨论、展示、活动、真实交易。每次课程必须有互动实践，每次实践必须有结果，以充分调动学生的创新精神与创业意识。

表7-3 "互联网+"时代创新创业财务管理人才培养教学内容设计

学习内容（微课案例故事1学时每次）	互动实践（每次3学时）	作品成果
1. 财务管理及创新思维	发布一项服务 启动创新创业模式	服务交易
2. 财务战略与预算	寻找合作伙伴 团队组建	财务战略蓝图设计
3. 筹资方式与机会	预售创新服务	筹资方案
4. 资金时间价值及投资的风险价值	找到下一个创新投资机会	创新思维图
5. 资本结构	商业模式设计与开发	商业模式画布
项目立项（中期检验）	发布推广项目计划	商业计划
6. 投资决策	创业设计与企业开办	决策方案
7. 财务分析	制定关键绩效指标	价值设计图
8. 股利理论与政策	股利分配方案设计	分配方案
9. 网络时代的合并与并购	项目众筹创新众包	众包众筹订单
10. 团队汇报（期末路演）	创新创业大赛	项目评价报告

三、"互联网+"时代创新创业财务管理人才培养教学组织流程

教师负责"互联网+"时代创新实践教学的全周期管理与服务，如图7-7所示，教学组织流程主要包括组织和引导学生完成七项重点工作：课前调研市场创新与人才需求、制作8个微课案例故事、课堂上清晰介绍课程计划及真实交易规则、第一次课让学生发布自己擅长的服务热身、鼓励学生的想法付诸市场实践、每次互动实践后带团队现场讨论、课程结束组织项目评价与众融众筹。

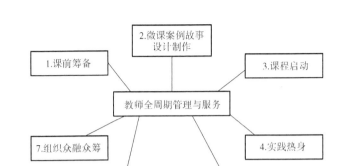

图 7-7　教学组织流程

四、"互联网 +" 时代创新创业财务管理人才培养方法及实施

为了给学生提供"互联网 + "时代创新创业财务管理的"课上刷手机，课后没作业"的轻松愉悦但又饱含知识量的人才培养环境，课题组将微课教学、实践教学，及游戏化教学的人才培养模式整合创新，要求学生课上携带智能手机，并为教室配备大功率无线网络 WIFI。

1. 微课教学

以财务管理的第一次课"财务管理及创新思维"的学习内容为例，课前教师根据市场调研及前期分析做出短小精悍的微课，微课通过苹果树的故事讲述一个聪明的老人在《华尔街日报》的商业机会版刊登广告，说希望按"最好的出价"卖树。通过权衡卖柴者的想法 50 美元、现实主义者的考虑 100 美元、医生的投资观 1 500 美元、会计的观点 75 美元、证券营业员的利润观 250 美元以及创业者的思维 1 500 美元，聪明的老人通过比较分析和计算后以"最好的出价"即 250 美元卖掉了苹果树。通过 1 个课时的微课学习，学生能够正确理解企业的价值、如何为企业创造价值，以及财务管理在价值创造过程中发挥的作用，财务管理的内容、方法和目标等基础知识，也为学生后面的 3 个课时的交易实践打下坚实的基础。

2. 实践教学

接下来的实践教学中，教师给每位学生准备创业基金50元，通过创新学堂的系统平台，以派发学生证实名取得的方式让出勤的学生在系统平台上领取（注：50元创业基金是真实的货币资金，日后可以转账到自己的银行卡或者微信或淘宝账户，也可以提现）。教师要求每位学生在平台发布"我能给大家提供的服务"并推销给小伙伴，如图7-8所示。

图7-8　实践教学发布服务

短短几分钟，大家的服务陆续发布到创新头条中，如图7-9所示，有"素描肖像10元/张""私人定制发簪、手链等饰品1元/个""卖瓷器15元/个""为大家分享北京历史概况1元/小时""美容抽脂5元/份""化妆3元/个""服装设计、服饰搭配20元/分钟""北京美食及旅游100元/天""代理记账50元/本"……

此时，指导学生查看别人的创新创业服务，引导学生分析和购买有价值的服务和项目，并查看"我的订单"及"我的账单"，随时了解自己资金的赚取情况。学生通过自己的认知和判断都会学到财务管理的知识，寻

图7-9　实践教学发布成果展示图

找到自己的兴趣点，最重要的是从此踏上了创新创业的新征程。接下来教师不需要引导，学生自己就可以在平台里发布问题、发布需求、发布活动等，设定悬赏金额奖励给问题回答最好的同学，以此完成财务管理的各项交易。课堂上除了线上智能手机交易以外，还要进行线下真实交易，教师此时就是市场诚信的倡导者、创新秩序的维护者，重要职责在于建立良好的创新生态与市场规则，给予学生热心、公平、专业的指导，为学生树立社交中的诚信原则。

经过3个课时的实践，一些同学的创新发布被很多买家欣赏，赚取收益最多的同学达到100多元，但也有一个同学把50元创业基金花光了，还冲了30元自己的银行卡用来买纪念币，按照他的资金时间价值和风险价值的计算分析，这份纪念币很快会升值，有潜在的购买价值。实践活动终结前，教师务必进行实践分析点评，以第一次课为例，除了点评发布、分享和购买的服务，盘点创业基金的余额，查看赚取的金币外，最重要的是通过学生发布的信息以及他们自己的推销陈述判断每位同学的创新思维。本次实验以同学们互相贴标签的方式评判每位同学的五色创新思维，如

图 7 - 10 所示，红色代表批判思维、黄色代表经济思维、蓝色代表美学思维、绿色代表生命思维、紫色代表设计思维。创新学堂平台通过系统分析和评价也会自动生成每位学生的五色思维系统分析图，如图 7 - 11 所示，这也为第二次实践课程的团队分工协作提供了分组的基础和依据。此外，同学们共同评价此次实践活动最有创意的发布，老师给学生以鼓励和引导，为下一次创业创新机会做铺垫，也为课程结束组织项目评价与众融众筹做准备。

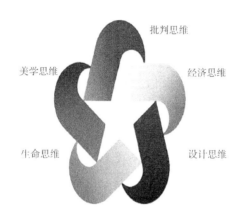

图 7 - 10　五色思维

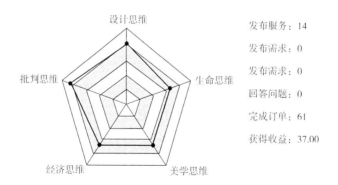

发布服务：14

发布需求：0

发布需求：0

回答问题：0

完成订单：61

获得收益：37.00

图 7 - 11　五色思维系统分析

实践教学中，团队小组分工协作的头脑风暴是一种激发学生创造性思维的方法，以财务管理的第二次课财务战略与预算为例，互动实践要求寻找合作伙伴并进行团队组建。此次课程教师负责建立创新文化与好学风气，发挥学生的主动性与自组织能力，鼓励学生进行项目团队自由组合，指导学生跨学科与多元化组队，组队原则：①每组不能都是同一专业或相同思维的同学；②鼓励学员跨专业跨院校组队；③团队推选出CEO作为事务代表。整个创新创业财务管理班级就像一个大市场，每个团队就像一个"上市公司"，允许团队之间进行"兼并重组"。互动实践中，每位同学的言行、每个创新项目就是鲜活的案例，老师必须首先有正确的价值观，对学生的不诚信与不道德行为，进行严厉的批评与系统分析，帮助其认识反思提高；对学生的诚信友爱行为，进行热情的赞扬，鼓励其更好发展。本次实验中，老师鼓励同学们根据五色思维，自由结合组成10个团队，每队9~10人，通过"我为谁做？""他要什么？""我做什么？""我如何做？"四个问题展开价值设计构建，每个团队根据创新创业项目的财务战略规划与预算，设计出商业模式画布和价值关系图。

在经历40分钟的头脑风暴后，10个团队的项目分别亮相，1组——凯泽机电设备；2组——随叫随到大众服务平台；3组——扫码自取早餐；4组——（超越梦想）新零售模式商城；5组——1元学烘焙；6组——闲置"世界"改造计划；7组——乘风破浪平台之共享单车；8组——放心开心幼儿服务；9组——共享婴幼儿车；10组——RPG Maker MV开发计划。部分项目如图7-12所示。团队沟通讨论财务战略与预算，遇到问题随时在平台发布问答征集信息答案。部分团队勾画的商业模式画布和价值设计关系图如图7-13和图7-14所示，同时每个团队派一位同学在平台成功发布后，请大家用订单投票，每组推选一名发言人准备演示汇报。

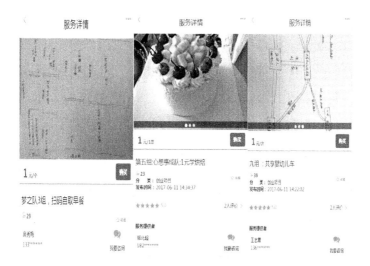

图 7 – 12　第三、五、九组团队项目

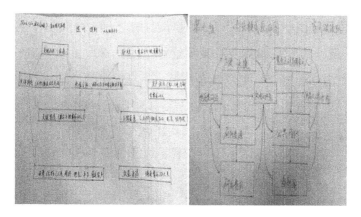

图 7 – 13　第二、七组商业模式画布

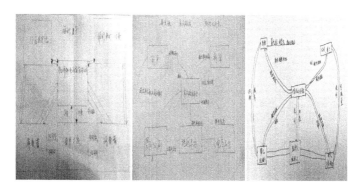

图 7 – 14　第一、七、九组价值关系

3. 游戏教学

以最后一次课"团队汇报期末考核"为例，组织学生进行线上创新创业大赛。教师鼓励学生进行项目团队自由组合，也要引导学生跨学科及多元化组队，每组选出 CEO（总经理）、CFO（财务经理）、CSO（销售经理）、COO（运营经理）、CMO（市场经理），教师发布要求，要求每个团队讨论并完成一项创业项目，将财务战略、筹资方案、商业计划、决策方案、价值设计等发布在平台请大家用订单投票，根据项目内容及票数高低分析创业项目的优势和弊端，总结创业项目的可行性。对于可行性项目，每个团队完善产品和项目，在平台发布众筹众包，实现真实创业项目，培养"互联网＋"财务管理综合人才。

不具备系统平台教学网同样可以实施实践教学或游戏教学。课题组鼓励学生自愿组合团队实施财务管理创新创业，以前 6 组的 30 名学生为例，5 个学生一组，组织项目如下：教师给每个团队 200 元现金和一箱价值50元的纸巾作为创业基金，要求各个团队在一天以内实现创业梦想，并得到最高收益。学生自愿组合的团队如图 7 – 15 所示，第一组全部为男生，第三组 2 位男生 3 位女生，第二和第六组全部为女生。

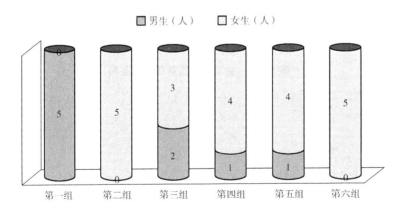

图 7 – 15　团队合作男女生比重

实践结果如图 7 – 16 所示，第一组的 5 个男生不但没有得到收益，创业基金也被队员作为午餐费支出,此外还有 2 位队员知难而退放弃比赛。而第三组的 2 男 3 女的最佳组合其收益最高 2 364 元,基本达到初始创业基金的 10 倍。然而他们的创业经历也不是一帆风顺:经过 5 个队员的分析研究发现,纸巾销售利润低,CFO 在精打细算之后,决定让 COO 以 1 元/瓶的价格购进矿泉水 100 瓶,剩余 100 元 CSO 租了一辆三轮车负责运送货物。将矿泉水和纸巾推销给超市不成功后,CMO 在车站伪装重病患者行乞,由于违规操作被没收了违法所得。出于无奈,只能烈日炎炎在公园和学校门口辛苦摆地摊。女生帮男生擦汗的瞬间发现了商机,经团队商议决定改卖矿泉水赠送纸巾和女生擦汗。一时间,学校和公园的客户络绎不绝,很多男生采购矿泉水享受擦汗和纸巾服务,有的甚至花钱不要矿泉水只享受赠送的美女擦汗服务。不到一天的时间,他们卖掉了所有矿泉水,送完了所有纸巾,CEO 又有更敏捷的思路,与第六组谈收购和兼并后,以 2 元/包的价格收购了六组的纸巾,又以高价卖给了小卖店,得到全班最高的收益,也获得了创新创业财务管理人才金奖的荣誉。

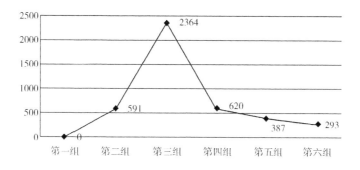

图 7-16 团队合作成果

这种实践不但能使学生通过努力和付出获得真金白银的收益,而且更重要的是在学习知识的同时培养了团队合作思维以及财务管理的综合性技能,即在课程中,从知识、思维和技能三个维度培养学生财务管理的综合技能。

第四节 "互联网+"时代财务管理人才培养创新实验效果评价

从 2015 年 5 月到 2017 年 7 月，课题组经过反复的人才培养实验，运用"互联网+"时代人才培养理论进行指导，加强理论和实际的研究和探讨，特别是对教学过程的组织、实施等各个环节进行实践和创新，探索与人才培养和成人学生特点相适应的教学方式、方法，着力构建以社会需求为导向的、适合成人教育要求的人才培养模式，通过创新创业财务管理人才培养的实验，解决了人才培养中的一些重点、难点问题，极大地提高了课堂教学质量以及人才培养质量。并于 2017 年 7 月 9 日、7 月 10 日、7 月 14 日分别进行了第二次问卷调查、师生座谈会、项目交流会，目的是跟踪了解学生对"互联网+"时代创新创业财务管理实践性教学模式在培养自身综合能力方面的效果，以及对教学模式的认识、建议和希望。通过问卷调查、学生代表的座谈以及老师们对项目的交流，课题组分析总结此次创新实验取得了如下四点效果。

一、极大地调动了学生学习的积极性和主动性

通过此次财务管理人才培养模式改革创新实验，提高了教师的课堂授课质量，抓住学生的注意力，提高了学生的学习效果，使他们学有所获。每个年级学生对于人才培养模式的偏好比重以及主动参与比重如表 7-4 所示。

表 7-4 教学模式偏好与主动参与比重

	2015 级	2016 级	2017 级
微课教学	43.59%	32.16%	42.07%
实践互动教学	58.22%	25.74%	44.65%
游戏合作教学	57.64%	28.77%	29.54%
微课教学、实践互动教学和游戏合作教学相结合	69.23%	26.32%	34.48%
主动参与	53.64%	35.05%	54.79%

教学模式偏好与主动参与比重，如图 7 - 17 所示。

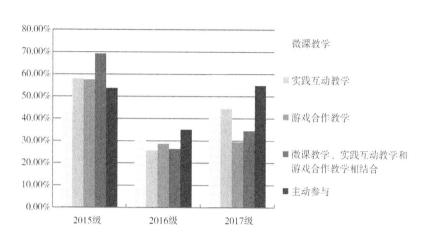

图 7 - 17　教学模式偏好与主动参与比重图

以上数据说明，由于 2015 级学生已经系统地学习了相关的理论知识，他们更希望教学方式灵活多样，通过微课教学、实践互动教学、游戏合作教学，将理论知识融入实践工作中，新生则更多地主动参与了课堂，他们有较高的求知欲与热情希望教师给予他们更多的指导与引导。

二、真正做到了在操作中学习，在操作中提高

以前大家认为成人教育既缺少自己的实验室，又没有自己的实习基地，同时组织成人外出实习困难重重，所以课堂教学多以教师讲授为主。如图 7 - 18 所示，通过本次实验，有 85% 的学生对本次实践课程满意，认为本次课程真正做到了在操作中学习，在操作中提高。课题组发现创新创业财务管理人才培养模式更适合在成人教育中实施，主要由于学生大部分是具有一定实际工作经验的成年人，他们能迅速领会上级下达的指令，他们更能够将创新思维与财务管理学习融入实际工作中，他们也希望在学校学习后，解决工作中的实际问题。课题组利用现有资源实现了时间分布、空间分布、教学内容和教学形式的分布，真正使学生做到了在操作中学

习，在操作中提高。

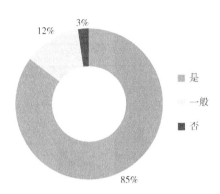

图7-18　实践满意度调查

三、增加了出勤率

学生出勤率的影响因素，如图7-19所示。

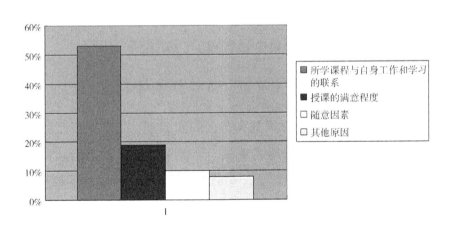

图7-19　学生出勤率的影响因素图

在学生出勤率的影响因素调查中，大部分学生（53%）是根据所学课程与自身工作和学习的联系大小来选择是否上课，19%的学生根据教师授课的满意程度来决定是否上课，其他因为随意因素或者环境影响占有很少部分。通过对学生出勤率的观察也可以发现，教师讲课幽默风趣的课堂出勤率明显高于灌输式教学的出勤率，出勤率也成为对师资状况和教学方式的一个侧面反映。

成人教育的对象是带着问题来学习的学生，他们特别渴望能学以致用，起到提高工作技能、适应工作竞争的作用。这就使得人才培养在很大程度上带有显著的实用性特点，以解决现实问题为中心，强调学用结合，偏重实际能力的培养，注重实践锻炼，理论联系实际，使知识转化为工作技能技巧。

四、实现了"四个重要转变"

通过有趣、实效、互动和创新集于一体的实验创新，实现了"教师"变"教练"；"学生"变"选手"；"教室"变"工坊"；"考场"变"市场"的四个重要转变。"互联网＋"创新创业财务管理人才培养模式，通过互联网将创新与创业的财务管理课程、创新思维训练及互动实践融为一体。通过同学们在学习中静心思考与讨论，唤起和激发财务管理创新思维；通过在网络平台进行诚信互动服务，熟悉与运用创业方略。

传统的"教师讲，学生听"的人才培养模式以"知识传授条理清晰、重点突出"的优势在我国人才培养体制中一直占主导地位，学生学习效果的评价也主要依据试卷考试的成绩。时代的发展，社会的进步，越来越需要更多的实践型、创新型和能力型的人才。而单纯以卷面考试成绩来评价学生质量，容易造成"死记硬背、死读书、读死书"的后果，进而使学生不能运用所学知识来解决实际问题。显然这种"填鸭式"传统教学体制越来越不适应时代发展的要求。因此，必须寻求适应"互联网＋"时代的新的人才培养模式。"互联网＋"时代财务管理人才培养模式的创新弥补了传统人才培养方式的不足，通过学生一起学习互动及实践，在创新财务管理知识、能力、素质获得训练提高的同时，锻炼团队协同能力，充分交流和共享财务管理创新资源与市场需求，组成真实创新团队，形成优秀的财务管理创业项目；以学生为中心，教师则是学生学习的指导者和启发者；学生主动承担学习的主要责任，充分发挥探索和创新精神，他们的学习过程也是对工作实践真实情况的反映。

学生对"互联网+"时代财务管理人才培养模式的创新给予了肯定，问卷调查和座谈会等的结果显示大多数学生喜欢这种人才培养模式，普遍认为财务管理人才培养就应该以学生为中心，激发学生的求知欲望与创新能力，通过这次实验，培养、开发了学生对问题的批判性和创新性思维，既引导了学生独立思考，又通过讨论吸取其他同学对问题的不同看法，集思广益，及时纠正了对问题理解的偏差。

总之，微课教学、实践教学和游戏教学贯穿线上线下，实现"互联网+"时代课堂的有趣、实效、互动、创新。将创新创业财务管理人才培养与互联网实践紧密结合，实现真实互动实践的"互联网+"时代创新创业的先进财务管理人才培养模式，增加了实训时间，强化了职业技能的培养，符合培养高素质劳动者的目标要求；"互联网+"时代创新创业财务管理人才培养模式注重能力和素质培养，减少了理论课，提高了学生的动手操作能力，符合当前学生学习的特点，受到了学生的欢迎；"互联网+"时代创新创业财务管理人才培养模式实现了真实互动，培养了财务管理"升级版"的实战能力，实现了财务管理人才从"财务型"向"战略型"的转型升级，是国家"大众创业，万众创新"的最先进实效的创新创业教育方式，必然具有较强的生命力。

第八章
"互联网+"时代小微企业融资机制创新
——以北京市西城区为例

近年来，在国家创新创业政策引领下，小微企业如"雨后春笋"般涌现，小微企业的迅猛发展，已成为国民经济中最活跃的主体。我国经济社会的持续发展既需要顶天立地的大型企业，更需要铺天盖地的小微企业。然而，小微企业的融资问题是世界性难题，引起社会各界的重视，已成为各国经济发展的难点和社会各界的关注焦点。随着"互联网+"时代的深入，大数据、物联网、云技术、人工智能等的发展，使新型互联网金融模式成为小微企业融资的重要选择和有益补充。只有充分了解小微企业融资和"互联网+"金融的特征，清晰认识小微企业融资与互联网金融背后的发展基础、因果关系，才能找到解决小微企业融资问题的有效途径。

第一节　小微企业的界定及融资需求

一、小微企业的界定及内涵

小微企业是基于规模差异的动态概念，不同国家、不同历史时期、不同行业领域对小微企业的界定存在很大差异。例如，美国和英国，按照企业规模划分为大企业和小企业，小微企业仅包含在小企业之内；日本和韩国等国家企业被划分为大型企业、中型企业和小型企业三种类别，微型企业也仅包含在中小型企业之内；而欧盟，按照企业规模大小，分为大型企业、中型企业、小型企业、微型企业和无雇用员工的企业，将微型企业划分为一个独立的整体。如表 8-1 所示。

表 8-1　世界主要国家和地区对小型、微型企业的划分标准

国家与地区	类型	划分标准	划分依据
美国	小企业	符合下列条件（至少两个）的企业为小企业：所有权与经营权相统一；企业资本由一个或几个人出资；企业产品销售范围主要在当地；与同行业的大企业相比规模较小，雇员人数≤500 人	美国经济发展委员会
英国	小企业	市场份额小；所有者依据个人判断进行经营；所有经营者独立于外部；支配雇员人数≤50 人；年营业额≤560 万英镑；资产负债总额≤280 万英镑	《公司法》（2006 年）
欧盟	小型企业	雇员人数≤50 人且年营业额≤1 000 万欧元或资产负债总额≤1 000 万欧元	欧盟委员会（2003 年）
	微型企业	雇员人数≤10 人且年营业额≤200 万欧元或资产负债总额≤200 万欧元	
日本	中小企业	制造业：雇员人数≤300 人或资本金≤3 亿日元；批发业：雇员人数≤100 人或资本金≤1 亿日元；零售业：雇员人数≤50 人或资本金≤5 000 万日元；服务业：雇员人数≤100 人或资本金≤5 000 万日元	《中小企业基本法》（2000 年）
韩国	中小企业	制造业、运输业：从业人数≤300 人或资本总额≤5 亿韩元；建筑业：从业人员≤50 人或资本总额≤5 亿韩元；商业、服务业：从业人员≤50 人或资本总额≤5 000 万韩元；批发业：从业人员≤50 人或资本总额≤2 亿韩元	《中小企业组织法》（1986 年）

由表8-1可见，不少国家和地区并没有对小微企业进行界定，也没有对小微企业进行独立专门的划分，同时这些国家和地区对企业划分的方法和标准各不相同。不同国家和地区依据所在地的经济发展水平、经济发展环境、企业所处行业的发展状况，企业自身运营情况、历史条件、社会形态、科技发展水平等因素和条件对本国和本地区的小型或微型企业制定了不同的划分标准。这些划分标准都采用了定性和定量相结合的界定手段。定性的标准包括反映企业组织形式和经营特点的指标，如"企业的控制方式""企业管理方法""行业地位""市场份额"等；定量标准包括反映企业规模大小的指标，如"雇员人数""资产总额""年营业额""资产负债额"等。

随着社会经济的高速发展，我国也对中小微企业的概念界定进行了动态的调整。20世纪50年代，我国主要依据职工人数多少对企业规模进行划分；60年代又以固定资产价值为划分标准；1978年颁布了《关于基建项目的大小型企业划分标准的规定》，把年总和生产能力作为划分标准；1988年《大中小型工业企业划分标准》将工业企业按生产规模分为四个类型，即特大型、大型、中型和小型。2003年1月1日，《中华人民共和国中小企业促进法》公布实施，主要以职工人数、资产总额、销售额为指标，并结合中小企业所处不同行业的特点，制定了不同行业的划分标准。21世纪以来，随着我国改革开放的深入进行，一部分规模更小、经营更灵活、创造性更强的小微企业逐渐发展成长起来，其数量众多，已经构成了我国经济社会发展中最具活力的主力军，成为实体经济活动中不可替代的重要组成部分。而继续沿用之前的中小企业划分标准，从客观上已经不能充分全面地反映我国当前的产业组织形式和行业结构特点，从微观上也不能更准确地界定各类企业的规模特点和经营方式，因此对我国的各类企业尤其是中小微企业重新进行标准划分和界定就显得尤为必要和关键。

2011 年 7 月，工业和信息化部、国家统计局、国家发展和改革委员会、财政部联合颁布了《中小企业划型标准规定》，首次将小微企业的概念纳入我国企业的划分标准之中。《中小企业划型标准规定》指出，我国中小企业可划分为中型、小型和微型三种类型，其中小微企业是我国经济组织中小型企业、微型企业、家庭作坊式企业、个体工商户的统称，在实践中，根据企业所处的不同行业按照营业收入、从业人员和资产规模三个指标进行划分，三个指标符合其一即可纳入小微企业范畴，如表 8 - 2 所示。

表 8 - 2　中国小微企业划分标准规定

行业	划分指标	小型企业	微型企业
农、林、牧、渔业	营业收入（万元）	50 ~ 500	< 50
工业	从业人员（人）	20 ~ 300	< 20
	营业收入（万元）	300 ~ 2 000	< 300
建筑业	营业收入（万元）	300 ~ 6 000	< 300
	资产总额（万元）	300 ~ 5 000	< 300
批发业	从业人员（人）	5 ~ 20	< 5
	营业收入（万元）	1 000 ~ 5 000	< 1 000
零售业	从业人员（人）	10 ~ 50	< 10
	营业收入（万元）	100 ~ 500	< 100
交通运输业	从业人员（人）	20 ~ 300	< 20
	营业收入（万元）	200 ~ 3 000	< 200
仓储业	从业人员（人）	20 ~ 100	< 20
	营业收入（万元）	100 ~ 1 000	< 100
邮政业	从业人员（人）	20 ~ 300	< 20
	营业收入（万元）	100 ~ 2 000	< 100
住宿业	从业人员（人）	10 ~ 100	< 10
	营业收入（万元）	100 ~ 2 000	< 100
餐饮业	从业人员（人）	10 ~ 100	< 10
	营业收入（万元）	100 ~ 2 000	< 100

续表

行业	划分指标	小型企业	微型企业
信息传输业	从业人员（人）	10 ~ 100	<10
	营业收入（万元）	100 ~ 1 000	<100
软件和信息技术服务业	从业人员（人）	10 ~ 100	<10
	营业收入（万元）	50 ~ 1 000	<50
房地产开发经营	营业收入（万元）	100 ~ 1 000	<100
	资产总额（万元）	2 000 ~ 5 000	<2 000
物业管理	从业人员（人）	100 ~ 300	<100
	营业收入（万元）	500 ~ 1 000	<500
租赁和商务服务业	从业人员（人）	10 ~ 100	<10
	资产总额（万元）	100 ~ 8 000	<100
其他未列明行业	从业人员（人）	10 ~ 100	<10

二、小微企业的融资需求及特征

据国家工商总局 2014 年发布的《全国小型微型企业发展情况报告（摘要）》显示，截至 2013 年年末，全国共有 1170 万家小微企业及 4 436 万户个体工商户，占所有工商登记注册企业的 94.15%。截至 2017 年 3 月，中国全国小微企业已达 2400 万家，个体工商户超过 8000 万家，已提供 80% 以上的就业机会，创造的最终产品和服务价值相当于国内生产总值总量的 70%，新产品开发技术的贡献度超过 80%。小微企业涵盖了国民经济的所有行业，其数量大、种类多、地域广、行业全的特点，使得小微企业已成为驱动经济发展的重要动力。但由于小微企业较大中型企业资产规模小、经营连续性不稳定、利润率不确定、缺少足够多的担保和抵押品，在融资过程中常常处于被动地位，融资需求往往得不到满足，存在较大的"资金缺口"。小微企业的融资难题已经成为制约其持续、健康、稳定发展的主要因素。

在经济结构转型、创新创业驱动的新形势下，中国小微企业的融资需求呈现出新特点"短、小、频、急、强、险"六个特征。

"短",是指小微企业的资金使用期限较短,资金的使用主要满足短期的资金周转需要,例如很多小微企业购买原材料的资金需求超过60%、偿还应付账款或发放员工工资的资金超过50%等;"小"是指小微企业的单笔资金需求额度较小,据P2P宜信公司发布的《2016中国小微企业调研报告》显示,经常性融资缺口在50万元以内的小微企业占94%,而经常性融资缺口在10万元以内的占64%。"频"是指小微企业资金需求频率高,经常会产生临时性的资金需求。由于小微企业一般不具备垄断的资本和资源,所处的市场类型基本是完全竞争市场或垄断竞争市场,这就要求小微企业必须具备灵活的经营机制、敏锐的市场嗅觉、快速的资金周转,从而对短期流动性资金的需求旺盛。"急"是指小微企业对资金需求的时效性要求较高,面对转瞬即逝的商机,要求资金到位必须及时迅速。"强"是指小微企业资金需求旺盛。我国央行每季度发布银行问卷调查报告,银行通过问卷对我国各类企业的贷款需求进行总体判断,从而形成不同规模企业的贷款需求指数,如图8-1所示。2011—2016年,虽然小微企业的贷款需求呈下降趋势,但是相比于大型和中型企业而言,小微企业仍然表

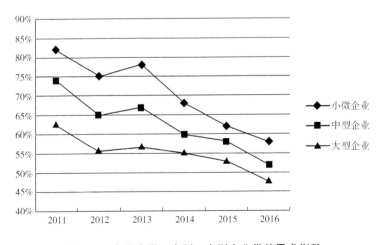

图8-1 中国小微、中型、大型企业贷款需求指数

现出旺盛的贷款需求；"险"是指小微企业资金需求的风险变高。风险较高是小微企业信贷的固有特点，来自世界银行的一份调查报告显示，小微企业的风险比大、中型企业分别高46%、90%，这也是由于"互联网+"时代的经济环境，技术生命周期、企业生命周期日益缩短，小微企业面临复杂多变的生存环境，较高的技术风险、生产风险、市场风险，导致较高的资金需求风险。

第二节　小微企业的融资困境及原因分析
——以北京市西城区小微企业为例

一、北京市西城区小微企业发展情况

西城区作为首都北京的核心功能区，近年来经济呈快速发展势头，2016年实现地区生产总值3 533.6亿元，比上年增长6.5%，完成区级财政收入413.8亿元。其中小微企业为西城区的经济发展提供了动力，做出了积极贡献。

1. 北京市西城区小微企业规模不断壮大，为经济发展贡献了力量

截至2016年年底，西城区共有法人单位61 760个，法人企业50 661家，其中，大型企业412家，占企业总数的0.81%；中型企业1324家，占企业总数的2.61%；小微企业合计48 925家，占企业总数的96.57%，此外，还有31 166家个体工商户。

2016年全区规模以上企业中，小型企业3752家，微型企业1 722家，合计5474家，占全部规模以上企业总数的73.22%，仅为全部小微企业的11.18%。2016年全区规模以上小微企业总资产24 627.94亿元，占全部规模以上企业的5.5%，其中，小型企业总资产29 017.36亿元，微型企业总资产23 212.14亿元；小微企业主营业务收入3 514.99亿元，占全部规模

以上企业的 16.9%；小微企业实现利润总额 2 045.86 亿元，占全部规模以上企业的 24.81%；小微企业从业人员 166 396 人，占全部规模以上企业的 17.47%。如表 8 – 3 所示。

表 8 – 3 　 2016 年西城区规模以上不同类型企业情况表

指标企业类型	企业个数（家）	资产总额（亿元）	主营业务收入（亿元）	利润总额（亿元）	从业人员平均人数（人）
大型企业	408	723 548.16	9 875.12	5 822.33	489 378
中型企业	1 594	40 751.51	7 400.51	378.59	296 583
小型企业	3 752	29 017.36	2 602.13	799.36	143 271
微型企业	1 722	23 212.14	912.86	1 246.50	23 125
小微企业合计	5 474	52 229.5	3 514.99	2 045.86	166 396
小微企业占比（%）	73.22	6.40	16.90	24.81	17.47
总计	7 476	816 529.17	20 790.62	8 246.78	95 2357

资料来源：西城区统计局。

2. 北京市西城区小微企业主要从事传统服务业，行业特色鲜明

目前全区小微企业已形成了以租赁和商务服务业、批发和零售业、房地产业、住宿和餐饮业、建筑业等传统服务业为特色的具有一定规模的产业集群。其中租赁和商务服务业 923 家，住宿和餐饮业 850 家，批发和零售业 835 家，房地产业 681 家，建筑业 409 家。五大行业合计 3 698 家，占全部规模以上小微企业的 67.6%，其他行业不到三分之一。如表 8 – 4 所示。

表 8 – 4 　 2016 年西城区规模以上小微企业行业分布情况

行业类别	小微企业合计	小型企业	微型企业
工业	89	70	19
建筑业	409	240	169
批发和零售业	835	563	272
交通运输、仓储和邮政业	91	68	23
住宿和餐饮业	850	663	187

行业类别	小微企业合计	小型企业	微型企业
信息传输、软件和信息技术服务业	252	157	95
金融业	511	379	132
房地产业	681	229	452
租赁和商务服务业	923	652	271
科学研究、技术服务业	322	280	42
水利、环境和公共设施管理业	25	19	6
居民服务、修理和其他服务业	129	113	16
教育	13	8	5
卫生和社会工作	10	10	
文化、体育和娱乐业	334	301	33
行业合计	5 474	3 752	1 722

资料来源：西城区统计局

3. 北京市西城区小微企业经济份额有限，社会贡献突出

同样的资金投入，小型微型企业可吸纳就业人员平均比大中型企业多4倍至5倍。在中国7.76亿的就业人口中，小微企业解决的就业人数已达到1.5亿，而且新增就业和再就业人口的70%以上集中在小微企业。

西城区小微企业大部分属于劳动密集型企业，向社会提供了大量的就业岗位。截至2016年年底，全区从业人员956 577人，其中大型企业393 305人，中型企业173 432人，小微企业从业人员合计总数为389 840人，占全部从业人员的40.8%，如果加上个体工商户从业人员，一半以上的城镇就业人口都是小微企业解决的。在某些行业如科学研究、技术服务业小微企业从业人员占全行业从业人员的比重高达57.6%，如果加上规模以下小微企业从业人员，该行业60%以上为小微企业。

二、北京市西城区小微企业的融资困境

1. 融资结构简单，融资渠道不畅通

企业融资渠道主要分为内部融资与外部融资。内部融资主要包括企业

的自由资金、盈余公积、未分配利润等；而外部融资又分为直接融资和间接融资两种方式。间接融资中，以国有大型商业银行为主导的金融体系下，银行贷款依然是主要渠道。直接融资中，主要是企业在资本市场上通过发行股票和债券筹集资金。虽然目前我国证券市场有中小企业板和创业板市场，但主要服务的对象为高成长型企业，小微企业规模还达不到上市和发债的资格，小微企业难以进入资本市场进行直接融资。另外，我国创业风险投资和私募股权投资的法律体系还不健全，其市场还不够发达成熟。因而在直接融资中，民间借贷占有一席之地。总体来说，西城区小微企业融资结构较为单一，间接融资渠道主要以银行贷款为主，直接融资渠道还处于边缘化状态，以发行股票或债券的直接融资方式所占比重依然很小，小微企业的外部融资主要来自于民间金融。

2. 正规金融不能完全满足小微企业的融资需求

自 2011 年小微企业的划型标准颁布后，银行等金融机构逐年持续扩大对小微企业信贷的支持力度。据统计自 2011 年至 2016 年年末，西城区小微企业的贷款余额与贷款占比逐年上升，但其从银行获得的融资比例还是远远低于其对西城区经济的贡献。小微企业总体上信用等级偏低，难以跨越各大商业银行的贷款门槛，同时各项贷款优先流向重点项目、重点企业。因此数量众多的小微企业仍然不能全部享受到商业银行的信贷支持，更多的银行信贷资源还是流向了大中型企业，使得西城区小微企业贷款难、融资难问题很难在短期内得到实质性改善，融资难仍然是制约小微企业发展的主要因素。此外商业银行在给予西城区小微企业信贷支持的过程中也依然存在着信息不对称、融资成本高、融资门槛高、服务意愿不强等问题。

（1）信息不对称。信息不对称，简单来说就是银行找不到好的小微企业，对小微企业既有放款难，也有贷款难的问题。

本质上，借贷关系是委托代理关系，正规金融机构是委托人，小微企业是代理人。银行等金融中介机构的出现在缓解信用过程中银行和借款人之间的信息不对称问题发挥了积极的作用，但同时又形成了银行和借款人之间新的信息不对称问题，而且信息不对称程度越大，市场失灵越明显。与大中型企业相比，传统借贷渠道中的小微企业面临的信息不对称问题更为突出。西城区小微企业大多是以家庭为经营单位，企业经营状况及信用状况与企业主本身的才能与个人品德密切相关。在征信体系并不完善的条件下，银行难以获得西城区小微企业真实的经营情况与企业主信息，或者信息获取成本较高。同时，西城区很多小微企业没有建立正式的财务制度和会计科目，企业经营及财务信息透明度低，财务报表的可信度也难以得到认可。在贷款合约签订后，银行不能有效监督小微企业的资金使用方向以及盈利亏损情况，因而银行不能掌握小微企业贷款后有关资金运用以及还款意愿与还款能力。与大中型企业相比，传统借贷渠道中的小微企业面临的信息不对称问题更为突出，更容易受到银行信贷配给的约束。

（2）银行融资成本高。由于信息不对称，银行业金融机构不易获取小微企业的信用状况、现金流、经营状况、交易数据等展现小微企业信用水平的"软信息"，商业银行针对小微企业展开全方位的信用调查成本普遍高于大企业，小微企业单笔贷款额度小造成银行放贷的规模不经济；在缺乏抵押品的情况下，商业银行向小微企业放贷的意愿并不强烈。同时，信息不对称的存在也使银行业金融机构会收取一定的风险溢价，从而小微企业一般无法享受到基准利率，再加上申请贷款过程中所需的抵押公证费、担保费、评估费、审计费等多项费用，造成小微企业融资成本上升。在对西城区 22 家小微企业关于融资成本的调查中，32% 的小微企业主认为银行贷款是成本最高的一种借贷方式，占比最高。虽然银行名义利率并不高，但银行在放贷过程中的一些附加性条件，推高了企业的综合借贷成本。

（3）银行融资门槛高。目前我国国有大型商业银行的目标客户仍然是大额中长期贷款的发放，而小额超短期融资服务比例较小。一般而言，营业收入和资产总额不仅和小微企业借款可得性成正比关系，而且和借款规模也存在正相关关系。商业银行更愿意向营业收入与资产总额相对较高、规模较大的小微企业提供融资服务。虽然西城区政府非常重视小微企业的融资问题，但是由于大部分小微企业无法满足银行业金融机构在贷款过程中要求的足够抵押或担保物、合适的财务报表等信用要求；再加上商业银行在贷款金额、贷款期限、还款方式等方面，不能提供灵活多样及具有个性化、时效性的贷款产品，从而也进一步限制了小微企业向商业银行贷款的动力。在对西城区 22 家小微企业关于融资难的调查中发现，46%的小微企业反映"贷款到位时间较长"；41%的小微企业无法提供足够的抵押或担保物；31%的小微企业无法提供银行所要求的财务报表信息。

（4）在金融市场中处于优势地位的商业银行自身服务小微企业的意愿不强。完全竞争市场是资源配置效率最高的市场类型。在对西城区 22 家小微企业的调查中发现，15 家小微企业主要以贷款融资，以股权债权融资的只有 3 家。以股票及债券市场为主的直接融资市场规模较小，而以银行信贷为主的间接融资在社会融资规模处于优势地位。因而直接融资市场不能给间接融资市场形成外部压力与威胁，不能形成竞争充分的完全竞争市场，银行议价能力强，卖方市场优势明显。虽然我国正在建立多层次以及多种所有制结构的金融体系，但目前我国依然是以五大国有商业银行为主导的金融市场格局。银行业金融机构之间的竞争也不充分。虽然不同规模、不同所有制形式的银行不断出现，但银行间同质竞争较为明显，市场细分不够充分，特色不明显。因而，大型商业银行从自身出发并不太重视对小微企业的贷款市场。

3. 政策执行与落实不尽人意

西城区域提出"金融强区"，金融业是西城区的支柱产业，大力促进西城区金融业发展无疑是正确的。经济发展是政府的主要目标，解决就业也是政府的重要目标，而小微企业尽管在经济发展作用上无法与金融业同日而语，但在解决就业方面无疑存在着不可替代的作用。目前，西城区存在注重抓"强区"的金融业、大企业，而对小微企业重视不够，没有真正把支持小微企业发展纳入总体规划。同时，由于政府资金支持小微企业的数量小，使用分散，难以真正起到对小微企业帮扶效果，对小微企业相关政策配套、政策落实、政策执行不尽人意。总之，政府陆续发布的一系列支持政策及促进措施，对缓解小微企业融资难起到了积极作用。但从整体来看，政策支持缺乏激励机制以及配套的风险防范措施，不能有效调动银行服务小微企业的积极性和主动性，不能有效防范小微企业信贷风险。伴随着我国市场经济的深化发展，以及国家鼓励创新创业的市场环境，小微企业的资金需求将不断扩张。有效缓解小微企业融资需求问题的关键就是要找到有效的融资方式，最大程度地契合小微企业的融资需求特点，最小成本地满足其融资需求。

三、小微企业融资困境原因分析

造成小微企业融资困境的原因主要包括小微企业自身层面、银行和金融机构层面以及国家层面三个方面。

1. 小微企业融资困境的自身层面原因

小微企业先天不足、后天发展失调是造成融资难的重要原因，具体表现如下：

（1）财务制度不规范，影响其内、外源融资。多年来，中国小微企业备受诟病的一个重要原因就是企业财务制度不规范、财务报表不全甚至没有财务报表、财务管理相对混乱。种种弊病既弱化了内部融资能力，又限制了银行等金融机构进行贷款审查从而影响其通过外部融资获得资金。财务管理是对资金筹集、投入、经营、分配的管理工作，它是企业管理的重要组成部分，财务管理水平影响小微企业融资毋庸置疑，财务管理水平不高对小微企业融资的影响主要表现有：第一，由于财务制度的不健全，财务管理水平的落后，小微企业对现金管理不严，一些小微企业持有资金多多益善的观念，造成资金的闲置浪费，而另一些小微企业则因为对资金缺乏计划安排，不动产购置过量，无法应付经营急需资金，陷入资金短缺的财务困境。第二，小微企业并没有严格的除销政策，加之缺乏有力的催收措施，应收账款不能兑现或形成呆账，周转缓慢，造成资金回收困难，从而影响其内部融资能力。第三，很多小微企业月末存货占用资金往往超过其营业额的两倍以上，造成资金呆滞，周转失灵。第四，由于小微企业的管理者对原材料、半成品以及固定资产等管理不善，问责机制缺乏，造成资产浪费、资金流失严重。第五，由于管理人员素质偏低，法制观念淡漠，忽视财务制度的重要性和财务纪律的强制性、严肃性，企业会计账目不清、信息失真、虚假的盈亏现象在小微企业中屡见不鲜。

财务制度的不健全除了削弱小微企业内部融资能力以外，也使小微企业与银行或其他投资者的贷款条件相差甚远，使其外部融资的机会锐减。另外，小微企业的信息披露质量差，导致小微企业的利益相关者难以把握小微企业的财务状况、现金流状况和经营成果，使得小微企业和小微企业利益相关者之间出现严重的信息不对称，引起小微企业利益相关者对小微企业决策时的"逆向选择"，致使小微企业在发展过程中获取资源（例如外源融资）时，面临种种苛刻的条件约束。

（2）资本匮乏，缺乏足够的抵押担保。目前，银行贷款最主要的方式是抵押担保，并且由于国内银行业缺乏对存货、应收票据、应收账款等流动资产的鉴别和定价能力，因而更偏好固定资产抵押，对流动资产抵押的接受度不高。小微企业受资金、设备、技术、人才的限制，无论是固定资产还是流动资产存量都相对较少，银行等金融机构普遍愿意接受抵押的土地使用权、门面房、商品房更是缺乏，无法迎合银行的贷款偏好。

另外，多数小微企业处于产业链末端，综合竞争力低下，抵押能力不能满足银行的信贷资金管理要求。从客观角度看，无法通过我国现行常规的审贷分离原则，无法通过审核，自然无缘于信贷资金；对银行而言，向这类企业发放贷款属于限制级业务，风险较大。穆迪公司的研究表明，在经济衰退期，小企业的债务回收率相较于经济繁荣期要低 1/3。而对于抵押贷款，不良贷款回收率在一定程度上取决于抵押品的价值，但是小微企业贷款抵押品贬值速度快、变现能力差，还可能存在重复抵押的问题。当宏观经济不景气时，抵押品的价值加速下降，因此，一旦发生违约，小微企业抵押贷款的回收率甚低。我国四大资产管理公司贷款清收数据表明，当宏观经济处于经济增速高于 10% 的繁荣时期，不良贷款平均回收率相对于经济低迷期要低 8% ~ 10%。研究表明，小微企业贷款金额与不良贷款回收率呈现明显负相关关系，而小微企业所能提供的抵押品的数量及质量难以与申请的贷款额度相匹配。因此，银行出于风险补偿能力的考虑，不愿对小微企业发放贷款。

显然，优质抵押资产的缺乏，在一定程度上影响了小微企业融资。根据西城区小微企业调研数据表明，有 19% 的小微企业未申请贷款的原因就是缺少抵押物。在缺少抵押物的情况下，银行出于风险防范的需要，要求小微企业有担保公司提供担保，担保公司又要求小微企业提供反担保，但多数抵押能力不达标的小微企业由于生产规模小、资产价值较低，无法达到担保公司要求的反担保标准。为了得到贷款，有时候企业就要找多个自然人给予保证，这无疑提高了企业融资担保的门槛，降低了小微企业的融资能力。另外，由于担保公司在自负盈亏的情况下经营，往往提高了担保条件，繁杂的担保手续、高昂的担保费用增加了企业的融资成本，影响了融资效率。

（3）信息不对称，推高信贷风险。融资过程中，债权人或投资者出于风险控制的要求和资金安全的考虑，会对筹资者进行了解评估，如果无法获得有效可靠的信息，出资方就会在投资时谨慎从事，而对于融资者而言，信息不对称会导致其融资成本和信贷风险大大增加。由此可见，债权人、投资者与小微企业的信息不对称，导致逆向选择和道德风险问题的升华和突出，推高了信贷风险，加剧小微企业融资难。

我国大部分小微企业都是由个人或家族创建，缺乏现代企业内部治理结构，或形同虚设，企业主做出经营决策时往往凭借主观判断而缺乏足够的客观依据。由于小微企业的财务制度不规范，内部监督制衡机制不够完善，第三方的缺位，报表数据反映的信息缺乏足够的准确度和可信度。而银行方面，不完善的小微企业征信平台限制了其获得完整而准确的信用信息的能力，使得债权人和投资者无从正确地判断小微企业的经营状况和财务风险。加之，小微企业财务状况透明度普遍不高，债权人和投资者对信贷资金使用情况监督困难，在银行加强风险管理、降低贷款风险容忍度、推行严格的责任追究的背景下，小微企业整体信用状况不良、信息不对称迫使贷款发放人对小微企业噤若寒蝉，尽量避而远之。

（4）经营管理理念落后，风险抵御能力弱。目前，中国小微企业的管理水平参差不齐，管理方式差异较大，多数小微企业存在经营管理理念落后、法人治理结构不完善、经营管理能力不强、产品科技含量低等问题。我国的小微企业多数具有浓厚的家族特色，在用人方面，任人唯亲，家族成员占据重要的管理岗位，这种管理模式不利于将优秀的管理、技术人才吸纳在内。

由于现代经营理念缺乏、规模偏小、资金能力薄弱，我国的小微企业普遍风险抵御能力较差，受内外影响波动大，生命周期较短，可持续经营能力不足。在经济调整期，小微企业经营难、破产、倒闭现象时有发生。据统计，中国的小微企业和集团企业普遍短寿，分别为2~5年和7~8年，而欧美企业的存活年限平均可达40年。中国的众多企业似乎陷入了"一年发家，二年发财，三年倒闭"的诅咒怪圈，只有寥寥无几的企业能做强做大，这样的经营状况导致了小微企业的破产率普遍高于大型企业。金融投资的基本要求是安全性、流动性和营利性。小微企业经营持续时间相对较短、退出市场的概率偏高、经营稳定性趋低等因素容易诱发银行承担较高的金融风险,在监管机构要求金融企业不良贷款余额和不良贷款率实现"双降"的背景下,为了防范金融风险,银行不能也不愿向小微企业发放信贷资金。此外,由于小微企业内部管理的缺陷,也使得其在融资的必要程序上都很难满足。

2. 小微企业融资困境的银行和金融机构层面原因

长期以来,缺乏议价能力的小微企业要想进入正规金融机构的视野无异于痴人说梦。据全国工商联调查显示,目前全国95%的小微企业没有与金融机构发生过任何借贷关系。特别是在经济紧缩时期,所有金融机构更愿意将稀缺的金融资源向大型企业倾斜,这在客观上形成了对小微企业的挤压。从另一层面而言,分布散乱的小微企业对于数量极其有限的正规金融机构,将其纳入服务半径是一项艰难的任务。如果国家银根收紧,小微企业常常首先被挤兑。小微企业融资难与金融机构体系的缺陷不无关系。我国金融机构体系的缺陷具体表现为银行对小微企业"惜贷""拒贷"以及针对小微信贷产品创新和推广力度不足。

(1)银行对待小微企业融资理性不足。小微企业融资难的根本原因之一是银行不愿意向小微企业贷款。从现实情况看,绝大多数银行之所以不愿贷款给小微企业而把目标定位于"大中型企业",原因无外乎以下几方面:

第一,小微企业贷款的高风险、高不良率导致银行远离小微企业。根据银监会统计,2016年年末,全国小企业贷款余额25万亿元,约占全部贷款余额的25%,与商业银行整体不良贷款率1%相比,全国小企业不良率为2.72%,其中单户授信500万元以下小企业贷款不良率为6.73%。考虑到小微企业对贷款定价的较低承受能力以及较高违约风险,针对小微企业的信贷业务难以做到"收益覆盖风险"。资本的趋利性,注定了商业银行的"嫌贫爱富"。因此，在没有政策直接干预的情况下，小微信贷对金融机构来说的确是吃力不讨好的业务。

第二，按照服务大企业的传统模式开展小微企业信贷，人工成本太高。商业银行在市场化运作过程中，必然会根据资本安全性和利润的原则对服务对象进行评价和衡量，在成本、收益与风险三者平衡的基础上做出自己的选择。在实际操作过程中，小微企业贷款具有单笔金额小、频率高的特点，从而使贷款银行管理成本大大提高。另外，由于小微企业自身的缺陷，以及征信体系建设滞后，对银行而言，向小微企业开展信贷业务，需要搜集大量的信息，也推高了银行人工成本。因此，商业银行往往会选择那些收入、利润高并且稳定、有经济实力的大型企业作为自己服务的客户，而很少与一般小微企业发生联系，因而一般小微企业很难从商业银行那里获得金融支持。

第三，由于监管机构对于银行的不良贷款生成有严格要求，银行往往会担心因为小微企业贷款的高不良率而被问责，因此对小微企业存在体制性歧视。在我国的融资格局中，银行贷款在企业融资来源中占有绝对比重，并且，近年来随着信贷规模快速增长，而直接融资发展相对缓慢，贷款和直接融资余额的差距呈现越来越大的趋势。然而四大国有银行以及国家控股商业银行在提供贷款时，小微企业不受偏好。目前四大国有商业银行贷款的市场份额占70%以上，对金融资源的高度垄断又限制了中小金融机构为小微企业服务的能力。虽然一些国有商业银行设立了中小企业专营机构，但并没真正改变小微企业融资难的困境。

此外，小微企业经营规模大小不一，融资需求差异化程度颇高，我国金融机构普遍缺乏适应小微企业的信贷产品。近年来，针对小微企业的融资特性，各商业银行也开始在发展小微企业贷款方面进行了积极探索和有益尝试，但还是对小微信贷产品创新和推广力度不足，适应小微企业客户的信贷产品依然稀少。

（2）专营小微企业服务金融机构缺位。小微企业融资难的另一根本原因就是缺乏专门为小微企业服务的金融机构。财政部财政科学研究所所长贾康指出，大银行对于小微企业的融资更多的是政治表态，出于社会压力之下，对小微企业进行扶持。但从自身发展空间、风险考量出发，大银行是不可能尽职尽责地去服务小微企业的。

根据银监会数据显示，截至 2017 年 2 月末，中国小微企业贷款余额 27.36 万亿元，占各项贷款余额的 23.96%。小微企业贷款较年初增加 0.663 万亿元，较上年同期增速 14.73%，比各项贷款平均增速高 1.98 个百分点；小微企业贷款余额户数 1 348.13 万户，较上年同期增加 112.26 万户；小微企业申贷获得率较上年同期高 1.15 个百分点。这一数据表明银行对小微企业贷款明显增加，事实上，银行在面对小微企业客户时，青睐于规模较大、资质良好的小微企业发放贷款，一般小微企业仍被边缘化。究其原因，就在于适合小微企业资金需求、对口的小微金融机构的缺位。

2017 年来，虽然金融管理部门针对专营小微金融机构缺乏而导致融资难这一事实有诸多举措，然而新型的小微金融机构发展缓慢是不争的事实，这主要归咎于进入的高门槛。金融管理部门对设立小微金融机构的资格有严格限制，目前能够设立小微金融机构的只能是大中型商业银行以及近来允许进入的小型商业银行，严格限制民间资本和民营企业设立小微金融机构。而这些有资格的银行往往将眼光聚焦于自身业务，对于设立独立的金融机构明显缺乏积极性，而高门槛也压抑了民间资本和民营企业的积极性，在这种情况下，新型金融机构发展壮大任重而道远。我国目前的银行体系无论是业务结构还是产品类型甚至信贷门槛都将小微企业拒之门外，无可奈何之下，小微企业不得不投向民间金融甚至非法金融的怀抱。可以说，小微企业融资难与小微金融机构缺位脱不了关系。

（3）民营金融机构发展缓慢。民营金融机构是指由民营经济组织、集体或个人经营的银行或非银行金融机构，目前主要包括由国家参股但不控股的股份制商业银行（如华夏银行、城市合作银行）、城市信用合作社、农村信用合作社、农村合作基金会以及名目繁多的互助储金会、民间资金服务部、农经服务公司、资金调剂服务社、农村金融服务社、信用服务站、钱庄、典当铺、抬会、呈会等。民间金融是正规金融的有效补充，但是受金融法规准入的限制，我国的民营金融机构发展步伐缓慢。央行统计数据显示，截至 2016 年年末，全国共有小额贷款公司 9 373 家，典当行8 553 家,融资性担保公司 9 876 家，这些机构的内部管理大都较为薄弱，风险防范能力较低，再加上缺乏规范而严格的监管体系和制度，违规经营现象时有发生。

当前小微企业的融资需求和现存金融体系无法对接，小微企业融资困难，民间资本没有出路，高利贷愈演愈烈。近几年整个金融业资金供应紧张，小微企业纷纷求告于民间借贷以解决急需资金的供应，这无疑进一步推升了借贷利息率，使企业负担加重，反过来又加剧小微企业融资难。对于民间借贷，相关部门态度暧昧不明，一方面认为它是在我国僵化的正规金融体系之外，又一条给中小企业融资的出路；另一方面又怀有民间借贷规模做大、在体制外运作会扰乱金融秩序的忧虑。不可否认，民间融资有着积极作用，其借款的便利性和弥补正规金融的不足，有利于解决个人与中小企业的燃眉之急。但由于没有合法身份，民间金融长期游走在灰色地带，政府对民间金融的管理也堵多疏少。可以将民间金融比喻为水，管理得好，能够滋润万物，反之就会变成洪水，而我国对民间资金的限制严格，在助力小微企业融资方面，民间金融并未充分发挥作用。

（4）政策性金融机构缺乏。小微企业融资不能完全寄希望于大银行的业务扶持，而应有互助性和政策性金融机构对小微企业融资进行综合型的贷款服务。小微企业的市场弱势地位，决定了市场化的融资机制对小微企业的失效。在新形势下，要解决小微企业资金紧张的燃眉之急，政策性金融的介入刻不容缓。放眼国际，德国、日本等国家都设立了专门的政策性银行，专门解决小企业融资问题。在我国，小微企业从某种意义上说，相较发达国家和其他新兴经济体，需要更多的政策性金融扶持。然而迄今为止，我国没有专门扶持小微企业的政策性银行，政府主导政策性金融机构的"缺位"，导致了小微企业长期受困于融资难。

3. 小微企业融资困境的国家层面原因

除了自身缺陷以及银行等金融机构的问题外，小微企业融资难国家层面的原因主要包括资本市场的缺陷、信用担保体系的缺陷以及政府扶持不足等。

（1）资本市场的缺陷。目前，我国资本市场正处于起步阶段，对企业上市融资有严格的限制条件，尚未建成可为小微企业上市融资服务的资本市场。虽然近些年来，资本市场得到相当的发展，甚至风险投资也渐有起色，但离满足广大小微企业的刚需，尚有一定距离。

我国当前的资本市场的缺陷不仅体现在未能如实反映小微企业的总体价值，也体现在不能及时发现有价值的小微企业。一部分小微企业的确有好项目，甚至也有自己的核心技术，实用价值非常大，但市场不能够及时发现，也不能够及时提供"资本的翅膀"。

从股权融资来看，虽然目前我国的中小板和创业板市场有了一定发展，但是仍处于初级阶段。小微企业由于资产总额小、管理欠缺规范，面对主板、中小板和创业板既定的上市条件只能望洋兴叹。根据《证券法》《公司法》的相关规定，公司上市，其股本总额不得少于5 000万元，并且要求其连续盈利至少3年以上，但是我国的小微企业平均注册资本仅为80多万元，远远不能达到这一标准，根本没有资格争取到上市融资的机会。相关统计数据显示，中小企业股票融资规模非常小，仅占国内融资总量的1%左右，可想而知，小微企业这一比率更低。另外在发行额度方面，小微企业也很难达到要求。这些高门槛直接堵塞了小微企业上市融资的路。

单论股权融资中灵活度较大、弹性较大的风险投资，也未提供一条供小微企业突围脱困的路。我国的风险投资基金尚处于起步阶段，整个风投市场发展畸形，投资主体单一，政府主导的风险投资基金占大头，而拥有大量闲置资金的民间资本被排除在外、备受冷落，民间风险投资发展缓慢滞后。风险投资是通过私募方式利用企业的高成长性和投资回报的丰厚性扩股引资，以获得企业发展需要的资金。对企业而言，风险投资基金带来的不仅是资金的引入，还有风险投资家为其提供的各种先进的经营管理理念和丰富的市场信息，它无疑是最佳融资渠道之一，但是，目前国内正式进行操作的风险投资基金还不多，资金规模也比较小，而进入我国的境外投资基金成功的案例也较缺乏。因此，在现阶段，于小微企业而言，通过风险投资基金缓解融资困境并不现实。

从债券融资的情况看，我国债券市场远远落后于股票市场，国家对企业发行债券的要求异常严格，目前仅有为数不多的效益好、信誉佳的大型国有企业具备通过债券市场融资的资格。在各种高门槛、严条件限制下，对单个小微企业来说，债券融资不是现实的方式。

（2）信用担保体系的缺陷。信用担保环境在一定程度上影响着小微企业的融资。近年来，我国在发展信用担保体系方面取得了巨大进步，一定程度上方便了小微企业融资。然而其存在的问题仍然不容忽视。

从整个信用担保业来看，我国信用担保业的发展特点可以概括为"一体两翼四层"的格局，即政策性为主体、商业性与互助性担保为两翼，中央、省、市、县四层，行政色彩浓厚，注册资本到位率低，运转很不规范，难以适应小微企业的融资担保需求。另外，国内既有的担保机构和小微企业发展资金数量有限、资本实力薄弱，能提供的担保支持仅为500亿元至800亿元，担保资金规模与小微企业发展的资金需求矛盾突出。

从担保机构自身而言，部分地区的担保机构存在发展过快、过滥的问题。中国小微企业信用水平低，由于银行对企业的信息了解不足，故而无法为小微企业融资提供有力支持，在这种情况下小微企业将希望寄予担保体系，而被小微企业寄予厚望的担保体系自身也被诸多难点困扰，如缺乏必要的管理制度和风控制度；担保机构注册资本少，正常运作困难；担保机构规模小、内部业务操作程序欠缺规范；担保机构少且担保品种单一；担保业务人员相对银行机构人员整体素质偏低，如金融、财务、审计、法律、行业、评估等专业知识缺乏；识别和防范风险的能力尚需提高。小微企业担保机构弊病缠身，要充分为小微企业融资提供服务显得有些力不从心。

从担保机构的营运环境来看，存在的问题也不少。第一，信用担保相关法律法规建设滞后，拖慢了信用担保体系建设规范化的脚步。如目前的《担保法》虽规范担保行为，却忽略了明确规定关于专业担保机构的权利与义务。对于地、市、县级担保机构进入担保行业的准入问题，没有明确的法律可依。第二，明确的监管部门缺乏与多头管理并存。由于监管不力，出现了担保职能异化的现象，如担保公司联手银行放高利贷以从中获利、与企业合谋骗贷、甚至非法存放贷等。第三，风险分散机制尚未形成，担保资金的放大功能和担保机构的信用能力没有得到充分发挥。民营机构受所有制歧视，无法与银行形成风险共担机制，商业性担保机构一般要承担100%代偿。第四，风险补偿机制欠缺，我国政府出资设立的信用担保机构通常仅在筹建之初得到一次性资金支持，后续的补偿机制有待加强，同时对风险补偿的考核缺乏标准，补偿政策难以有效落实。第五，银行等各种相关信息的共享比较难。担保机构的营运环境影响我国信用担保体系的发展，而信用担保体系的不完善又阻碍了中国小微企业融资难状况的改善。

小微企业低下的信用水平、残缺的融资要素对小微企业依靠自身具备的信用担保条件完成融资任务提出了高难度的挑战，对进一步加强信用担保体系建设提出了迫切要求。

（3）政府扶持方面的不足。除了上述因素外，造成小微企业融资困难的另一重要原因是政府政策扶持力度的不足，大致表现为以下几方面：

第一，法律法规不完善。自 2011 年中国小微企业划分标准出台后，国家全力支持小微企业的创新发展，尤其是在扩大小微企业融资规模、改善小微企业融资环境方面颁布了一系列的政策性文件与措施。2011 年 10 月，国务院确定了支持小微企业发展的九项金融、财税政策措施；2012 年 4 月发布《国务院关于进一步支持小型微型企业健康发展的意见》；2013 年 7 月发布《国家发展改革委关于加强小微企业融资服务支持小微企业发展的指导意见》；2013 年 8 月发布《关于金融支持小微企业发展的实施意见》。2014 年 9 月，在国内宏观经济下行的背景下，国务院常务会议再次强调要从简政放权、税收、财政、信息系统服务等方面大力支持小微企业，尤其在融资方面，鼓励银行业金融机构向小微企业融资的倾斜，推进民营银行的依法设立。2015 年 3 月，银监会发布《关于 2015 年小微企业金融服务工作的指导意见》，特别强调从 2015 年起要从贷款增速、贷款户数、申贷获得率三个角度考查银行业金融机构向小微企业开展贷款情况。然而到目前为止，我国尚没有出台一部专门针对小微企业的立法规范，大量行政法规也是笼统称之为"企业"，没有把小微企业作为特殊的服务对象看待。

由于目前金融法制不完善，小微企业贷款出现市场性风险或信用风险时，法律执行环境差，"法律白条"大量存在，对银行债权的保护能力比较低，小微企业逃废银行债务现象难以完全杜绝。而银行内部对贷款签批人的责任追究却十分严厉。这样就加剧了金融机构，特别是经办人员对小微企业的恐惧与歧视。民间借贷法律化进程缓慢。从世界范围来看，中小微企业发展都和民间借贷密不可分，发达国家都经历过对民间借贷法律化、"阳光化"的历程。缓解小微企业当前融资窘境，亟须法律化、阳光化民间借贷。

有关小微企业信用担保和风险基金等相关法律尚属空缺，这些与小微企业融资相配套的法律的缺乏，都对中国小微企业融资产生不利的影响。

第二，完整性的政策扶持体系缺乏。近年来，政府逐渐重视小微企业的重要性，对于小微企业融资难问题，政府在政策性支持方面做出了诸多努力。但是，虽然颁布了一些诸如要求信贷向小微企业倾斜的信贷政策，然而支持小微企业发展的完整的金融政策体系尚未形成。由于缺乏完整的金融政策支持体系，大多数信贷资金、社会资源仍然流入了大、中型企业，束缚了小微企业融资，小微企业融资难并未得到良好改善。

另外，国家出台的某些政策多是按照企业规模和所有制性质制定并实施的，与大企业相比，小微企业在适用政策方面不够公平。现阶段，国家对商业银行的管理、考核中，没有专门为小企业服务的制度和规范，把大、小企业笼统对待，商业银行从降低经营风险出发，自然就更青睐大企业。

第三，资信调查体系发展缓慢。我国征信体系建设滞后、征信体系不健全也是影响小微企业融资的一个重要原因。近几年来，我国中小企业信用体系建设方面取得了一定进展，但是资信调查还是一个未得到充分发展的领域，完善的权威征信系统尚未建立。征信法制建设滞后、信息共享机制缺失、评级市场发展缓慢等问题依然存在。尤其是针对小微企业的征信服务少之又少，基本没有。

目前金融机构获取小企业信用违约信息的主要渠道是人民银行的征信系统。但征信系统所包含的信息仅包括企业在金融机构的贷款相关情况，并没有对企业、个人做出全面的资信评估，专业化的评估机构几乎是空白的。小微企业由于缺乏信用记录，在申请贷款时只能尝试财产抵押担保贷款。银行由于对企业状况不了解，向企业贷款时都比较谨慎。我国目前缺乏权威公正的小微企业信用评级和统一的信用数据库，信用担保体系也不够完善，地区信用担保业仍处于起步阶段，整体实力弱，经营行为有待规范，担保机构分布不均衡，特别是县域担保机构少且发育缓慢，难以满足小微企业提升信用能力的需要。同时担保业的风险分散与损失分担及补偿制度不健全，缺乏再担保、反担保或第三方担保机构，制约了担保资金的放大功能和信用能力，使其为小微企业开展融资担保服务和抵御风险的能力弱化。

第三节 "互联网＋"时代小微企业传统银行融资模式创新

一、国外小微企业银行融资的经验借鉴

鉴于小微企业银行融资的固有特征和商业银行严格控制风险的稳健经营偏好，小微企业贷款难是一个世界性的问题。对此，各国纷纷采取了一系列措施，其中许多国家的做法是值得借鉴的。

1. 美国的经验借鉴

美国为解决此难题，主要采取了完善相关法律法规、发展多层次的金融机构、设立专项基金的三种措施。

美国政府为支持小微企业的融资和发展，先后出台了一系列的法律法规。1953年，美国制定了《小企业法》和《小企业融资法》，为小微企业融资提供了基本的法律依据。20世纪70和80年代，美国联邦政府相继制定了《小企业创新发展法》等8项相关法律，90年代又出台了《小企业基本法》等至少6项法律法规。2012年1月，奥巴马政府将小企业管理局提升至内阁级别，小微企业的融资（包括银行融资）再次得到了美国社会各界的高度重视。

针对小微企业资金匮乏，早在1953年，美国联邦政府就成立了专门的小企业管理局（SBA），至今已有80家以上的分支机构。作为一家政策性金融机构，小企业管理局负责制定和执行各项扶持政策，为小微企业提供专业化的咨询服务和全方位的融资指导，帮助小微企业获得银行贷款。

除此之外，商业银行的空前繁荣也为小微企业银行融资提供了保障。在美国的金融体系中，不仅有全球知名的跨国大银行，而且存在着数量众多的中小商业银行、村镇银行和成长性良好的社区投资公司、街道投资所、互助基金等非银行金融机构。

美国政府成立鼓励小微企业进行创新活动的专项基金，如专项科技成果的研究与开发基金、产品采购基金，这些基金帮助小微企业寻求长期发展，使小微企业在银行融资中的地位得以提升，融资的议价能力得以加强，从而抑制银企地位的不平等带来的机会主义。此外美国政府成立降低小微企业经营风险的专项基金，如特殊行业再保险基金和风险补偿基金等，这些基金的设立可以有效地降低小微企业银行贷款的风险成本。

2. 德国的经验借鉴

德国主要实行机构多头管理、提供资金援助、创办政策性银行三种主要措施。

在德国，并不存在专门的小微企业管理机构，而是由不同职能的管理机构同时管理、共同促进小微企业的发展。德国联邦政府在经济部、财政部、科技部等都设有小微企业管理机构，这些机构对促进企业间公平竞争、优化银行融资环境、促进小微企业健康发展起到了很大的作用。

德国中小企业银行通过欧洲复兴计划推出的创业援助项目和自有资本援助项目，帮助小微企业的自主创业者和新建企业获取类似自有资本的资金，应对小微企业自有资本缺乏的情况。德国政府主要通过贷款贴息补贴的形式对那些向小微企业贷款的中小银行提供资金支持，其幅度为2%到3%。

此外，在德国，由中央政府独资或中央与各州政府合作创办的政策性银行，在改善小微企业银行贷款方面起到了举足轻重的作用。德国的政策性银行主要包括德国平衡银行和德国复兴信贷银行。这些政策性银行向与小微企业往来的银行提供贷款支持，然后再由担保银行向小微企业提供再贷款服务，以此来解决商业银行对小微企业的信贷配给问题。此外，政策性银行还可以通过股本投资的方式支持小微企业的发展。

3. 日本的经验借鉴

日本主要采取健全法律保障体系、建立小微企业管理系统、完善融资担保机制的措施，具体为：

1953年，日本政府颁布了《中小企业基本法》，对中、小微企业做了基本的规定，起到了纲领的作用。此后，日本政府又相继颁布了《中小企业金融公库法》《中小企业信贷保护法》等一系列法律法规，这些法律法规对促进小微企业银行融资、增强市场竞争力发挥了重要的作用。日本政府在支持小微企业发展的立法中，特别重视融资中的信用问题。日本政府于1950年出台了《中小企业信用保险法》，于1953年制定了《信用保证协会法》，于1958年颁布了《中小企业信用保险公库法》，这些政策为解决贷款中的信用问题提供了可靠的法律依据。

早在1948年，日本政府就设立了专门的中小企业管理机构——中小企业厅，并在都、道、府、县设立分支机构，为中、小微企业提供全方位的指导。在中小企业厅的基础上，日本政府构建了全国的小微企业管理体系，它包括政策审议会、现代化审议会等审议机关和遍及全国的小微企业管理网络等。这些管理机构和情报网络不仅为小微企业提供融资法律咨询，而且可以搜集小微企业信息，缓解银企间的信息不对称。

日本的小微企业信用担保机制主要采取由信用担保协会提供担保服务、信用保险公库提供再担保服务、政府提供财政拨款和实时监控的模式。全国性担保协会的资金主要来自于中小企业金融公库，地方性的信用担保协会主要由地方政府和民间力量联合组建。这些信用担保协会可以为小微企业提供不同种类的贷款担保，为保持经营的稳定性，信用担保协会通常会进一步与信用保险公库签订保险合约。

二、"互联网+"时代中国小微企业传统银行融资模式创新

随着互联网技术的不断革新，数据采集、整理、分析的能力大大提

升，云计算的大量应用，"互联网＋"对支付结算、存款、贷款等传统银行的优势领域形成了一定的冲击，影响了传统银行现有的价值创造方式。互联网金融借助信息积累和数据挖掘技术的优势，开始拓展传统银行不太重视的利基市场——小微企业融资、供应链金融领域。传统银行在不断电子化、信息化、网络化的过程中，越来越重视使用互联网资源，凭借其雄厚的资金实力、先进的网络信息技术优势对小微企业贷款业务进行了优化和创新，提供高效、便捷的网络融资服务。认识到互联网的巨大潜力后，传统银行更加主动地在互联网金融领域进行拓展，纷纷建立了自己的电子银行、网络银行、移动银行等创新业务形态，甚至搭建电商平台和网络信贷平台对小微企业融资业务积极探索。

1. 小微企业自身的对策

（1）完善现代化管理机制，加强内部管理和信用观念。在日趋激烈的市场竞争环境下，经营管理水平的高低决定市场竞争力的大小和小微企业的生死存亡，而经营管理水平低下也始终是中国小微企业的"软肋"。所以，中国小微企业必须突破家族式管理的局面，建立符合"互联网＋"时代要求的管理模式，提高决策水平。要按照现代企业制度的要求实行公司制改造，构建科学的企业法人治理结构，并根据外部形势的变化和企业发展的需要研究制定企业发展的长期战略。并且小微企业应规范财务管理方面的工作，按国家的有关规定，建立能正确反映企业财务状况的制度，定期公布经过会计师事务所审计的会计报表，使企业的财务信息清晰明朗，便于被银行等金融机构查阅认证。加强财务代理制度的推广，以便完善小微企业的财务信息披露制度。线上或者线下与银行进行对企业的发展方向和经营状况的沟通，使银行及其他金融机构能够轻易获得关于企业经营状况的各种信息，从而对企业的经营环境与前景有足够的信心。

此外，小微企业应树立良好的信用观念，构建良好的银企关系。小微企业的信用不仅包括企业偿债能力和偿债情况，而且还包括企业的产品质量、品牌、市场前景管理理念以及营销方式等方面。提高核心竞争能力，在竞争中不断提升经营理念、扩大营销网络，从而树立起良好的企业形象。只有经营稳定、产品有市场、有技术、符合国家产业政策、管理水平较高、经营团队信誉良好的小微企业，银行才愿意提供贷款。

（2）利用"互联网＋"优势积极拓展融资渠道。"互联网＋"时代的融资过程简单、快捷、高效，资金的供给者和需求者的运行格局有了根本性的变化。基于云计算的大数据解决了传统银行资金供给者和需求者之间的信息不对称，打通了资金供给者和需求者的对接渠道，传统金融机构中介功能将被逐步弱化，资金供求双方无须经过银行、证券公司或交易所等传统金融中介市场，可以直接在网上发行和交易贷款、股票、债券等。互联网金融平台还利用基金公司、理财公司等将资金市场化以获得更高的资金收益率，弥补了传统金融机构利率没有市场化的不足，从而吸引更大量的资金供给者。同时，借助第三方支付平台降低了资金供需双方的资金交易成本。互联网金融平台主体通过专业的大数据的分析、挖掘、核查和评定，自建信用评估系统，对资金需求者的信用进行评级、核定，管理资金，并及时发现资金的风险点，合理、规律、正确地寻找到贷款的发放对象。

2. 银行层面的创新

银行与小微企业在经营状况、项目质量和还款能力等方面存在着严重的信息不对称，另外，小微企业交易数量小、交易频繁决定了其交易的规模不经济，小微企业交易的不确定性和抵押物资产专用性强导致了小微企业贷款溢价高，这些导致小微企业融资成本过高的因素可以通过银行的金融创新获得较大程度地改善。

（1）利用大数据平台整合贷款业务流程。银行应利用大数据平台创新小微企业贷款的经营模式，优化微贷的业务流程。通过大数据和网络共享平台建立合理的小微企业信贷评价机制和高效简洁的业务流程，实行合理的贷款审批机制，设计专业的贷款定价机制，完善激励约束机制和违约信息通报机制。通过不断优化小微企业贷款业务流程和运行机制，在提高贷款效率的同时，在"互联网＋"平台控制贷款风险。一是要设立独立的小微企业贷经营体系和客户端。建立独立的小微企业贷款营业部，配备专业人员，实行小微企业贷款的独立核算和网上平台的分类管理以及维护。二是要进行合理的信用评估。对客户进行信用评估及确定贷款条件时，利用网络自动筛选客户信用等级并灵活制订贷款条件。三是要建立科学的贷款审批机制。首先，可以通过大数据平台实现贷款审批的自动化、批量化；其次，要在大数据平台中设定差别贷款审批机制，根据贷款人的风险和信用等级分别计算差别费率，对于违约风险较小的小微企业信贷主体，实行较低的贷款费率、较简洁的贷款程序，防范逆向选择的产生。

（2）完善"大数定律"风险定价机制。"大数定律"，又称"大数法则"，是指条件不变时，随机事件在大量重复试验中几乎会呈现必然的规律，即随机事件的平均结果往往具有稳定性。"辛钦大数定律"给出了寻求随机变量序列平均结果 $E(X)$ 的近似方法。设 $\{X_n\}$ 为独立同分布的随机变量序列，若存在？则对于任意 $\xi > 0$，

$$\lim_{n \to \infty} P = \left\{ \left| \frac{1}{n} \sum_{i=1}^{n} X_i - \frac{1}{n} \sum_{i=1}^{n} E(X_i) \right| < \xi \right\} = 1$$

当试验次数 n 足够大时，可以把样本的平均观测值 $\frac{1}{n} \sum_{i=1}^{n} X_i$ 作为 $E(X)$ 的近似估计，基于"辛钦大数定律"（以下简称"大数定律"）的表述，在满足大数定律的条件时，资产组合的预期贷款风险会无限接近于平均贷款风险。

我国的小微企业数目众多，借款和贷款行为相近，在做好分类的基础上，可以采用"大数定律"进行风险定价。当然，这需要满足"大数定律"的条件：①资产池中的小微企业银行融资行为要相互独立，风险相关性较弱；②单个小微企业的违约行为对小微企业贷款样本总体风险的影响

很小，可以忽略；③银行资产池中的小微企业贷款样本量要足够大，而且越大越符合要求。根据"大数定律"，由相似小微企业组成的大型群体的平均行为比小微企业单个个体的随机行为更容易预测。因此，基于"大数定律"的风险定价模式要比传统的定价模式更加科学有效。传统的贷款定价模型对风险成本率的计算依赖于银行对每个小微企业的风险评级和债项评级，需要准确估计每笔贷款的违约概率和违约损失率。然而，小微企业经营不确定性高，风险参数难以准确把握，即使可以精确估计，也需要很高的研发和人工成本。

运用"大数定律"进行风险定价，小微企业的个体风险能够得到有效对冲，因此，用归类后的小微企业资产组合的预期损失率代替单笔贷款的预期损失率，可以避免贷款风险参数的反复估算，而且定价结果更加科学有效。在对小微企业贷款的实践中，民生银行最先提出了基于"大数定律"和"价格覆盖风险"两项原则进行风险定价的思路。民生银行的具体做法是运用聚类法，如图 8-2 所示，将经营方式、风险特征高度相似的企业归成一类。

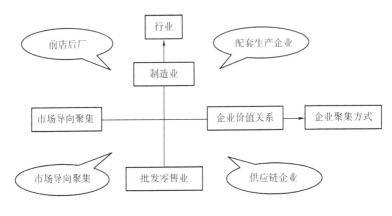

图 8-2 聚类法分层

3. 政府方面的改革与创新

"互联网+"时代，要改变我国的小微企业银行融资相比国外更加困难的局面，就必须改善融资的交易环境，改革金融制度中不合理的部分。

（1）完善小微企业融资制度。"互联网＋"在给传统融资活动带来便利的同时也颠覆了传统融资模式以及流程。"互联网＋"时代小微企业实现成功融资，政府应完善小微企业融资制度，改善小微企业银行融资的交易环境，主要包括：建立健全国内相关法律法规，明确小微企业的战略定位，让小微企业的扶持策略做到有法可依，真正落到实处；政府应成立专门的小微企业管理机构，为小微企业提供各种资讯服务，引导小微企业通过正规渠道进行融资，并要加大对小微企业的资金扶持力度；央行将小微企业的信贷政策予以单列出来，对与小微企业融资相关的保函、票据承兑、贴现等授信产品实行单独管理；发挥政策性银行、政策性担保机构、政策性保险机构的重要作用，构建小微企业担保体系。在担保体系构建中，政府要起"信用锚"的作用，通过注资、再担保等方式推动贷款担保公司的发展；健全风险补偿机制，提高补偿标准。从道义上讲，银行应当扶持小微企业，在放贷额度和利率优惠上给予大力倾斜。但从资本运营的角度看，银行是商业性机构，银行贷款给小微企业会形成高风险与高收益的不对称，产生银行运营风险和小微企业需求的矛盾。解决矛盾既要顾及小微企业的融资需求，又要考虑银行的商业利益，这个落差应该通过政府的补偿来填平。为此，政府首先要出台优惠的存款准备金率、再贴现率和再贷款利率政策，通过货币政策来补偿；其次，要进一步细化财政补贴项目并提高补贴标准，通过财政政策补偿；另外，要以企业为本，改进信贷监管方式，如提高对小微企业不良贷款的容忍率等，通过监管优惠进行管理补偿。

（2）合理有效的创新。具体有以下两方面：

第一，创新产品和服务。由于小微企业资金需求的特殊性，银行必须提供满足这种特殊性的产品和服务，加强新型融资模式、信贷产品、服务手段和担保方式的研究和开发。依托现有信贷产品，合理使用贸易融资、票据、贴现、保理等方便快捷的产品，梳理产业链条，涵盖产、购、销三大环节，提供简单易行的金融服务方案。通过综合运用各种金融工具和产品，设计涵盖贷款、贸易融资、债券、信托、现金管理等多元化产品的一揽子金融服务方案。同时，根据小微企业成熟度和风险程度的不同，采用不同的支持方式。对于处于成熟期，经营管理良好、财务规范、效益可观的小微企业，优先支持，简化信贷流程，提供高效快捷的服务。对于生产经营特色鲜明的企业，可根据企业实际，提供与之匹配的信贷产品和服务，凸显个性化金融支持。

第二，创新担保方式。小微企业风险程度一般高于大企业，银行对其开展业务多有顾忌，往往会提出较高的担保要求。当前，我国政府正致力于构建完善的担保体系，来解决企业尤其是小微企业担保难的问题，可以由专业担保公司来提供担保，降低银行的信贷风险。银行应加强与担保机构的合作力度和深度，对担保机构提供金融支持，反过来担保机构又可以为小微企业提供担保服务，形成良性链式关系。同时，银行深化创新担保方式，通过知识产权质押、仓单质押、存货质押、股权质押等担保方式的灵活运用和创新，改善小微企业担保方式难以满足要求的困境。

（3）打破银行垄断。金融垄断使银行可以通过减少资金供给，获取超额利润。当前，只有放宽市场准入，打破金融垄断，构建县域基层金融组织系统，大力发展政策性银行、民营中小银行、村镇银行等金融机构，允许民间资本办银行，才能有效地增加银行资金供给，抑制银行在贷款中的机会主义，从而促进小微企业银行融资健康发展。在顺序上，稳妥起见可以先办类或准中小银行，待条件成熟时再转为银行。此外，打破金融垄断，形成银行之间有效的竞争机制，可以推动银行积极进行金融创新，有效降低小微企业银行融资的交易成本，更好地为小微企业提供贷款服务。近年来，国家加大了对新兴战略行业的扶持力度，更加重视推动科技型企业的发展，这些领域更多的是小微企业，并拥有强大的成长潜力，涉及大量的客户群体，交叉于多个行业，贯彻在庞大的产业链。若想真正做到有效支持小微企业，需要银行做出深层次的制度和流程改革，给予小微企业更多的政策支持。

第四节　"互联网+"时代小微企业新兴融资模式创新

"互联网+"时代，新兴融资模式基于信息技术、搜索引擎、社区网络和云计算等新技术，处理贷款审核、资金交易等更具比较优势，服务小微企业客户时更具核心竞争力。根据长尾理论，小微企业正好是银行中介机构和资本市场无法有效服务到的对象。"互联网+"时代，新兴的融资模式通过线上网络实现了资金融通，使得互联网金融具有普惠性和民生性，这种普惠性降低了小微企业的融资难度，为破解小微企业融资难题提供了方向。此外，小微企业新兴融资模式有效弥补了当前传统融资模式的不足，其高效、便捷的放贷模式，为小微企业的融资带来福音，可以更加有效地解决小微企业对资金需求期限短、频率高的问题。具体模式如下。

一、"互联网+"时代小微企业新兴融资模式创新

1. P2P 平台融资模式

（1）P2P 平台融资概述。P2P 平台融资，英文为 peer to peer lending，也称作网络信贷模式，指的是借款人借助第三方网络资质平台发布借款标，投资者通过竞标的方式向借款人借款的一种融资模式，具有交易成本低、安全风险低、信息透明化的特点。

P2P 融资最早出现在英国，网站 Zopa 于 2005 年 3 月在英国开始运营，是全球最早的 P2P 网络借贷平台，现已在意大利、日本、美国建立分站，通过此平台为借贷双方提供金融中介服务。由于具有成本低、便捷、自主等传统借贷模式无法比拟的优势，P2P 网络借贷模式很快席卷全球。2012

年，P2P 网络借贷进入爆发期，网贷平台在全国各地如雨后春笋般成立。根据网贷天眼不完全统计，截至 2016 年 8 月末，我国 P2P 网贷平台数量达 4 202 家，其中在运营平台数量为 1 847 家；全国问题平台共计 2 355 家。8 月新增平台共计 10 家，新增平台数量环比下降 28.57%。此外，8 月新增问题平台 78 家，环比下降 29.73%。说明在大趋势下，行业正处于良性发展。截至 2016 年 8 月末，P2P 网贷行业成交额为 1 629.39 亿元，环比增长 5.12%，同比增长 67.18；近四个月行业成交额稳步上涨，平均环比增速在 7% 上下波动，说明行业发展热度持续增高。

（2）北京市西城区 HJS 小微企业简介。西城区 HJS 小微企业成立于 2012 年 11 月 4 日，主要提供新能源汽车动力电池系统及智能电网储能系统的整体解决方案。企业的核心团队由海外留学归国人员与本土精英构成，技术的变革与创新一直使 HJS 小微企业保持高度的市场谨慎性，但行业特殊性导致企业的现金流一直处在紧张状态，在 2014 年年初曾陷入资金困境。创始人各方筹措并及时开展 P2P 融资，没有造成股权的大比例稀释，成功融得资金的同时也推动企业实现了跨越式发展，实现销售额从 2013 年 100 万到 2016 年 600 万元的突破。

（3）北京市西城区 HJS 小微企业 P2P 融资的流程。北京市西城区 HJS 小微企业 P2P 融资的流程如图 8-3 所示。

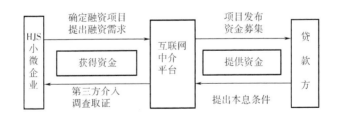

图 8-3 HJS 小微企业 P2P 平台融资模式流程

第一，确定融资项目，提出融资需求。新能源汽车市场 2014 年正式爆发，很多汽车公司的采购模式由分别采购电池和电池管理系统再自己组装，转变为直接接购买组装好的电池包。HJS 小微企业迎来了爆发式增长的机会，但同时面临资金流断裂的风险，产能也遇到了瓶颈。由于 HJS 小微企业没有土地、大型机械设备等固定资产作为抵押品，因此通过银行借款的路走不通。为解决资金问题，2014 年 5 月份，公司首先引进了两家创投公司，以低价出售了 26.77% 的股权，以解燃眉之急。但股权投资筹集的现金主要用来补充了企业的流动性资金，已远远不够再扩大产能。因此企业准备进行 P2P 融资，计划上一条电池管理系统生产、封装的生产线，共计需要资金 500 万元左右，主要用来采购设备、雇佣普通工人。企业动用留存收益 150 万元，另外 350 万元计划用 P2P 融资平台筹措。生产线的产品已经与 ZT 汽车公司签订了预售合同，并收到了 30% 的预付款，项目的总回收期为一年，可以承担的利息为年化 20% 以内。

第二，选择 P2P 平台。HJS 小微企业的创始人通过较权威的行业网站"网贷之家"搜索寻找合适的 P2P 平台，通过对人气、经验、风险、收费情况等各个方面的对比，在多家融资平台中选择了北京当地名为积木盒子的 P2P 融资平台。通过线上的信息填写申请与线下的对接与沟通，融资平台对企业与项目也都有了一定的了解和认可，并对平台的收费标准做了一定的说明。HJS 小微企业也主要看中融资平台能够实现对投资人的投资进行全额本息担保，风险控制制度拥有四层保障且层层独立的特点，因而达成初步合作意向。

第三，第三方介入，调查取证。中介机构介入进行尽职调查，调查内容包括企业经营的内容、主要股东、历史沿革、财务风险及法律风险等内容。各个机构根据调查情况评判 HJS 小微企业的风险。在取得尽职调查报告后，积木盒子再与第三方机构对项目作出风险评估。积木盒子聘请律师事务所负责所有相关法律法规和条文条款，确保投资方、筹资方以及服务平台的合法合规性。调查取证后，ZM 投资担保有限公司为 HJS 小微企业提供第三方的担保，担保费率为 2.5%。

第四，融资项目发布与资金募集。2014 年 6 月，融资项目在积木盒子平台上发布，开始了资金募集，项目所有的尽职调查信息也都在平台公开，包括项目信息、风险控制信息及其他相关文件。项目给投资人的预期年化收益率为 10%，还款计划为每月付息，最后一期归还本金，项目一个月左右募集完毕，成功筹集 350 万元。

第五，融资实施与利益分成。2014 年 7 月，资金募集完成，HJS 小微企业利用募集到的资金顺利地扩大了产能，并利用扩张的产能顺利占领了市场。2015 年 7 月，顺利还完所借款项的本息，融资成本约为 16%，低于管理层 20% 的预期，并在筹划下一个借款计划。投资者顺利获取了收益，收益率为年化 10%。融资平台和担保公司各获得 3% 的收益，约 15 万元，并为后续长期的合作打下了良好的基础。

（4）案例启示。HJS 小微企业能够顺利完成 P2P 融资，与其小微企业及行业的特点密不可分，从中也总结出 P2P 融资的以下优势：

第一，手续简单。金融机构信贷门槛高，表现在贷款手续复杂，一笔贷款需要经过调查、担保抵押、审批等多个环节，所需时间长。而 P2P 网络借贷无须苛刻的贷款申请，小微企业主只要在 P2P 借贷网站注册一个账号，进行必要的身份认证等流程，即使缺乏担保抵押也可以获得贷款，省去了烦琐的材料准备阶段，充分满足了小微企业"短、频、急"的融资需求。

第二，方便快捷。互联网金融可以跨时间、跨空间运作，在 P2P 网络借贷平台上，借款人和投资人甚至可以足不出户，只要在计算机上操作就可以轻松借贷，轻松投资。鼠标点一点，款项就会划入借款者账户，同样的，借款人还款，也只需将银行里的钱充值到平台，再打入投资者账户即可。省去了小微企业主跑网点的麻烦，消除了向亲朋好友借钱时的尴尬境地，改善了客户体验。

第三，利率灵活。小微企业通过银行借贷，不论是利率还是借款时间都有条条框框的政策作为约束，基本上贷款利率是银行说了算。但在 P2P 网络借贷平台上，借款者和投资人双方都有自主选择的权利，这也让利率浮动更加合理。抵押标、担保标或短期借款则可以适当放低利率，而信用等级较低、借款周期过长的借款可以用高息吸引投资人。这既可以保证借款人能在自己承受范围内借到款项又能保证投资人自主选择使其利益最大化。

第四，融资成本低。融资成本包括搜寻成本、信息成本、议价成本、决策成本，网络借贷平台凭借其独特的中介性操作模式，无论是从信息的获取维护，还是从交易的竞标管理来看，都大幅度降低了小微企业的融资成本。

（5）小微企业利用 P2P 融资的建议。对于小微企业来说，岁末"钱紧"已经成为一种习惯。在面临找银行不好贷、民间借贷成本高昂的情况下，日渐火爆的 P2P 网络借贷受到小微企业的青睐。然而网络民间借贷是一把双刃剑，小微企业要想利用好这一融资渠道，充分发挥 P2P 网络借贷平台的功能，必须从以下几方面着手：

第一，谨慎选择网贷平台。首先要通过成立时间、注册规模、营业网点布局、模式等方面进行初步分析选择。其次看平台的创始人和股东实力。查询 ICP 注册备案，除了看是否有第三方支付平台的公司审核，还要确认平台宣传备案的股东和 P2P 平台之间的准确关系。最后还要看平台的担保形式、风险保障程度及 P2P 平台的坏账率。总之，小微企业选择网络借贷平台，不仅充分考虑平台的安全专业性，也要考虑融资的可得性与总的融资成本。

第二，提高风险防范意识。P2P 网络借贷的出现和发展为小微企业主提供了贷款和投资理财的需求，是互联网金融的一项重要创新。然而，随着近期一些网贷平台出现负责人"跑路"和平台倒闭以及诈骗事件，也使得 P2P 网络借贷的安全性备受关注。在实际操作中，有不少借贷平台设计理财产品以吸收资金，存在借贷信息不透明、期限错配的隐患，甚至还有的动用放款人的资金。此前，众贷网仅上线一个月就夭折，也一度引发了公众对这种借贷模式安全性的担忧。虽然无抵押贷款对小微企业融资利好显著，但并非任何条件皆可便捷获贷。小微企业一定要增进对 P2P 网络借贷的了解，识别金融风险，切勿相信随处可见的"有身份证即可贷款""当日放款"等骗局诱饵信息，一定要通过银行、专业大型的网络信贷平台进行贷款申请提交。总之小微企业主在贷款时一定要提高风险防范意识，有效杜绝骗局信息，这在融资渠道多元化的当下尤为关键。

第三，合理控制还款压力。小微企业在选择正确的网络借贷平台之后，就要合理地控制还款压力。在宏观经济下行、国内需求降低、人工成本提高、人民币汇率上升的严峻形势下，小微企业的还贷压力更大。因此小微企业在选择网络借贷时一定要合理估计企业自身的还款能力，要多考虑那些能提供灵活还贷方式的网络借贷平台，不可仅凭一时之急而加大融资成本，让企业再次陷入经营困境。

第四，树立良好社会信用。与正规金融机构融资相比，无须担保、无须抵押的 P2P 网络借贷实质上是一种完全的信用交易机制。在我国信用评价和监管机制不健全的环境下，人们在交易过程中守信意识还很淡薄，由于人们的失信成本很低或者不存在失信成本，人们就会变得越来越不守信，那么就无法继续开展这种借贷模式，也就无法更好地发挥电子商务的作用。因此要促进 P2P 网络借贷的发展，就离不开诚信的支撑，小微企业一定要树立良好的社会信用，建立并完善企业自身的社会信用体系。

作为民间借贷与网络的结合体，P2P 融资平台是一个极具潜力的市场。伴随着我国网络技术的进步、服务模式的完善以及征信系统的日趋成熟，P2P 融资平台将会成为破解小微企业融资难问题的一种不可或缺的融资渠道。

2. 众筹融资模式

（1）众筹融资模式概述。众筹融资模式主要指通过大众的力量对资金进行筹措和融入。小微企业借助网上的相关金融平台机构，采用预购和团购的方式向社会上公众筹措资金。众筹融资模式最大的特点就是小额与大量，融资门槛相对较低，整个融资过程不再以商业价值作为单一的评判标准。

众筹模式根据回报方式的不同，主要分为奖励类（商品）的众筹、股权的众筹、债权的众筹和捐赠的众筹。

第一，奖励（商品）众筹模式——我给你钱，你给我产品或服务。奖励类众筹又称回报众筹或者商品、产品众筹，是发起者以互联网为平台，在线发布新产品相关信息或服务信息，某些对该产品有兴趣的投资者可以事先预购，从而为项目的前期制作注入资金。在该模式中，文化类相关产品（电影、音乐、创意产品、新闻出版等）和智能电子产品是主流。众筹网、点名时间和追梦网是我国主要的基于奖励众筹模式的平台。项目所有者通过该模式募集资金，同时获得一些产品进入市场的潜在信息，把握了产品的市场方向，为更好地进入市场做好基础。项目所有者可以通过众筹平台与客户互动，从而建立与客户的密切联系，这种联系为产品成功推向市场奠定了坚实的基础，产品可以根据用户的意见有针对性的改进，以获得客户的忠诚度与产品依赖度为工作的宗旨。同时，该众筹模式还能够测量产品或创意是否有吸引力。在众筹的规定时间内，项目所有者可以通过融资和客户互动，对产品或创意进行快速且相对准确的评估，从而对错误的创意进行改进或彻底改变，通过这种双方的互动把项目做得更加贴近大众，满足群众的潜在需求。如果项目所有人成功获得第一轮融资金额，还可以转向 VC、PE 或天使投资等渠道进行融资。例如滴滴打车就是成功的众筹转传统渠道的成功案例，这种方式的众筹在我国是合法的，因此通过预售或奖励融资的比较普遍。

我国奖励类众筹模式存在很多不足。首先，它更像是"团购＋预售"的形式，这体现的是一种营销策略，而不是真正意义上的众筹融资。其次，我国奖励类众筹项目普遍是一次性募资，项目结束后不再尝试继续做大做强，那这次募资只是一次简单的"销售"活动，失去了众筹融资的本意，我国鼓励发起人通过众筹融资募得所需资金，在后续项目运作中加深与投资者和消费者的关系，以便后期使项目趋于成熟。因此，我国奖励类众筹要想健康发展，必须在融资模式方面有所突破。例如提高融资项目的创意门槛、提高募集资金数额与限制投资人数量等措施，以此提高融资项目的品质，满足发起人真正融资的需要。

第二，股权类众筹模式——我给你钱，你给我公司股份。股权类众筹主要包括凭证式众筹、会籍式众筹和天使式众筹三种。凭证式众筹主要是指在互联网通过卖凭证和股权捆绑的形式来进行募资，出资人付出资金取得相关凭证，该凭证又直接与创业企业或项目的股权挂钩，但投资者不成为股东；会籍式众筹主要是指在互联网上通过熟人介绍，出资人付出资金，直接成为被投资企业的股东；与凭证式、会籍式众筹不同，天使式众筹更接近天使投资或 VC 的模式，出资人通过互联网寻找投资企业或项目，付出资金或直接或间接成为该公司的股东，同时出资人往往伴有明确的财务回报要求。

股权类众筹模式目前主要的业务是服务于初创企业，尤其是在移动互联网、电子商务、移动 PC、房地产等企业中应用比较广泛，这些企业大都处于初创成长期，项目借助于众筹平台，公布了投资者项目的相关情况，将信息暴露在大众面前，宣传面比较广，更可能使初创企业与中国顶尖的投资者进行直接的接触交流，因此，众筹平台使投资者通过平台找到目标项目，保证了项目的高质量与高层次。一些有潜力的项目通过众筹平台成功募资，项目公司一旦做大，便会吸引大股东前来投资，股权众筹为初创企业提供了资金与宣传的平台，股权众筹与天使投资、PE、VC 构成一条完整的融资生态链条，是多层次资本市场体系的一部分。主要的股权众筹平台有原始会、天使汇和大家投。虽然处于萌芽阶段，法律制度不健全，但是，由于更加贴近民间资本，具有自身的特色与竞争力，将会在不断完善中持续发展。

众筹实质是在网络平台上买卖股份完成投融资的目标，该行为性质往往触及了证券发行的几个风险点，因此常常在我国法律非法集资与合法集资范围之间游荡，由于我国法律尚未对此做出相关规定，我国的众多股权众筹项目只能通过绕开非法集资的几个关键点开展项目，例如通过实名认证、投资资格认证、通过规定项目中的最低投资额度来严格控制投资者人数等特殊方式规避法律的限制。由于股权众筹融资模式的风险非常大，在美国，获得风险投资的创业企业在 5 年内的失败率平均达到 60% ~ 80%。然而，一旦项目运行成功，收益率也是巨大的。这就需要投资者分散投资，例如投资不少于 10 ~ 20 个项目；一些股权众筹平台规定投资人条件，只能是公司高管（年均收入不低于 30 万）、金融人士、高净值人士（金融资产在 100 万以上），专业投资人有资格查看项目具体情况并参与其中，通过筛选优质的投资者，增加了项目成功的可能性。股权众筹是一项长期的投资活动，需要投资者巨大的耐心。投资人投资一家创业企业平均需要 5 年多才能退出，从而获得最终收益。即使投资企业发展顺利，只有在创业企业被收购、下一轮融资或者最终成功上市时，投资人才能够兑现收益、落袋为安。因此，股权众筹不适于普通上班族进行投资。

我国股权类众筹更多的是初创企业完成首轮募资，在此过程中扩大知名度，吸引 PE、天使投资人对此进行第二轮融资。因此，我国股权众筹为初创企业提供了良好的发展平台。由于涉及的风险非常大，投资者审核门槛高，该模式在我国发展并不普遍。

第三，捐赠众筹——我给你钱，你什么都不用给我。捐赠众筹实际就是做公益，通过众筹平台筹集善款，包括红十字会等非政府组织的在线捐款平台算是捐赠众筹的雏形。有捐款需求的人由自己或代理人提出项目申报，由非政府组织做事实调查、确认实情，并在网络平台上发起募捐项目，引发社会公众捐款。但如果不把传统的非政府募捐组织包含进来的话，我国目前单纯经营募捐项目的众筹平台寥寥无几。募捐众筹多数存在于公益性领域，在募捐众筹模式中，支持者对项目的出资帮助更多体现的是助人为乐的本性和心灵层面的满足，他们一般很少在意付出的资金最后能获得什么回报，他们对项目的支持行为有明显的捐款的公益属性。募捐众筹的支持渠道有两种：第一种是在综合类众筹平台上线捐赠项目；第二种是在专业的募捐众筹平台上线项目。

我国目前专门经营募捐众筹的平台数量较少，并因为募捐众筹平台往往地域属性较强，无法得到大范围关注。此外，募捐众筹的基本法律关系是赠予，依据《合同法》相关条款的规定，赠予是赠予人将自己的资产无条件给予受赠人、受赠人表示接受的一种行为，这类行为的实质是资产所有权的转移。因此以法律的角度来看，合规的募捐行为自然不存在民事和刑事法律上的风险。然而在实际运作中，募捐项目的法律风险体现在两点：第一点是募捐项目信息真实性的质疑；第二点是募捐资金去向不公开。若是募捐众筹平台没有对上线项目资质执行严格的审查制度，导致有些不实项目获得捐赠，或者虽然募捐信息真实但没有将捐款进行合理利用，将使募集发起人构成集资诈骗罪。

第四，债权众筹——我给你钱，之后还我本金和利息。债权众筹是指投资者对项目或公司进行投资，获得与出资额相同比例的债权，以期未来收取收益并收回本金的形式。其实 P2P 借贷平台就是典型的债权众筹，多位投资者对网上的项目进行投资，按投资比例获得债权，未来获取利息收益并收回本金。

调查显示，2011 年 7 月我国第一家众筹平台"点名时间"诞生，2012 年新增 6 家，2013 年新增 7 家，自 2014 年起数量显著增长，新增运营平台 142 家，2015 年新增 125 家众筹平台。新平台上线的同时，一些老平台因运营不善停止运营。据不完全统计，截至 2015 年年底，全国共有众筹平台 354 家，目前正常运营的达到 303 家，其中股权类众筹平台达 121 家，占全国总运营平台数量的 39.3%，其次为产品众筹平台 104 家。2013 年

12 月，淘宝的众筹平台成立；2014 年 7 月，京东众筹上线；2015 年 4 月，苏宁众筹上线，电商巨头在产品众筹领域布局逐渐清晰。

（2）北京市西城区 JDJG 小微企业简介。北京 JDJG 小微企业成立于 2013 年 8 月 30 日，注册地址为北京市西城区德胜门外，注册资金为 10 万元，从业人数 12 人，初始税收认定时被划分为小微企业。主营城市园林景观设计与相关技术研究，业务范围涵盖公园规划设计、城市广场设计、商业景观设计等。JDJG 小微企业发扬"历久弥坚、心存道远"的精神，充分利用甲级设计院平台的设计与科研、人才与技术等综合优势，执着追求设计的真理。2015 年 1 月，工作室中热爱生活的建筑设计师们梦想设计自己的作品——精品小民宿，他们要将自己的优势全部发挥出来，准备主导民宿选址、主题定位、规划设计、施工建造、运营管理、宣传策划、行业推广等全产业链服务。

（3）北京市西城区 JDJG 小微企业众筹融资的模式及流程。JDJG 小微企业计划股权筹资 200 万—300 万元，用于一期建设，股权众筹为有限责任公司股东，合伙经营，风险与收益共担。其中 JDJG 小微企业占资比例 55%，其余 45% 为个人股东或其他集体股东。首年房租、地租、公关费用计入 JDJG 出资部分。财务状况对全部股东公开，盈利后每年享股东分红。

债权众筹计划筹资 0—100 万元，用于一期建设，筹资本金为 10 万元时，2 年返还本金，每年返还利息 5%，每年赠消费券 8 800 元；筹资本金为 5 万元时，2 年返还本金，每年返还利息 5%，每年赠消费券 3 800 元，均赠送 95 折卡。

消费权众筹计划为：当众筹 1 000 元时，换 1 200 元消费券；众筹 2 000元时，换 2 400 元消费券；众筹 5 000 元，换 6 000 元消费券；众筹 10 000 元，换 12 000 元消费券，均限两年内消费，赠送 95 折卡。

2015 年 2 月 28 日 JDJG 小微企业启动股权众筹，确定股东人数与出资总数，股东总数小于 10 人，按出资比例，前 3—4 位大股东有决策权，并签订股东协议。JDJG 小微企业众筹融资模式流程，如图 8 - 4 所示，第一步在众筹网站上对项目进行详细说明与介绍；第二步众筹网站对项目进行审核；第三步双方交流与活动；第四步看双方是否满足融资目标。筹资天数 10—59 天，期间众筹额达到 200 万元才算成功，否则失败。4 月 30 日前完成入资并启动奖励（商品）众筹即消费权众筹。

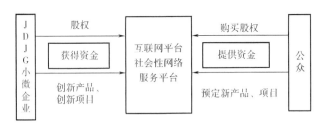

图 8 - 4　JDJG 小微企业众筹融资模式流程

在众筹网首页，点击发起众筹，填入企业基本信息及资质信息等，上传法人一证通、银行开户许可证、公司营业执照等相关证件资料，填入项目信息及详细描述，互联网平台审核成功后，将众筹项目向公众发布，如图 8 - 5 所示。

图 8 - 5　JDJG 小微企业发起众筹项目图

由于设计师们从事建筑设计、景观规划多年，对于民宿设计有着自己独特的理解，他们善于就地取材、因地制宜，结合选址地的地域特色，打造具有当地风土特色的民宿产品，既能融入自然环境，也能体现人文气息。他们设计的民宿外观按照古建筑风格改造，在保持原有风格的基础上，内部装饰更符合现代人的审美观念，田园般的风情、一砖一瓦、一书一画都满是文艺气息。经过 50 多天的众筹发布和协商调研，从 36 名有意向的出资人中筛选出 8 名股东，成功筹得 200 万元。8 名股东囊括了知名创业者、媒体意见领袖、领军企业家等多个领域的影响力人士，分别为筑邦环艺院常务副院长、中国林业出版社资深编辑、中国金茂控股集团有限公司酒店室内及艺术品设计总监、正道设计工作室创始人、资深酒店管理专家、中国建筑设计院居住所建筑设计师、北京市西城区人大代表及政协委员、筑邦景观公司副总工程师。

2015 年 4 月 30 日成功入资完成了全部股权众筹和债权众筹，并启动消费权众筹。2015 年 5 月至 2016 年 5 月为建设期，2016 年 6 月试营业。经过一年多的运营，团队也摸索出了民宿经营的经验，组建了成熟高效的运营团队，不断开发新的订制化产品和服务，如小型年会、乡村婚礼、公司团建等，多次成功举办手工、骑行、摄影等活动。通过不断的推广、宣传和活动策划，目前 JDJG 小微企业新开发的设计精妙、环境优美的精品民宿项目在节假日的客房一房难求，让不少过往的游客赞不绝口。

（4）众筹融资模式对小微企业的优势。

第一，增加融资渠道。中国小微企业融资渠道曾以商业银行贷款和民间借贷为主，但是随着小微企业融资规模需求逐渐增大，融资方式需求逐渐多样化，传统的融资渠道在融资规模和融资方式上都已无法满足其融资需要。JDJG 小微企业通过股权式、债权式、奖励式三种方式进行众筹融资，满足了不同时期、不同规模的筹资需求。

第二，降低融资门槛。以商业银行为代表的金融机构为了降低自身放贷风险，对小微企业设定了较高的融资门槛；在小微企业融资申请中，对资产规模、营业收入、资产负债率、企业信用等均做了严格要求，同时对贷款额度、贷款期限也做了严格设定，致使大量的小微企业贷不到款或者无法获得足额贷款。相对而言，众筹融资模式下，JDJG 小微企业只需提供众筹项目的创意、项目的可行性、项目风险等信息即可，项目信息通过众筹平台审核后，便可以在网络平台上面向公众展开融资。

第三，提高融资速度。传统融资过程中，由于信息不对称，金融机构需要小微企业提供尽可能详细的信息。通过对小微企业信息进行层层审核，以达到评估小微企业偿债能力的目的，这在无形之中延长了小微企业融资时间。JDJG 小微企业众筹融资只通过了众筹平台的审核就在网络平台上融资，相对金融机构的审核，众筹平台的审核更加简单、快速。此外，网络融资面向的公众更加广泛，公众也可以随时随地进行支持或者投资，不再受地域和时间的限制。

第四，降低融资成本。当前，受银行借贷规模有限、民间借贷利率高、融资税费项目多、小微企业经营风险大等因素的影响，小微企业融资成本必然很高。《小微企业融资发展报告 2015》有关数据显示，59.4% 的小微企业表示其融资成本在 5%～10%；40.6% 的小微企业表示融资成本超过 10%。然而 JDJG 小微企业通过众等网融资，平台只收取渠道费 1.5%（用于支付给第三方支付机构，如众筹项目不成功，则不收取该笔费用），合理避开了多项税费，众筹融资分散了公众的资金风险，致使小微企业的融资成本进一步降低。

（5）小微企业利用众筹融资的建议。中国引进众筹融资时间不长，尚处于探索阶段，运作模式不规范、监管缺失、法律地位不明晰等，存在很多不足，需正确规范与引导以促进中国小微企业开展众筹融资。

第一，明确法律地位。众筹融资作为一种创新型网络融资模式，在我国还未受到法律保护，法律风险较大。我国法律对非法集资的认定为：未经部门批准或借合法经营为由，通过媒介向社会公众（不特定对象）宣传，承诺未来给予一定的货币、股权等作为回报的筹集资金的方式。可以说，我国众筹融资与非法集资只是一步之差。法律地位的不明晰严重阻碍了小微企业开展众筹融资。美国于 2012 年颁布实施的 JOBS 法案正式承认众筹融资的合法地位，我国政府部门也应快速开展调查，出台相关法律法规，明确并规范众筹融资的合法性要求。

第二，建立监管机制。小微企业只需向众筹平台提交信息并通过审核后便可以开展融资。在便于小微企业融资的同时也为公众增加了风险，主要体现在：小微企业项目信息的真实性没有专业评估机构的证实，众筹平台与小微企业具有重大的利益关系（众筹平台在小微企业融资成功后，将从其所筹资金中收取一定比率的佣金），其审核的公正性存疑；小微企业获得融资后，资金的用途流向很难得到公众的有效控制；此外，小微企业承诺的回报，不具有法律约束力。众筹融资模式的不规范与缺陷，为小微企业提供了巨大的违约收益，而违约成本却很小，加剧了小微企业信用风险的发生，降低了公众对众筹融资的信任度。证监会应针对捐赠式众筹融资、奖励式众筹融资、股权式众筹融资、债权式众筹融资四种类型，建立监管机制与行业标准，引导众筹行业健康发展。

第三，保护知识产权。众筹平台鼓励小微企业通过项目创意吸引公众。小微企业为了顺利通过众筹平台的审核以及获得公众的支持或投资，应尽可能详细地展示项目创意及可行性。然而，详细的创意展示及充足的展示期均为盗版商提供了充分的剽窃准备。同时，我国对众筹项目知识产权保护的缺失也为盗版商剽窃提供了可能，增加了小微企业知识产权风险。小微企业应该在创意展示与产权保护之间找到合理的平衡点，同时法律部门应早日建立完善的知识产权法律法规体系。

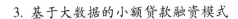

3. 基于大数据的小额贷款融资模式

基于大数据的小额贷款融资模式，主要是指电子商务公司成立的小额贷款项目。它是电子商务平台利用其客户交易数据、支付信息、信用评价等数据信息对潜在客户进行分析，建立小贷公司，为潜在客户提供服务的模式。"大数据"是互联网技术的重要特征，也是互联网与金融结合的最核心内容。通过平台提供的数据进行数据挖掘，从而得到企业的真实经营状况和核心竞争力，有效解决了小微企业传统融资模式中的借贷双方信息不对称问题。大数据的应用在很大程度上降低了企业信息获取成本。

以"阿里小贷"为例，2010 年 6 月"阿里小贷"成立，其口号是"专注于小微企业的融资服务提供商"，是国内第一家专门服务于电子商务领域小微企业的小额贷款公司，并获得了国内首张电子商务领域的小额贷款公司营业执照。2015 年"双十一"全球狂欢节正式落下帷幕，阿里巴巴集团天猫商城最终交易额也达到了创纪录的 912.17 亿元。参与交易国家和地区达到 232 个，其中无线交易额为 626 亿元，占比 68.67%。阿里巴巴再次刷新单一电商平台单天交易的世界纪录。如此大量的交易信息构成了一个庞大的数据库，为阿里巴巴发展互联网金融提供了很好的基础。因此，对于阿里巴巴来讲，这些数据无疑也是其庞大价值资产的一部分。阿里巴巴接入金融服务领域，核心优势就是拥有庞大的客户资源和数据，并能基于云计算等技术对客户信息进行分析，发放无抵押信用贷款，与传统银行借贷规则形成很好的互补。通过网络，阿里小贷也降低了小微贷款的复杂性，更能向小微企业提供 365×24 的全天候金融服务，实现了批量化、规模化放贷。阿里小贷这种"电商平台＋网络信贷"的融资模式，将电子商务企业的信息和渠道优势与小贷公司的牌照结合起来，有效降低了借贷双方的信息不对称和信息获取成本，为解决小微企业融资困难提供了一个创新的思路。

基于大数据的小额贷款融资模式的流程如图 8 - 6 所示：第一步，对小微企业进行全面考察，利用互联网信息对提出小额贷款的小微企业的生产经营、财务状况、盈利状况进行综合评估，测定其还贷水平；第二步，强化对小微企业的监控。

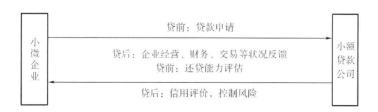

图 8 - 6　基于大数据的小额贷款融资模式流程

4. 互联网金融门户模式

互联网金融门户模式是小微企业可以借助互联网金融资质平台根据自身融资需求搜索对比各种金融产品，最终选择适合自身的金融产品，该模式是一种搜索比价的融资模式，比较典型的有拍拍贷、人人贷、宜信和陆金所等。

这种模式的特点在于开创了一个电商服务模式，即以互联网金融门户为中介、小微企业和电子金融机构进行交易的新模式。电子金融的门户模式极大丰富了金融领域的服务形式，让现代金融能够借助网络信息技术的形式，为更加广阔的金融市场需求服务，这种从自身的理论形式和市场适应程度方向出发的电子金融机构形式，让网络信息时代的金融机构找到了发展的途径，能够以最快的速度适应并在网络社会实现自己的职能和价值。

互联网金融门户融资模式流程，如图 8 - 7 所示：第一步，客户选择交易平台；第二步，比较金融产品与选择电子银行；第三步，客户灵活运用交易平台安全快捷地获得金融机构融资。

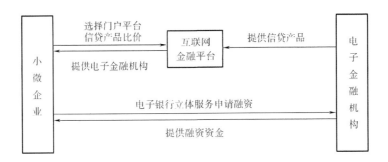

图 8 – 7　互联网金融门户模式流程

二、"互联网 +" 小微企业新兴融资模式的保障机制

1. 完善小微企业社会信用体系

小微企业利用互联网金融进行融资，需要具有良好的社会信用，但是目前中国还没有建立互联网金融行业的征信体制和信息共享平台，小微企业的社会信用较为匮乏。因而应该逐步完善小微企业的社会信用体系。

一是依托互联网数据积累和大数据技术，制定统一的用户信息征集口径，建立针对贷款者的信用评价指标体系和信用评审机制；二是依托互联网检索技术组建统一的互联网金融信息服务平台，实现小微企业信息的交流、共享，增强市场信息透明度，同时出台事后惩罚政策和制度，健全和完善失信惩罚机制；三是鼓励符合条件的互联网金融企业接入央行征信系统，实现信息共享。

2. 支持互联网金融运营模式创新

鼓励互联网金融向小微企业融资的关键是支持互联网金融运营模式的创新。一是支持互联网金融企业探索建立面向中小微企业发展的线上、线下相结合的投融资服务体系，鼓励互联网金融企业在融资模式和风险管理等方面针对小微企业提供更具有针对性和灵活性的金融产品和服务；二是支持互联网金融企业与传统金融机构、创业投资机构开展深度合作，整合全社会金融资源，满足包括小微企业在内的各类企业在不同阶段、不同层面的融资需求；三是鼓励互联网金融企业稳步开展金融产品和金融服务的创新，推动 P2P、众筹融资等新兴金融服务平台发展，做大做强互联网金融产业链。

3. 进一步完善小微企业"互联网＋"新兴融资的监管

基于"互联网＋"新兴融资模式降低了小微企业申请贷款的门槛，丰富了小微企业的融资路径选择并对其融资困难起到一定缓解作用，给我国经济发展带来的推动作用是不可替代的。但是在我国目前征信体系并不完善的情况下，这种纯信用融资模式，无论对于融资者还是投资者都有相当大的风险，需谨慎对待。

相关部门已出台一系列的政策与规范从立法、监管、自律和征信系统等几个方面对互联网融资平台加强管理，为长期困扰互联网金融平台正常运营的信用风险、操作风险和政策法律风险找到了解决的途径；也为基于互联网金融的融资创新留下了发展空间，使更多的平台融资企业和小微企业从中受益。接下来，应循序渐进，结合小微企业的融资需求特征与互联网金融的个性特点，增强监管的针对性，创新监管手段，并积极完善沟通协调、信息共享和消费者权益保护制度，探索金融监管、金融自由均衡机制，逐渐形成运转高效、覆盖面广的金融监管体系。待到小微企业通过互联网金融进行融资的监管发展较为成熟时，再逐渐开放互联网金融融资监管领域的准入规则。

综上所述，"互联网＋"时代打破了传统的融资模式，为小微企业带来了巨大生机，破解了企业的融资困境。但未来互联网借贷行业的发展还有很长的路要走，在监管方面，可以借鉴欧美发达国家的成熟经验，走行业自律和政府监管的路子。除此之外，还应借助大数据的发展，将大数据嵌入征信系统中，对海量的信用相关数据进行采集和分布式存储；对这些数据进行多维度的深入加工和挖掘；提高征信效率，降低征信成本，完善国内的征信体系建设，推动互联网金融的顺利发展。

参考文献

[1]高蓉. 电子商务环境下企业财务管理对策研究[J]. 商业会计, 2014(8).

[2]刘锦萍. 电子商务环境下企业财务管理问题研究[J]. 渤海大学学报(哲学社会科学版),2012(3).

[3]刘玉红. 电子商务环境下的财务管理创新研究[J]. 中国商贸, 2011(20).

[4]杨亚萍,田华秀. 电子商务环境下企业财务管理优化[J]. 财会通讯,2010(23).

[5]埃里克·布莱恩约弗森,安德鲁·麦卡菲. 第二次机器革命[M]. 蒋永军,译. 北京:中信出版社,2014.

[6]中国互联网络信息中心. 2015 年第 36 次中国互联网络发展状况统计报告[R/OL].

[7]蔡玲如. 基于系统动力学的环境污染演化博弈问题研究[J]. 计算机科学,2009(8).

[8]詹姆斯·柯兰,等. 互联网的误读[M]. 何道宽,译. 北京:中国人民大学出版社,2014.

[9]宋刚,张楠. 创新 2.0:知识社会环境下的创新民主化[J]. 中国软科学,2009(10).

[10]李克强. 政府工作报告[N]. 光明日报,2015 – 03 – 17(03).

[11]楼继伟. 中国可能滑入中等收入陷阱需加码改革[EB/OL]. 2015 – 07 – 20.

［12］习近平．在中国科学院第十七次院士大会、中国工程院第十二次院士大会上的讲话［N］．光明日报，2014 - 06 - 10(01).

［13］杨耕，等．马克思主义哲学基本理论研究［M］．北京：北京师范大学出版社，2013.

［14］马克思，恩格斯．马克思恩格斯选集：第 1 卷［M］．北京：人民出版社，1995.

［15］马克思，恩格斯．马克思恩格斯选集：第 3 卷［M］．北京：人民出版社，1995.

［16］马歇尔·麦克卢汉．麦克卢汉精粹［M］．何道宽，译．南京：南京大学出版社，2000.

［17］马克思，恩格斯．马克思恩格斯全集：第 47 卷［M］．北京：人民出版社，1979.

［18］钟经文．论中国经济发展新常态［N］．经济日报，2014 - 07 - 28.

［19］王庆成，王化成．西方财务管理［M］．北京：中国人民大学出版社，1993.

［20］余绪缨．企业理财学［M］．沈阳：辽宁人民出版社，1995.

［21］Arthur Kmwn 等．现代财务管理基础［M］．朱武祥，译．北京：清华大学出版社，1996.

［22］谷棋，刘淑莲．财务管理［M］．大连：东北财经大学出版社，2007.

［23］James C，Van. Home，等．现代企业财务管理［M］．北京：经济科学出版社，1998.

［24］于海怡，王迪．电子商务环境下企业财务管理创新研究［J］．商场现代化，2015(7).

［25］张瑞君．财务管理信息化：IT 环境下企业集团财务管理创新［M］．北京：中信出版社，2008.

［26］李小安．民营企业财务管理与创新研究［M］．长沙：湖南大学出版

社,2009.

[27]史山兰.电子商务下的企业财务管理创新[J].合作经济与科技,2015(13).

[28]王薇.浅谈电子商务环境下的网络财务管理[J].财会研究,2011(1).

[29]王玉平,佟丽娜.互联网环境下财务管理模式的变革[J].中国证券期货,2013(7).

[30]钱玲玲.电子商务环境下的财务管理研究[D].武汉:华中师范大学,2014.

[31]张馨月,"互联网+"财务管理模式创新探析[J].西部财会,2016(1).

[32]杜毅,浅述"互联网+"的含义及其作用[J].信息通信,2016(11).

[33]马化腾,等"互联网+"国家战略路线图[M].北京:中信出版社,2015.

[34]李易."互联网+"中国步入互联网红利时代[M].北京:电子工业出版社,2015.

[35]国务院关于积极推进"互联网+"行动的指导意见[EB/OL].新华网,2015-07-04.

[36]郭萍.浅析"互联网+"的时代特征及意义[J].经济研究导刊,2016(27).

[37]黄群慧."新常态"、工业化后期与工业增长新动力[J].中国工业经济,2014(10).

[38]城田真琴.大数据的冲击[M].北京:人民邮电出版社,2013.

[39]陶雪娇,胡晓峰,刘洋.大数据研究综述[J].Journal of System Simulation, 2013.

[40]杨雄胜.追寻会计学术灵魂召唤,会计理论良知——为《会计研究》创刊30周年而作[J].会计研究,2009(12):32-37.

[41]林旺群.基于非合作动态博弈的网络安全主动防御技术研究[J].

计算机研究与发展,2011(2).

[42]邱闽泉,刘琳. 企业管理软件财务业务一体化项目实施指南[M]. 北京:清华大学出版社, 2003.

[43]袁树民. 基于业务流程重组的未来会计信息系统[D]. 上海:复旦大学, 1998.

[44]刘文瑞,金光华. Internet/intranet 下的财务信息系统应用研究[J]. 微电脑应用,1999(10).

[45]蔡兰波, 刘秋生. 基于 ERP 环境下的会计业务流程重组[J]. 技术经济,2002(5).

[46]曹健,李丽丽. ERP 环境下的会计业务流程重组[J]. 黑龙江对外经贸,2005 (8).

[47]王冬美. 基于 ERP 环境下的会计业务流程重组研究[D]. 西安:西安理工大学,2008.

[48]常璟,耿春梅. 基于 ERP 会计信息的财务流程创新[J]. 青岛大学学报:自然科学版, 2009(22) .

[49]马晓娜. 基于 ERP 系统的会计业务流程重组研究综述[J]. 中国证券期货, 2012(8)

[50]张瑞君,邹立,封雪. 从价值链管理的视角构建财务业务一体化核算模式[J]. 会计研究, 2004 (12).

[51]田中禾,王斌,颜宏亮. 基于财务供应链管理的财务流程优化研究[J]. 软科学,2007, (21)

[52]李红亮. 论财务业务一体化导向的财务流程重组[D]. 厦门:厦门大学, 2008.

[53]赵伟,温磊. 基于内部控制的企业财务流程再造研究[J]. 时代经贸, 2011 (12): 215 – 216.

[54]薛云奎. 网络时代的财务与会计:管理集成与会计频道[J]. 会计

研究,1999(11).

[55]吴旺盛.论网络时代会计目标下的会计业务流程重组[J].会计研究,2000,(6).

[56]李心合.信息化与财务流程再造[J].财务与会计:理财版,2008(2).

[57]王俊玲,高歌.论企业财务管理创新一基于知识经济冲击的思考[J].鲁行经院学报2005(12).

[58]郭淑芳.知识经济时代财务管理的观念和内容面临挑战[J]会计之友2001(7).

[59]李新光,徐灿.以科学发展观推进管理创新[J].安徽广播电视大学学报2005(2).

[60]宿静,苏亚民.论科学发展观下财务管理的目标[J]科技创业月刊2005(7).

[61]谢获宝,张茜.大数据时代下企业 ERP 系统的构建及其与会计信息系统的整合——以苏宁云商为例[J].财务与会计,2014(2).

[62]吴沁红.新一轮信息化浪潮下会计信息化:使命、挑战、展望——第十一届全国会计信息化年会综述[J].会计研究,2012(10).

[63]王舰.大数据时代会计数据变革迫在眉睫[N].中国会计报,2015-01-30.

[64]查先进.企业竞争情报[M].武汉:武汉大学出版社,2012.

[65]李端生,王东升.财务视角的商业模式研究:盈利驱动、资源配置、价值创造[C].中国商业会计学会,2015 学术年会论文集.

[66]李高勇,毛基业.案例选择与研究策略[J].管理世界,2015(2).

[67]朱丽叶·M 科宾,安塞尔姆·L.施特劳斯.质性研究的基础:形成扎根理论的程序与方法[M].朱光明,译.3 版,重庆:重庆大学出版社,2015.

[68]让·梯若尔.公司金融理论[M].王永钦,许海波,佟珺,等,译.

北京：中国人民大学出版社，2014.

[69]冯巧根．管理会计的理论基础与研究范式[J]．会计之友，2014（32）．

[70]郎咸平．模式[M]．北京：东方出版社，2010.

[71]姚宏、魏海玥．类金融模式[J]，中国工业经济，2012（9）．

[72]李海舰，田跃新，李文杰．互联网思维与传统企业再造[J]．中国工业经济，2014（10）．

[73]朱晓堂．企业战略成本管理存在的问题及注意事项[J]．财会信报，2012.

[74]王棣华．战略成本管理在青啤的运用[J]．首席财务官．2015（1）．

[75]陈学慧．科学把握经济发展的大逻辑［N］．经济日报，2015 – 4 – 10.

[76]周娜娜．现行财务报告模式面临的挑战及改革对策[J]．经济研究导刊，2014（13）．

[77]朱英娇．企业财务会计报告未来发展趋势理论探讨[J]．中外企业家，2013（9）．

[78]刘雨婷．现行财务报告模式面临的挑战及改革对策[J]．财经界，2015（2）．

[79]彭桃英，刘馨．IPO 公司内部审计设立模式对财务报告质量的影响[J]．南京审计学院学报，2013（1）．

[80]李佳琪．现行财务报告模式面临的挑战及改革对策[J]．商场现代化，2015（26）．

[81]高玉平．有关财务报告问题的探讨[J]．中国集体经济，2016（3）．

[82]姜青霞．浅析对财务报告改进展开研究的背景和意义[J]．经营管理者，2015（20）．

[83]唐小明，唐彬．"互联网＋"时代财务报告模式面临的挑战及改革对策[J]．当代经济，2016（19）．

[84]周红玉. 关于互联网时代的公司财务重构[J]. 新理财,2014(8).

[85]袁振兴,张青娜. 大数据对会计的挑战及其应对[J]. 会计之友,2014(11).

[86]赵大伟. 互联网思维“独孤九剑”[M]. 北京:机械工业出版社,2014.

[87]Big Data[J]. Nature,2008,455(7209):1-136.

[88]Dealing with Data[J]. Science,2011,331(6018):639-806.

[89]Manyika J, Chui M, Brown B, et al. Big data:The next frontier for innovation, competition,and productivity[J]. 2011.

[90]Gantz J, Reinsel D. Extracting value from chaos[J]. IDC I View, 2011:1-12.

[91]Big Data,Big Impact.

[92]Hammer Mobliterate. Reengineering Work:don't automate[J]. Harvard Business Review, July/August,1990.

[93]Michacl Hammer,James Champy. Reengineering the corporation[M]. HatPor Collins Publishers ine,1993.

[94]Hu M Q,Liu B. Mining and summarizing customer reviews[C]. In Proceedings of the 10th ACM International Conference on Knowledge Discovery and Data Mining(Sigkdd 2004), 2004:168-177.

[95]Hu M, Liu B. Mining opinion features in customer reviews[C]. In Proceedings Of the 19th National Conference on Artificial Intelligence(AAAI-2004), 2004:755-760.

[96]Wang C,Lu J, Zhang G Q. A semantic classification approach for on lineProduct Reviews[R]. In Proceedings of the 2005 l EEE/WIC/ACM International Conference on Web Intelligence,2005:276-279.

[97]Pang B,Lee L,Vaityyanathan S. Thumbs sentiment classification using

machine learning techniques[C]. In Proceedings of the Conference on Empirical Methods in Natural Language Processing, 2002: 79 – 86.

[98] Na J C, Khoo C, Wu P H J. Use of negation phrases in automatic sentiment classification of product reviews[J]. Library Collections, Acquisitions & Technical Services, 2005, (29): 180 – 191.

[99] Yi J, Nasukwa T, Bunescu R, et al. Sentiment analyzer: extracting sentiments about a given topic using natural language processing techniques [C]. In Proceeding of the Third IEEE International Conference on Data Mining, 2003: 427 – 434.

[100] Pang B, Lee L, Vaityyanathan S. seeing stars: exploiting class relationships for sentiment categorization with respect to rating scales[C]. In Proceedings of the 43rd Annual Meeting of the Association for Computational Linguistics (ACL2005), Ann Arbor, US, 2005: 115 – 124.

[101] T Sou B. Polarity classification of celebrity coverage in the Chinese press[C]. In Proceeding of the 2005 International Conference on Intelligence Analysis, Mc Lean USA, Published on Web, 2005. http://analysis. mitre. org/ Proceedings/index. html.

[102] Ye Q, Shi W, Li Y J. Sentiment classification for movie reviews in Chinese by improved semantic oriented approach[C]. In Proceedings of the 39th Hawaii International Conference on System Sciences, 2006: 53b – 53b.

[103] Berners – Lee, T. Weaving the Web [M]. London: Orion Business Books, 2000.

[104] 王淑萍,葛军. 关于改革会计教育考评体系的思考[J]. 会计之友,2010(8).

[105] 李秀莲. 论会计教育的需求与改革[J]. 会计之友,2009(4).

[106] 汤寿衍,王海兵. 加强会计实验教学 培养符合教育目标的会计

人才[J]. 会计之友,2007(3).

[107]孟祥霞. 论教学型大学的会计教育改革[J]. 会计之友,2007(4).

[108]陈玉荣. 加强会计实践性教学 培养应用型会计人才[J]. 会计之友,2007(3).

[109]玛丽莹. 会计实验教学与学生创新能力的培养[J]. 会计之友,2006(5).

[110]韩树军. 高等职业教育会计模拟实验的新思维[J]. 辽宁经济职业技术学院学报,2006(2).

[111]冷琳. 高等财经院校会计模拟实验教学探讨[J]. 湖南财经高等专科学校学报,2006.

[112] 崔含鼎,梁仕云. 现代教学系统工程模式论[M]. 南宁:广西教育出版社. 2005.

[113] 刘萍. 对我国高校会计教育改革的几点建议[J]. 北方经贸,2002(9).

[114] 林昊. 试论我国高等会计教育目标改革[J]. 会计教育,1998(5).